顺治至乾隆时期清朝政府对云南的开发和治理

马亚辉 著

广西一流学科（培育）建设项目（桂教科研[2018]12号）：百色学院马克思主义理论一流学科（培育）资助

科学出版社
北京

内 容 简 介

本书主要以顺治、康熙、雍正、乾隆时期对云南的开发和治理为切入点，重点论述这四位帝王对云南社会进行治理的历史发展过程，以及其对云南社会的稳定和发展所起到的重要作用。在此基础上，从不同视域对顺治至乾隆时期清朝政府对云南的开发和治理事宜进行分析，内容涉及政治、民生、军事、法制、赈恤、巡阅、城垣等诸多领域，以期为今天建设云南和谐边疆提供借鉴。

本书可供历史学、民族学等专业的师生阅读和参考。

图书在版编目（CIP）数据

顺治至乾隆时期清朝政府对云南的开发和治理 / 马亚辉著. —北京：科学出版社，2020.5

ISBN 978-7-03-064985-0

Ⅰ. ①顺… Ⅱ. ①马… Ⅲ. ①地方政府-行政管理-研究-中国-清代 ②云南-地方史-研究-清代 Ⅳ. ①D691.22 ②K297.4

中国版本图书馆CIP数据核字（2020）第072893号

责任编辑：任晓刚 / 责任校对：韩 杨
责任印制：张 伟 / 封面设计：楠竹文化

科学出版社 出版
北京东黄城根北街16号
邮政编码：100717
http://www.sciencep.com
北京中石油彩色印刷有限责任公司 印刷
科学出版社发行 各地新华书店经销
*
2020年5月第 一 版 开本：720×1000 B5
2020年5月第一次印刷 印张：14 1/2
字数：280 000

定价：92.00 元

（如有印装质量问题，我社负责调换）

目 录

绪　论

一、选题意义

中国边疆学是一门新兴的学科，是研究中国边疆历史与现实问题以及相关理论的学科。中国边疆学的概念是一批研究边疆史的学者最先提出来的，因此与历史学有着十分密切的关系。从中国边疆学科的构建来看，该学科涉及诸多学科，有历史学、政治学、社会学、民族学、经济学、教育学、军事学、法学、生态学等，由此导致了中国边疆学涵盖了非常广泛的研究领域。如国内外边疆问题研究现状与相关理论；中国边疆（包括陆疆、海疆与边界）形成和巩固的理论；中国疆域形成发展史与边疆研究史；中国边疆民族史、移民史与人口史；边疆地区人类活动与自然环境变迁历史与现实的关系，即边疆地区人地关系的历史与现实；中国边疆与邻国关系的历史与现实，包括友好合作、对峙与争端、未来展望等方面的问题；历史与现实中产生重要影响的边疆思想与治边政策；边疆地区社会发展历史与现实方面的问题等。①

本书属于断代史、区域史研究，亦属于中国边疆学学科的研究范畴，主要包括以下四个时期研究内容。第一，清军入滇至康熙二十年（1681）之间的云南社会情形。这一时期可以说是清朝奠定西南边疆的时期。清朝政府先是平定南明，然后在对云南的政区设置上基本承袭明朝，并命吴三桂镇守云南，但是云南安定未几，便发生“三藩之乱”，战争的破坏加上吴三桂对滇民的残酷剥削，给云南社会造成了严重创伤，田地荒芜，灾黎遍野，百姓易子相食，社会秩序紊乱，民不聊生。由于客观历史原因，顺治、康熙两朝在

① 方铁：《论中国边疆学学科建设的若干问题》，《中国边疆史地研究》2007年第2期。

此期间对云南的开发和治理力度和效果不太明显，但也并非毫无起色。第二，康熙朝对云南的开发和治理。自康熙二十年（1681）起，康熙朝开始对云南社会全面施治，采取了一系列稳定云南社会秩序的措施，如清剿吴氏残余势力，辖治土司，扫平对云南开发和治理的各种障碍；鼓励开垦弃土荒田，实行蠲赋政策，减轻百姓负担，休养生息；为整饬云南社会秩序，振兴文教；为加强对云南社会的弹压和巩固边防，酌定营制等。第三，雍正朝对云南的开发和治理。云南经过康熙朝的初步经营，社会形势日趋稳定，经济也有了一定程度的发展，在此基础之上，雍正朝开始大刀阔斧地在云南进行一系列的社会改革，鼓励垦荒，兴修水利，清查田土，发展云南经济；推行保甲，制定与内地迥异的保甲制度，加强对云南社会的管控；开发水陆交通，密切云南与内地的社会联系；雍正时期云南最重要的社会改革当属改土归流，云南被改土归流地区的社会形态发生了翻天覆地的变化，使得中央政府对云南社会的政治控制远超前代。第四，乾隆朝对云南社会的开发和治理。雍正朝可以说是一个承上启下的朝代，为乾隆朝对云南的进一步开发和治理打下了坚实的基础。首先，乾隆朝非常关注民生，以民为本，为保障云南社会稳定，兴修水利，大力发展农业。其次，乾隆朝对灾害频发的云南广施赈恤，抚慰灾黎。再次，乾隆朝还根据云南情形，因地制宜，制定适合云南的法制规条，并大力打击命、盗案等刑事案件，以维护社会稳定。最后，为防止外敌入侵，给云南社会带来动荡，乾隆朝还加强边备，修筑城垣、定期巡阅、严守边隘。总体来看，顺康雍乾各朝对云南开发和治理的重点不同，可谓层层深入，各有特色。

有关顺治至乾隆时期清朝政府对云南社会开发和治理的研究成果已经多有问世，但是细读史料，不难发现仍然有诸多内容可继续深入。目前有关顺治至乾隆时期清朝政府对云南开发和治理的研究，多集中在改土归流、铜矿开发、民族历史、生态环境、儒学教育、交通开发等方面，而关于蠲赋政策、保甲制度、边疆巡阅、灾情赈恤、刑名案件、改土归流善后等领域依然尚显薄弱。因此，本书希望从其他视域通过新材料来分析顺治至乾隆时期清朝政府对云南的开发和治理事宜，看起来貌似旧调重弹，但还是有些新意和与众不同的东西，在一定程度上拓展了中国边疆史的研究领域，具有一定的学术意义。

云南特殊的历史地理环境与人文环境决定了本书的研究特性。顺康雍乾时期滇省地处极边，界连外域，幅员数千里，率皆崇山峻岭，马道羊肠，其风土迥异内陆，加之百蛮环处，南接交缅，西控诸藩，地广汛遥，夷多汉少，兵防边备，关系綦重。一切政治、经济、民生事务以及边备夷情，均须因地制宜，因时而变，稍有不慎，便致边疆不稳，疆圉难固。有鉴于此，顺治至乾隆时期清朝政府对云南开发和治理一事尤为看重，并根据当时云南社会的具体情形，实施了一系列具有云南特色的开发政策与社会治理政策。这些治策大多因地因时制宜，对云南社会的稳定和发展起到了十分重要的作用，也决定了本书在研究中必须基于清代云南的客观历史地理环境与历史人文环境来进行。

电子史料的传播给本书的研究带来了较大便利。由于国家重新编修《清史》，公开了一批清朝档案史料，并将该史料和其他史料整理出版，这些史料多为云贵总督与云南巡抚等封疆大吏之奏折，与云南的开发和治理密切相关。这些档案史料对研究清代云南的历史社会起到了非常重要的作用，甚至可以利用这些史料对史学前贤研究过的一些云南历史问题进行重新解读。

本书同样具有实践意义，毕竟历史学的一个重要功能就是以史为鉴。云南偏居中国西南一隅，东抵贵州、广西，北达四川，西北一角与西藏相接；西邻缅甸，南达中南半岛的老挝、越南，与三国边界线总长为4000多千米，有27个边境县（市）。云南还与泰国、柬埔寨为近邻，从云南西部出境，过缅甸北部山地，可到孟加拉国与印度阿萨姆地区。从整个亚洲大陆来看，云南是中国大陆与东南亚地区、南亚次大陆的交汇之地。以昆明为中心，云南的交通要道呈双扇形结构，分别辐射向中国内地与周边各国，实为西南边陲进可攻、退可守的兵家必争之地，是贯穿我国与外域的经济枢纽中心。云南位置独特，物产富饶，民族众多，具有十分重要的战略地位，自古以来中国历朝都对云南着力经营。随着时代发展，我国对西南边疆开发和治理历史的研究已经提上日程并迅速深入，因此对顺治至乾隆时期清朝政府开发和治理云南的历史进行深入研究，可以研古知今，为今天建设云南和谐社会和巩固西南边疆提供借鉴。

二、学术史简述

关于清朝政府对云南开发和治理的论著早就大量出版，内容主要涉及云南的政治、矿业、教育、环境、交通、土司等领域，如今学界对该问题的研究内容更加广泛和深入，关于清代云南边防、灾赈、军事等研究也开始成为学界关注的一个领域。如果把目前关于清朝政府对云南开发和治理的研究成果进行简单整理，可谓是灿若繁星、汗牛充栋。有鉴于此，拙作便不在对上述成果一一列举和评述，但为了给学界和读者一个关于“清朝政府对云南开发和治理”研究现状的大致认识，不妨介绍一下相关的主要研究机构。

从全国来看，对云南历史研究用力最多的机构莫过于云南省的各个高校和科研单位，其中尤以云南大学为最，自云南大学建校以来，云南大学众多的历史学者始终致力于云南史的研究，经过数代人的不懈努力，云南大学关于清代云南开发和治理研究的成果可谓数量很多。此外，云南社会科学院、云南师范大学、云南民族大学也活跃着一批研究云南历史的学者，这些学者同样出版了大量涉及清代云南开发和治理的论著。

中国社会科学院民族学与人类学研究所、中国边疆研究所，以及中央民族大学、西南民族大学等高校和科研机构的一些学者也在从事云南史研究，这些学者关于清代云南开发和治理的专著并不多见，但不时会有相关论文公开发表。

上述研究机构的论著呈现出以下特点：第一，研究时段跨越几百年甚至上千年。第二，关于清代云南开发和治理的研究相对笼统，不够深入。第三，许多关于清代云南史的论著不是从开发和治理角度进行研究的。第四，云南史领域的有些研究方向尚显薄弱。有鉴于此，拙作站在学界前贤的肩膀上，试着将顺治至乾隆时期清朝政府对云南开发和治理的研究再推进一步。

三、研究方法

中国边疆学的研究对象与性质决定了历史学、法学、人类学、政治学、国际关系学等众多学科是中国边疆学主要的学术支撑点。对于本书而言，历史学中的专门史、历史地理学等学科的研究方法与本书关系密切，因此主要采用以下五种研究方法：

（一）历史时段研究方法

法国年鉴学派对历史发展过程中不同时间及其研究内容的划分，对本书开展研究有着积极意义。本书研究时段为顺治至乾隆时期长达 150 余年时间，从时间跨度来看，为历史长时段。但从各子时段来看，研究的则是中时段的历史，即顺康雍乾四位帝王各自在位数十年间云南社会治理的历史，内容涉及政治、民生、军事、法制、赈恤、巡阅、城垣等诸多领域，既运用了长时段研究方法，也运用了中时段研究方法。

（二）微观史学研究方法

本书为区域史研究范畴，其中不乏研究顺治至乾隆时期清朝政府对云南社会治理过程中的某个具体事件，注意的是短时段内云南局部地域个别的、具体的事实。如康熙朝在云南振兴教育、酌定营制；雍正朝为加强对云南边疆的政治控制进行的改土归流，为维护社会治安，因地制宜，推行适合云南的保甲制度；乾隆朝在云南实行的边疆巡阅、城垣修筑、刑名案件、边防兵备等。这些事件虽然是局部问题，但却能够对清朝政府对中国边疆的治理情形给予补充说明和辅助论证，起到微言大义的作用，具有积极意义，所以微观史学的研究方法对本书来说也是必不可少。

（三）系统分析研究方法

本书中的顺康雍乾时期为中国历史发展中的一段时期，而云南为中国西南地区之一部分，为中国历史这个复杂的大系统中的一个局部要素。因此，对顺康雍乾时期的云南历史进行研究，是与研究整个中国历史密切相关的，也会深刻影响到史学界对中国通史的研究。通过研究顺康雍乾时期的云南历史，来看清云南是如何在中国历史发展的长河中成为中国版图不可分割的一部分的，透视清朝政府是如何在这一时期对云南社会进行经营治理的。

（四）归纳和演绎研究方法

本书的撰写除参考大量的专著与论文资料外，还有众多的清朝档案史料，这些档案史料多为零散的具体事例，主要是针对某个具体事件而提出解决问题的奏折。若从具体事例中总结出规律，从个别到一般，必须运用归纳方法，从奏折零散的事件中进行分析、推理、总结，以便发现顺治至乾隆时期清朝政府对云南开发和治理所采取的代表性的治理政策、思想等。演绎则是从一般到个别的推理方法。比如说，清朝前期制定了社会治理方略，那么这些治理方略是如何在各个省推行的。因为各个省的情况是不同的，这就需要因时、因地制宜，在研究全国统一的治理方略的前提下，对治理方略在云南的具体执行过程与方式进行实际操作层面的演绎与阐释，并以此来对治理方略在云南的实施情形进行印证，得出符合历史客观实际的研究结论。

（五）比较史学研究方法

比较研究法可以理解为是根据一定的标准，对两个或两个以上有联系的事物进行观察对比，寻找其异同，探求普遍规律与特殊规律的方法。云南界

在极边，幅员数千里，率皆崇山峻岭，马道羊肠，其风土迥异内陆，百蛮环处，界连外域，南连交缅，西控诸藩，地广汛遥，夷多汉少，兵防边备，关系綦重。一切政治、经济事务以及边备夷情，均须因地制宜。因此，顺治至乾隆时期清朝政府在云南所施行的一切社会治理政策与治理思想，有与内地相同的地方，亦有与内地迥异之处。如清朝政府对云南官吏之选拔，有诸多规定，其中有一条与内地截然不同，即“熟悉边情、夷情”[①]，本书之所以能得出如此结论，便是运用了比较研究的方法。再如对云南教育发展、城垣修筑、改土归流实行等措施，皆与内地不同。可以这样说，顺治至乾隆时期清朝政府对云南社会的治理之所以采取了一系列不同于其他省份的政策，就是根据云南具体情况而制定和实施的。为了使本书的研究走向深入，突出顺康雍乾时期滇省边疆治理之特色，比较史学的研究方法不可或缺。

四、难点与不足

有关清朝政府开发和治理云南的研究可谓汗牛充栋，若要找出些学界前贤研究较为薄弱的方向，对我而言，实在困难重重，若再将研究内容升华至理论的高度，更是难似登天。幸运的是，拙作涉及了一些其他学者之前未曾注意到的领域，自此之后，亦有不少学者开始关注并逐渐深入到这些领域。

虽然关于清朝政府开发和治理云南的研究已经很多，本书提出的观点和看问题的角度仍然与其他学者有些不同。比如关于“三藩之乱”后云南经济恢复的主要原因，本书认为是得益于康熙朝频繁的蠲赋行为；振兴云南文教的目的是实施文化治边；为了保持云南社会稳定，康熙朝重建云南的军事防控体系等。限于篇幅和防止赘述，其他观点可从本书中获知。

虽然本书略有新意，但不足之处在于引用清代史料太多，容易造成史料堆砌，给人形成史料汇编的感觉。

---

① 《奏请将临安、曲靖、武定三府知府对调情形事》（乾隆十二年六月初九日），档号：04-01-12-0055-006，微缩号：04-01-12-010-0490，中国第一历史档案馆。

第一章　清军入滇至康熙二十年之间的云南

清代滇省地处西南边陲，与缅老越三国相邻，地理位置十分重要。其地东至广西泗城府界，西至神护关接野人界，南至越南界，北至四川会理州界，东南至广西镇安府界，西南至天马关接缅甸界，东北至贵州普安厅界，西北至吐蕃界。[①]顾祖禹亦曾如此形容云南之战略要势："云南山川形势，东以曲靖为关，以沾益为蔽；南以元江为关，以车里为蔽；西以永昌为关，以麓川为蔽；北以鹤庆为关，以丽江为蔽。故曰云南要害之处有三：东南八百、老挝、交趾诸夷以元江、临江为锁钥，西南缅甸诸夷以腾越、永昌、顺宁为咽喉，西北吐蕃以丽江、永宁、北胜为扼塞。"[②]云南可谓是"关隘雄深，山海盘郁，树屏藩于边徼，实蛮荒之要区"[③]，云南社会稳定与否，不但事关西南边疆安危，更是国家领土主权所系。然而，自明清鼎革后云南进入清朝管辖版图，吴三桂便坐镇于此，滇省黎民在这一时期是陷身水火、生存维艰。

第一节　平定南明给云南社会带来的破坏

清军入关后，迅速占领中国北部地区，明朝皇室后裔在一些官吏的拥护之下，组成南明政权，随后与农民起义军余部联合抗清。顺治三年（1646），清军由汉中攻入四川，张献忠失利，余部由孙可望、李定国等人率领退入贵州和云南。顺治十三年（1656），李定国等人北伐失败，遂将南明

---

① 方国瑜主编：《云南史料丛刊》第11卷，昆明：云南大学出版社，2001年，第406页。

② （清）顾祖禹撰，贺次君、施和金点校：《读史方舆纪要》卷113，北京：中华书局，2005年，第5057页。

③ （清）刘慰三：《滇南志略》，方国瑜主编：《云南史料丛刊》第13卷，昆明：昆明：云南大学出版社，2001年，第37页。

永历帝迎入云南据守，云南成为清军与南明政权的最后争夺之地。孙可望因与李定国不和，败后降清，吴三桂则自贵州遵义赴天生桥，闻知南明白文选据守七星桥，遂绕出乌撒土司境进至沾益州。信郡王多尼进攻曲靖，击败白文选；卓布泰进攻罗平州，击败李定国。顺治十六年（1659）正月，各路军马合攻云南城，朱由榔于是奔走永昌（今保山）。同年二月，吴三桂与卓布泰进攻镇南州[①]，又大破白文选于玉龙关，然后渡过澜沧江，兵至永昌，朱由榔败退。清军渡过潞江，侦知李定国于磨盘山设有伏兵，分八队迎击，击败李定国，乘胜夺取腾越（今腾冲），追南明军至南甸[②]，吴三桂乃率师自永昌、大理、姚安返回。朱由榔之部将马宝、李如碧、高起隆等人及景东、蒙化、丽江、东川、镇雄诸土司先后归降。洪承畴如云南，疏言："云南险远，请如元、明故事，以王公坐镇。"[③]清世祖遂诏命吴三桂镇守云南，信郡王多尼与卓布泰等班师离滇，都统伊尔德、卓罗等人分军驻留，并谕吏兵二部："凡云南省文武官举黜及兵民一切事，命三桂暂行总管。俟数年后补授，仍照旧例。"[④]由此开始了吴三桂权霸云南的时期。

清军占领南甸之时，朱由榔逃入缅甸，白文选退至木邦。李定国欲从缅甸迎回朱由榔，然缅甸不许。李定国以兵力威胁，缅甸更加坚持不放，李定国乃屯兵孟艮，复谋入滇，以朱由榔印札诱元江土司那嵩内应，那嵩遂与高应凤起兵响应。[⑤]吴三桂由石屏进军元江，逾月乃破，斩应凤，那嵩自焚，收其地为元江府。顺治十七年（1660），有部臣奏曰云南军饷过多，主张裁撤军队。吴三桂谓边宇未宁，兵力难减，无须裁撤，上疏请求"发兵入缅，殄灭由榔"，并说云南有"三患二难"："李定国、白文选等以拥戴为名，引溃众肆扰，其患在门户；土司反复，唯利是趋，一被煽惑，遍地蜂起，其患在肘腋；投诚将士岂无系念故主者，边关有警，携贰乘机，其患在腠理。且滇中米粮腾踊，输挽络绎，耕作荒而逃亡众，养兵难，安民亦难。惟及时进剿，净尽根株，乃一劳永逸之计。"[⑥]吴三桂之所以如此行事，因其为叛明降清之徒，在攻打明朝势力时为清朝立下汗马功劳，如若离开西南僻域，回归

① 《清史列传》中镇南州原作"南州"，明清云南政区无此州，据《清史稿》卷 236《卓布泰传》改镇南州，当为今云南省南华县。

② 《清史列传》中南甸原作"南宁"，明清云南政区无此地名，据《清史稿》卷 474《吴三桂传》、《清史稿》卷 236《卓布泰传》改南甸，应在今云南省梁河县境内。

③ 赵尔巽等：《清史稿》卷 237，北京：中华书局，1977 年，第 9474 页。

④ 王钟翰点校：《清史列传·逆臣传》卷 80，北京：中华书局，1987 年，第 6634 页。

⑤ 王钟翰点校：《清史列传·逆臣传》卷 80，北京：中华书局，1987 年，第 6634 页。

⑥ 王钟翰点校：《清史列传·逆臣传》卷 80，北京：中华书局，1987 年，第 6635 页。

京城，难免有兔死狗烹之厄，而清朝统治者考虑到云南初定，民心未附，且永历帝尚在缅甸，遂派遣大学士麻勒吉、侍郎石图赴滇密筹机宜，命内大臣爱星阿为定西将军，率军同吴三桂进征缅甸。吴三桂先奏请颁发敕印于南甸、陇川、干崖、盏达、车里诸投诚土司，然后传命缅甸擒拿永历帝来献，此时缅甸久苦李定国军队之攻扰，便请吴三桂发兵击走李定国，愿献朱由榔。吴三桂于是率师入缅，途中与南明军队多有战事。缅甸屡得吴三桂之檄，恐朱由榔自杀，密使人防备，尽杀其从官。顺治十八年（1661）十二月，吴三桂军至兰鸠江滨，缅甸执朱由榔及其亲属献于军前，白文选则于勐养率众数千归降，清军振旅而还。

康熙元年（1662）四月，朱由榔于云南昆明金蝉寺被以弓弦绞杀。吴三桂为防李定国率南明军从车里进攻，令提督张勇领兵万余于普洱、元江驻守。时日未几，李定国逝于勐腊，余部或降或散，南明遂灭。

此一时期云南主要是清朝与南明政权的战争，给云南社会带来了严重破坏，导致社会秩序紊乱，经济萧条，民不聊生。顺治十五年（1658）三月，洪承畴至云南，描述当时的社会情形：“民间遭兵火，重以饥馑，近永昌诸处被祸更烈，周数百里杳无人烟，省城米价石至十三两有奇。”清朝特命“户部发帑三十万，以十五万赈两省（滇黔）贫民”[①]。云南原本人口稀少，明末以来更是饿殍遍野，田地荒芜，社会动荡，战乱纷纭，吴三桂对此亦是深有体会。顺治十七年（1660），吴三桂曾谓云南有“三患二难”，吴三桂此言之目的是希望云南舛乱多事，可借机永镇于此，但从其语言中亦反映出云南社会多年战事之后的动荡凋敝。同年，云贵总督赵廷臣自曲靖府起行，从云南省城前往宁州等处催办粮草，经过马龙、易隆、杨林、板桥一带地方，“目击沿路穷民菜色鸠形，采芹为食，挖蕨为粮，有死于道途沟涧者，有死于寺庙破屋者，有死于山路田野者，有死于傍�曲径者，甚有母食其女，子弃其父。闻不忍闻，见不忍见”[②]。在此情况下，清军甚至连军队粮草都无法征买。赵廷臣云：“附近州县周围二三百里征买已竭，凡民间所存谷种，亦皆搜买殆尽。”[③]在平定南明的战乱结束之时，云南到处都是

① 赵尔巽等：《清史稿》卷 237，北京：中华书局，1987 年，第 9474 页。
②《云贵总督赵廷臣揭请催解部拨协饷以济兵民》，张伟仁主编：《明清档案》第 36 册，台北：联经出版事业公司，1986 年，第 B20383 页。
③《云贵总督赵廷臣揭请催解部拨协饷以济兵民》，张伟仁主编：《明清档案》第 36 册，台北：联经出版事业公司，1986 年，第 B20384 页。

疮痍遍布的景象。

第二节　吴三桂对云南的专制

一、权霸云南

吴三桂，字长伯，江南高邮人，祖籍辽东，以武举承父荫，后其父下狱，被擢总兵，守宁远。因李自成起兵反明，庄烈帝则封吴三桂为平西伯，并起用其父督率京城之兵。崇祯十七年（1644），李自成率领农民军自西安东犯，攻陷北京，明朝灭亡，山海关明朝守将吴三桂开关迎清。清朝平定南明势力后，洪承畴上疏用明朝沐英之故事，请以吴三桂世镇云南，开始了吴三桂专制云南的时期。

吴三桂先是奏请将云南督抚受其节制，移总督驻贵阳，提督驻大理，占据朱由榔所居之五华山故宫为藩府，又将沐天波庄田 700 顷作为藩庄；借疏浚沟渠与筑城为名，于关市收取重税，且垄断金、铜等矿业，获利甚厚；又与吐蕃达赖喇嘛通使，在北胜州（今永胜）互市，派人远购辽东人参，四川黄连、附子等物，以官府名义采购至云南等地出售，所得之利据为己有。因吴三桂货财极其充溢，便将钱财贷于富贾，称之为“藩本”。又以储备将帅之名，挑选诸将官之子弟与四方宾客，大肆扩充武备。其部下多有李自成、张献忠之兵丁，勇健善斗，时常加以训练。其所管辖之文官武吏，选拔任用从不上报朝廷，而是擅自指派，云贵两省官吏有所缺员，吴三桂亦派人前去赴职，当时称此为“西选”。吴三桂还时常将京城官员、各省将吏调至云南以扩其羽翼。御史杨素蕴曾上疏弹劾其专擅行为，吴三桂摘出疏中“防微杜渐”一词请旨进行诘问，杨素蕴则以“防微杜渐，古今通义”复奏，事情方才平息。①

康熙六年（1667），吴三桂上疏言其两眼昏瞀，精力日减，请求辞去云贵两省总管。吴三桂如此行事，原本是投石问路之举。云贵总督卞三元、云南提督张国柱、贵州提督李本深奏夸吴三桂之功绩，请旨仍命其为总管。清圣祖却借机行事，曰：“王以精力日减奏辞，若仍令总管，恐其过劳。如边疆遇有军事，王自应经理。”②并派人至云南探视其目疾。清圣祖此举大有深

① 赵尔巽等：《清史稿》卷 474，北京：中华书局，1977 年，第 12842 页。
② 赵尔巽等：《清史稿》卷 474，北京：中华书局，1977 年，第 12842 页。

意，不应允吴三桂之请，必会令其日益强大；如若应允，又恐打草惊蛇。清圣祖便依吴三桂之请，同意其辞去其云贵总管之职，同时仍保留吴三桂对边疆军事的涉足之权，此明降暗升之举无疑促使吴三桂之野心益加膨胀。据《清史稿》卷474记载，“三桂益欲揽事权，构衅苗、蛮，藉事用兵”，且私自划出中甸给周边番邦进行屯扎放牧，并通商互市。卞三元归养后，甘文焜代为总督，拒绝依附吴三桂。吴三桂深恶之，诈称边寇之名派兵赴剿，等抵达目的地，又称边寇已退，收兵而回。吴三桂于云南可谓嚣张至极，其手下将吏亦“糜俸饷钜万，各省输税不足，征诸江南，岁二千余万”[①]。是时尚可喜镇守广东，耿继茂之子耿精忠镇守福建，与吴三桂并称“三藩”，而吴三桂骄恣尤甚。《庭闻录》中对吴三桂作如是评价：“三桂专制滇中，十有四载，位尊权重，收召人才，树立党羽，命吏不为用者，辄厄去之。凌虐诸土司，草薙禽狝，阳居拓地之功，而阴擅其利。诸水陆要冲，遍置私人榷敛市货，潜积硝磺诸禁物。诡称边警，要挟军需，以示饷不可裁。日练士马，利器械。云南十镇大帅及贵州提督李本深、四川总兵吴之茂、陕西提督王辅臣辈皆旧部将，为之腹心。应熊尚主京师，朝事大小，飞骑报闻。久益跋扈，所为多不法。”[②]吴三桂控制云南时期，不是维护社会秩序，发展经济，使民休养生息，而是剥削黎庶，疯狂敛财，党同伐异，扩充一己之势力，为其以后叛乱深筑根基。

吴三桂深知藩王之设不能长久，欲探知清圣祖对移藩态度，故意上疏请求撤藩，并言：“所部繁众，昔自汉中移云南，阅三岁始毕。今生齿弥增，乞赐土地，视世祖分畀锦州、宁远诸区倍广，庶安辑得所。”[③]清圣祖接疏，命廷臣议奏。诸王大臣皆认为吴三桂言非由衷，然而对撤藩与否各执一词，清圣祖曰：“三桂蓄异志久，撤亦反，不撤亦反。不若及今先发，犹可制也。”[④]遂命允吴三桂移藩，撤归锦州。康熙十二年（1673）九月，诏书至滇，吴三桂大失所望，秘密于云南部署军队，增兵关隘。当年十一月，吴三桂兵举云南，定国号“周”，举起反清大旗。康熙十三年（1674）六月时，云、贵、湘三省已归吴周，吴三桂又与吐蕃互市，以茶易马，联结倮倮一起作战，

① 赵尔巽等：《清史稿》卷474，北京：中华书局，1977年，第12842页。
②（清）刘健：《庭闻录》卷4，《丛书集成续编》第278册，台北：新文丰出版公司，1988年，第645—646页。
③ 赵尔巽等：《清史稿》卷474，北京：中华书局，1977年，第12842—12843页。
④ 赵尔巽等：《清史稿》卷474，北京：中华书局，1977年，第12843页。

采伐山上树木建造高楼般巨舰，并于云南铸造铜钱，所到之处抢夺金银、粮食，以资军用。[①]吴三桂对云南重掠盘剥所造成的社会动乱情形可想而知。

康熙十七年（1678）三月，吴三桂于湖南衡州仓促称帝，改元“昭武”。同年秋，吴三桂病死，其孙吴世璠由云南奔丧，至贵阳，被属下拥为帝，改号“洪化”。清军趁吴三桂新丧之机，大举进攻，势如破竹。康熙二十年（1681）初，清军攻下贵州，会师昆明城外；当年十月，清军进入昆明，吴世璠自杀，吴周政权灭亡。

二、不可使滇一日无事

顺治十六年（1659），吴三桂为免受兔死狗烹之厄，向将返回内地的洪承畴请教自保之策，洪承畴云：“不可使滇一日无事也。三桂顿首受教。”[②]因此，在坐镇云南期间，吴三桂并未着重对云南进行开发和治理，反而想方设法在云南制造事端，云南时有战事发生。顺治十五年（1658），贵州水西土酋安坤归降清朝，然而至康熙三年（1664），安坤与一些南明遗民又起兵谋反，吴三桂立刻督率云贵之兵进行征讨。[③]康熙四年（1665）三月，㐌东土酋宁州禄昌贤、新兴王耀祖、嶍峨禄益等人趁吴三桂征水西未回，亦起兵反叛；四月，宜良李忠义等人又聚众进犯昆明。[④]康熙六年（1667）三月，蒙古干都台吉聚兵丽江、北胜，清朝移兵捍御，此后此处多年边警不断。

吴三桂借兴兵之机对少部分土司进行了改土归流。关于吴三桂在西南地区改土归流的研究主要有付春的《清初吴三桂西南改土归流原因新探》[⑤]和沈乾芳、杨世武的《清初吴三桂云贵改流再探》[⑥]两篇文章，这两篇文章的分析固然有合理之处，但是忽略了吴三桂驻留云南的一个重要理由：即只有云南多事，吴三桂才可永守云南，执掌实权。如果云南太平无事，吴三桂就会被调离云南，回至内地担任虚职。

① 赵尔巽等：《清史稿》卷474，北京：中华书局，1977年，第12844页。

② （清）刘健：《庭闻录》卷3，《丛书集成续编》第278册，台北：新文丰出版公司，1988年，第632页。

③ （清）刘健：《庭闻录》卷4，《丛书集成续编》第278册，台北：新文丰出版公司，1988年，第640页。

④ （清）刘健：《庭闻录》卷4，《丛书集成续编》第278册，台北：新文丰出版公司，1988年，第642页。

⑤ 付春：《清初吴三桂西南改土归流原因新探》，《思想战线》2008年第4期，第117—118页。

⑥ 沈乾芳、杨世武：《清初吴三桂云贵改流再探》，《西北民族大学学报》（哲学社会科学版）2016年第4期，第82—89页。

刘健在《庭闻录》中评价："三桂挟封疆以重，张皇边事，自负万里长城，镇将欺督抚，三桂欺朝廷，怀藏弓烹狗之虑，深市权固位之念，重劳王师伤财所不顾矣！"[①]从中可以看出，云南初定，然而社会并不稳定，尤其是土司拥兵自重，势力庞大，与南明残余势力多有联合，在云南不断起兵反叛，给云南社会带来动乱，影响了经济发展，然而这也正是吴三桂所希望的"不可使云南一日无事"。

云南百姓的生活可谓是极其艰难，加上吴三桂的残酷盘剥，更是雪上加霜。康熙六年（1667）闰四月，清圣祖下诏圈拨云南府属州县卫所给吴三桂属下兵丁提供口粮，认为"圈地之役，百姓例应他徙开垦"，云南巡抚袁懋功见之不忍，奏云："滇报极薄，百姓极贫，今一旦驱往别境，穷困颠连，不可尽状。请令其佃种原田，照业主例纳租，免其迁移。"[②]云南府属的百姓方免于流离。康熙七年（1668），吴三桂又"请以原赐沐民庄田七百顷并入圈内"[③]，通过各种途径扩大其私人田宅。吴三桂所居之地，更是十分奢华，"制拟于帝居，千门万户，极土木之盛"[④]，还搜罗云南奇物，将其像塑于报国寺，期垂永久。吴三桂的专横野心，使得战后的云南社会一直残破不堪。清军攻下吴三桂所居之地昆明城时，云南巡抚王继文率同云南布政司以下文武各官，入城阅视城池，"见饥殍载道，枯骨盈衢"，昆明城中一片凄凉。由于吴三桂偏居西南，拥兵自重，唯恐云南不乱，从其入滇之初至康熙二十年（1681）之间，云南社会长期处于混乱无序的低迷状态。

第三节　清朝政府对云南社会的初步施治

在清军入滇之前，便有清朝官吏对云南战乱之后社会秩序的重建与初步治理提出了一些较为系统的看法，最具代表性的当为降清官吏王弘祚提出的《滇南十义疏》。王弘祚为明崇祯三年（1630）举人，降清后官至户部尚书，

---

① （清）刘健：（庭闻录》卷 4，《丛书集成续编》第 278 册，台北：新文丰出版公司，1988 年，第 644—645 页。

② （清）刘健：《庭闻录》卷 4，《丛书集成续编》第 278 册，台北：新文丰出版公司，1988 年，第 644 页。

③ （清）刘健：《庭闻录》卷 4，《丛书集成续编》第 278 册，台北：新文丰出版公司，1988 年，第 644 页。

④ （清）刘健：《庭闻录》，方国瑜主编：《云南史料丛刊》第 8 卷，昆明：云南大学出版社，2001 年，第 417 页。

加太子太保，因其生于云南保山，对滇民之利病疾苦，“知之极真，痛痒切肤”，考虑到云南地处极边，“条奏必数月始能上达，追部复奉旨，必数月始能下颁”，王弘祚提前详列十款有关治理云南的措施，以保证清朝平定云南之后，能尽快抚平战争对云南社会造成的创伤，给云南创造一个安定的发展环境。其十款筹滇措施简纳如下：[①]第一，云南一旦纳入清朝管辖，宜效仿唐宋元明四朝，建设重镇，派重臣驻守，弹压新收降的官兵与诸土司，以求一劳永逸。第二，云南多年战争，加上吴三桂横征苛派，以致田地荒芜，课税混乱，亟宜清理田地，革除横征虐政。第三，战争使云南人口急剧减少，老弱病残者居多，宜稽核人丁，招徕流徙之民，令其乐业耕织。第四，确查明朝沐氏遗留庄田之数目和租税，以充兵饷。第五，慎重委署官吏。云南离京甚远，多有不肖之吏，对利趋之如鹜，对百姓之疾痛置若罔闻，且数年以来，百姓苦于苛派与抽调，深隐水火，因此选派官吏，应当为年力精壮，廉杰任事者。第六，培养人才，振兴文教。滇省自遇兵燹，诗书废坏几十余年，宜广文教而振士风，将戎马之场变为文明之地。第七，对云南绅士宽其既往，除明朝以贪酷革职逐回不录外，其余年力未衰者，皆酌量录用，以重整云南社会风气。第八，安置土司。云南土司众多，名目不一，多年来为南明政权与吴三桂出力，今既改过投清，应仍令其照旧管理辖地，输纳钱粮，并将吴三桂时期的苛派悉与蠲除，以安定土司。第九，云南土司种类不一，俗尚各殊，不便一概绳以新制，除汉人士庶衣帽、剃发遵照清朝制度外，土司应暂“各从其旧俗”，等国家大定之后，再慢慢令其遵守新制，最后达同伦同轨之模式。第十，云南行政组织十分混乱，无固定规范，“有以州县改为郡城者，有将土司改为流官者，经制纷更而体统莫辨，军民混杂而赋役不清”，宜确查旧制，各循职掌，使官吏有经制之可遵，军民知法纪之可守。以上十款是清军入滇之前清朝政府对云南进行开发和治理的初步规划，其出发点是站在清朝统治阶级的立场上，但在当时云南战乱纷纭的情况下，其中的许多措施还是符合云南人民的愿望的，具有历史进步意义。

吴三桂入滇之后，虽然对百姓横征暴敛，但在清朝政府的经营下，云南经济也得到了一定程度恢复，社会出现了暂时的稳定。清朝政府为恢复战乱给云南社会带来的创伤，亦曾采取了一些恢复社会秩序的措施。据蔡毓荣在

---

① （清）王弘祚：《滇南十义疏》，方国瑜主编：《云南史料丛刊》第 8 卷，昆明：云南大学出版社，2001 年，第 384—387 页。

《筹滇十疏》中记载，顺治十六年（1659）清朝开辟云南之时，清世祖便“蠲免钱粮，复发帑金赈济”，在平定“三藩之乱”后，云南父老对清世祖赈济一事“犹有能言之者”[①]。顺治十八年（1661），南明被平灭后，清朝开始实行休养生息政策。云贵总督赵廷臣曾奏曰：“滇、黔田土荒芜，当亟开垦。将有主荒田令本主开垦，无主荒田招民垦种，俱三年起科，该州、县给以印票，永为己业。其滇省冲路残黎，如杨林、永昌等处，请将顺治十七年本省秋粮，借贷为春种之需。”[②]此奏得到清圣祖的准允。同年云南巡抚袁懋功又奏请“减云南屯田赋额三之一”，且疏言：“投降人众，皆无籍亡命之徒，虽令归农，实有难归之势。应令所到地方，准其入籍。酌量安置，随编保甲，严查出入。或有无主田亩，听其开垦。照例起科。”[③]清朝政府通过一系列经济政策使云南在战争期间荒芜的田地得到了一定数量的复垦。据云南巡抚袁懋功疏报，康熙二年（1663）时，“通省开垦田一千二百余顷”[④]，第二年便“开垦荒地二千四百五十九顷”[⑤]。从社会自身发展的角度来看，即使清朝政府不采取任何恢复经济与稳定社会的措施，战争结束后的云南社会亦会渐趋稳定，而清朝政府的政策无疑对社会稳定的恢复起了保障与加速作用，但好景不长，在吴三桂“不可使云南一日无事”思想的羁绊之下，清朝政府对云南的开发和治理政策难以得到广泛和彻底推行，康熙十二年（1673）吴三桂起兵反清，云南又成为战争资源的提供地与最后战场，百姓的负担更加沉重，云南再次陷于战火。直至吴周势力灭亡，云南才进入全面的开发与治理时期。

吴三桂控制云南之时，云南社会的政治与经济虽然得到了一定程度的恢复与发展，但并非吴三桂之功，而是得益于清朝政府之力。总体来看，自吴三桂入滇至吴周势力灭亡，云南社会长期以来处于动荡无序状态，以致山多田少的云南民鲜盖藏，官无余积。吴三桂平定南明之后，专制云南，丰其羽翼，不思加强对云南社会的治理，反而为满足一己之野心，横征暴敛，宁愿云南不可一日无事，认为只有云南社会动荡不安才能保其藩王之地位，使其子孙永镇西南，也正是如此，云南社会持续不稳，吴周势力的短命才成为历史之必然。

① （清）蔡毓荣：《筹滇十疏·第一疏》，方国瑜主编：《云南史料丛刊》第8卷，昆明：云南大学出版社，2001年，第424页。

② 《清实录·清圣祖实录》卷1，北京：中华书局，1985年，第49—50页。

③ 《清实录·清圣祖实录》卷2，北京：中华书局，1985年，第54页。

④ 《清实录·清圣祖实录》卷12，北京：中华书局，1985年，第185页。

⑤ 《清实录·清圣祖实录》卷15，北京：中华书局，1985年，第227页。

第二章 康熙朝对云南的开发和治理

自康熙元年（1662）至康熙二十年（1681）期间，清朝政府对云南采取了一些治理措施，由于吴三桂专擅，这些治理措施未能得到顺利推行。吴三桂倒行逆施，祸国殃民，最终发起“三藩之乱”，使云南社会秩序紊乱，风气大坏，吏不悯百姓，士不知礼仪，土司凶顽，田地荒芜，民无粒食，野有饿殍，整个云南社会哀鸿遍野。平定“三藩”后，康熙朝彻底掌控云南政局，针对云南社会的凋敝，从政治、经济、文教、军事等领域对云南社会采取了一系列的恢复性治理举措。

第一节 顺治朝对云南政区的初设及清前期的变革

治理云南，先要对云南行政制度进行设置。地方行政制度由两方面内容组成：一为行政区划；二为地方政府，也就是地方行政组织。“国家和旧的氏族组织不同的地方，第一点就是它按地区来划分它的国民。……这种按照居住地组织国民的办法是一切国家共同的。”[①]那么除版图极其狭小的国家之外，诸多国家必将其国土按郡县制度的方法逐层分级，不同分级设置相应的地方政府，且管辖不同区域，这就是行政制度，只有如此，才能对国民合理施治，才能对局部地域进行牢固的政治控制和开发。那么清朝政府对云南的开发和治理也是从地方行政制度入手的。

早在清军入滇之前，清朝就开始了对云南的行政制度进行设置。顺治初年，清朝便在云南设“云南巡抚一人，驻云南府；云贵总督一人，两省互

① 中共中央马克思恩格斯列宁斯大林著作编译局：《家族、私有制和国家的起源》，北京：人民出版社，1999年，第177页。

驻”①。同时，清朝还设置了云南一些其他官职，如顺治十年（1653）五月，洪承畴受命总督湖广、两广、云贵军务，至顺治十四年（1657）六月召回京师。②这一段时期，清朝政府对云南行政制度的设置处于虚设阶段，并没有实际事务可做。顺治十六年（1659），清军进入云南，清朝政府对云南之设置才进入实质性层面，但由于战争影响，基本因明旧制。康熙元年（1662），南明政权灭亡，清朝政府才开始了从各个领域对云南进行实际行政设置与初步经营以及雍乾两朝在此基础之上的进一步行政制度变革时期。

一、清代前期行政区划的初设及变革

行政区划的设置是云南社会治理的前提，政区既定，委官分治，政令方可通行全省。清军进入北京之初，便设置了云南的行政区划，因清军尚未进入云南，所以这一时期的行政区划更像是一种概念意义上的虚设，但是却为康熙朝规划和治理云南奠定了前期基础。

据《钦定大清会典事例》记载，顺治元年（1644），清朝对云南行政区划作如下设置：云南府领嵩明、晋宁、安宁、昆阳等州四，昆明（附郭）、富民、宜良、呈贡、罗次、禄丰、易门等县七；大理府领越州、邓川、宾川、云龙等州四，太和（附郭）、云南、浪穹等县三；临安府领建水、石屏、阿迷、宁州等州四，通海（附郭）、河西、嶍峨、蒙自、新平等县五；楚雄府领南安、镇南等州二，楚雄（附郭）、定远、广通等县三；澂江府领新兴、路南等州二，河阳（附郭）、江川等县二；广西府领师宗、弥勒等州二；顺宁府领云州一；曲靖府领沾益、陆凉、罗平、马龙等州四，南宁（附郭）县一；姚州府领姚州一，大姚（附郭）县一；鹤庆府领剑川州一；武定府领和典、禄劝等州二，元谋（附郭）县一；永昌府领腾越州一，保山（附郭）、永平等县二；广南府、寻甸府、元江府、永北府、丽东府均不领州县。

清朝管辖云南之后，康熙朝在顺治朝对云南行政区划虚设的基础之上，根据云南实际情况，对云南行政区划进行了一些增设和变革。康熙六年（1667），设开化府（土司改设）。康熙八年（1669），改寻甸府为寻甸州。康熙九年（1670），以寻甸州隶曲靖府。康熙三十四年（1695），改平彝卫为平

① 《钦定大清会典事例・吏部七・官制・各省督抚》卷23，方国瑜主编：《云南史料丛刊》第8卷，昆明：云南大学出版社，2001年，第146页。
② 萧一山：《清代通史》第5册，北京：中华书局，1986年，第216页。

彝县，隶曲靖府。

雍正时期是一个大力改革的时代，雍正朝在社会各个领域的改革力度为清朝其他帝王远不能及，在对云南行政区划的变革上也采取了很大力度。简列如下：雍正元年（1723），将丽江土府和平改土归流为丽江府，领州二、县一。雍正四年（1726），因方便对东川的管理，以四川东川府改隶云南省。雍正五年（1727），设会泽县，隶东川府；镇沅土府改土归流为镇沅府，领宣威州一，恩乐倒一。雍正七年（1729），裁开化府通判并经历二缺，设文山县，隶开化府；同年设普洱府。雍正九年（1731），改乌蒙府为昭通府，领镇雄州一，恩安（附郭）、永善县二。雍正十年（1732），以临安府属之新平县，改隶元江府。雍正十三年（1735），设宁洱县（附郭），隶普洱府。

乾隆朝又在康雍两朝的基础之上，对云南行政区划进行了调整完善。

> 乾隆元年，设宝宁县，隶广南府。（乾隆）三十五年，改临安府属建水州为建水县，隶府治；改广西府为直隶广西州，改所属师宗、弥勒二州为县，仍隶州治。设顺宁县，隶顺宁府。降鹤庆府为鹤庆州，隶丽江府。又改剑川州隶丽江府。改武定府为直隶武定州，改所属禄劝州为禄劝县，裁附郭之和曲州。设丽江县，隶丽江府。改镇沅府为镇沅州，改所属之宣威州隶曲靖府。改蒙化府为蒙化厅，隶曲靖府。改景东府为景东厅，隶澂江府。裁姚安府，改所属姚州、大姚县，隶楚雄府。又改元江府为直隶州，改永北府为直隶永北厅。①

清朝对云南行政区划的设置固然是袭明旧制，但也因势、因地制宜，为了便于对云南的治理与驻军等，进行了一些增设与变革，如将乌蒙府从四川划归云南，后改为昭通府等，这些设置与变革使清朝更加方便对云南进行行政管辖和社会治理。历史证明，康雍朝三朝对云南行政区划的设置与变革是比较合理的，直至今天，云南的行政区划同清季相比，亦未发生过较大的变动。

二、清代前期行政组织的初设及变革

云南行政组织即云南地方政府的设置可谓是清朝对云南社会治理中非常重要的一环，其中尤以云南总督一职最为关键。清朝入主中原伊始，尚未进入云南，便设云贵总督，由赵廷臣担任，于两省互驻，此后云南总督与贵州

①《钦定大清会典事例·户部二·疆理·云南省》卷153，方国瑜主编：《云南史料丛刊》第8卷，昆明：云南大学出版社，2001年，第176页。

总督时有分设与合置之事。康熙元年（1662），清圣祖裁撤云贵总督，专设云南总督一人，驻曲靖府；康熙三年（1664），又裁撤贵州总督，并入云南，驻贵阳府。康熙十二年（1673），清圣祖谕："云南地属远疆，应专设云南总督一员。"因此任命鄂善为云南总督。然而至康熙十三年（1674）正月，又改授鄂善为云贵总督。康熙二十二年（1683），云贵总督自贵阳府移驻云南府。雍正七年（1729），清世宗又再次更改，命云贵总督兼辖广西，设云贵广西总督。雍正十二年（1734），因朝廷内外大臣奏称"广西距云南路远，广东路近，不若就近为妥便"，遂停止云贵总督兼广西总督之责。乾隆元年（1736），清高宗将尹继善擢为云南总督，专办云南事务，再次与贵州分设。乾隆十二年（1747）又谕："云贵二省，原系总督一人管辖，著仍照旧制，即以张允随授为云贵总督，图尔炳阿著授为云南巡抚，孙绍武著授为贵州巡抚。"①后再谕："贵州省苗蛮错处，军务关系綦重，巡抚文员，与通省营弁不相统辖，从前抚、提各持意见，公事遂致掣肘。总督驻扎云南，相隔辽远，贵州巡抚著提督军务，节制通省兵马。"②至此，云贵总督一职才固定下来，兼管云贵两省。

云南巡抚为仅次于云南总督之职务，对云南社会的治理所起作用至关重要。顺治初年，设云南巡抚一人，驻云南府。此次设置之后，云南巡抚几乎未发生过变动，只是在乾隆时期，由于官场缺员现象严重，多有云南总督兼任云南巡抚之职。

布政使又称藩台，专司财赋及人事。康熙六年（1667），制定各省布政使员额，裁各省布政使一人，仅留一人为全省布政使，云南则设布政使一人。参政、参议无定员，皆裁去左、右名目，视何项官推升者，即为何项道，名曰守道。布政使司所属各官，理问一人，经历一人，都事一人，照磨一人，检校一人，副理问一人，库大使云南一人，副使一人。宝泉局大使、副使各一人。康熙三十九年（1700），云南裁布政司照磨一人。乾隆十六年（1751），云南、浙江二省，事同一例，库副使一并裁汰。乾隆三十年（1765），云南又裁布政司理问一人。③

① 《钦定大清会典事例·吏部七·官制·各省都抚》卷23，方国瑜主编：《云南史料丛刊》第8卷，昆明：云南大学出版社，2001年，第146页。
② 《钦定大清会典事例·吏部七·官制·各省都抚》卷23，方国瑜主编：《云南史料丛刊》第8卷，昆明：云南大学出版社，2001年，第146页。
③ 《钦定大清会典事例·吏部八·官制·各省布政使司》卷24，方国瑜主编：《云南史料丛刊》第8卷，昆明：云南大学出版社，2001年，第148页。

按察使又称臬台，掌管司法、监察、邮驿等事。康熙六年（1667），亦制定各省按察使员额，云南设按察使一人。副使、佥事无定员，视何项官职推升者，即为何项道，皆名之曰巡道。按察司所属官、经历一人，照磨一人，司狱一人。康熙三十九年（1700），云南裁按察司照磨一人。①

云南主要兵制为绿营，设提督一人。顺治至乾隆时期清朝政府多有将营、协裁撤改并之事。顺治十六年（1659），云南设云贵总督标中、左、右、前四营，中营则设副将以下等官，左、右、前三营各设游击以下等官。康熙元年（1662），又设提督标中、左、右三营各游击以下等官。

顺治至乾隆时期清朝政府还对守道、巡道等官职进行设置与变革。清初各省设置布政使左右参政、参议曰守道，设按察使副使、佥事曰巡道，有兼辖全省者，有分辖三四府、州者，或兼兵备，或兼河务，或兼水利，或兼提学，或兼茶马屯田，或兼粮储盐法，各以职事设立，无定员。雍正时期，云南改设迤西道和迤东道。雍正八年（1730），改云南永昌道为分巡迤西道，添设分巡迤东道一人。至乾隆时期，清高宗又对云南各道的职权进行了一定变革，并增设迤南道。乾隆七年（1742），云南裁驿盐道经历一人。乾隆二十四年（1759），规定云南迤东、迤西两道均兼水利衔；而云南按察司经历兼粮储道库务。乾隆三十一年（1766），云南增设迤南道一人，驻普洱府，以镇沅、元江、临安、永北四府归并管辖。将云南、武定二府分隶盐道，其曲靖、广西、广南、开化、东川、昭通、澂江等七府，仍归迤东道管辖。乾隆三十二年（1767）又规定，四川川北道、川东道、建昌道，云南驿盐道、迤南道、迤西道，贵州贵西道，均加兵备衔。乾隆三十三年（1768）规定，云南驿盐道所辖之云南、武定二府，改归粮道管理。②

清朝政府还在云南设置知府等官职，并因地、因时制宜，对知府等官职进行调整。清初于省属各府设知府一人，推官一人，挂衔推官一人，督捕左右理事官一人；同知、通判因事增减，无定员；经历一人，照磨一人，知事一人，检校一人，司狱一人，各因地方繁简设立，无定员；仓库税课司、杂造织染局、税课分司大使、茶马司大使、草场大使、副使、巡检司巡检、水马驿驿丞、递运所大使，皆因事设立，无定员。顺治至乾隆时期清朝政府根

①《钦定大清会典事例·吏部八·官制·各省按察使司》卷24，方国瑜主编：《云南史料丛刊》第8卷，昆明：云南大学出版社，2001年，第148页。
②《钦定大清会典事例·吏部九·官制·各省道员》卷25，方国瑜主编：《云南史料丛刊》第8卷，昆明：云南大学出版社，2001年，第149页。

据云南行政区变革情况，对知府等官亦相应进行了变革。康熙三年（1664），在云南置蒙化、景东二府，各设掌印同知一人。康熙五年（1666），以云南东路削平诸酋，置开化府，设知府、同知、经历等官。康熙三十七年（1698），云南裁永宁土府，升北胜州为永北府，设知府一人、经历一人，将原设永宁府掌印同知，改为永北府同知；又改四川东川土府，设东川府知府等官。以上约为康熙时期的情况，而雍正朝存在仅有13年时间，但其对地方行政组织的变革在三朝之中最为显著。雍正元年（1723），改云南丽江土府，置丽江府，设知府等官。雍正三年（1725），云南设中甸抚番清饷同知一人，经历一人，巡检二人；置威远厅，设抚彝清饷同知一人。云南省裁通判三人。雍正四年（1726）议准，四川东川府与云南寻甸州接壤，改隶云南省。同年云南镇沅土府改土为流。雍正五年（1727），改云南鹤庆府通判驻维西，改四川乌蒙、镇雄二军民府隶属云南省。雍正六年（1728），乌蒙、镇雄地方，改土为流，归并滇省，置乌蒙府，设知府一人，经历、司狱、知事、通判各一人，驻天关坉；改镇雄土府为州，隶乌蒙府管辖；又云南设镇沅府经历一人。雍正七年（1729）议准，云南元江府所辖之普洱地方，置普洱府，设知府一人、经历一人；所属攸乐地方，设同知一人，将原设普洱通判改驻思茅；又在云南置大关厅，设通判一人，裁开化府通判一人。雍正八年（1730），改云南大理府通判驻赵州，裁开化府经历一人。雍正九年（1731），改云南乌蒙府为昭通府，改昭通府大关厅通判为同知，设鲁甸厅通判一人。雍正十年（1732），云南裁曲靖府通判，改设元江府通判一人，驻他郎。设景东府猛统巡检一人。后又议准，云南有水利之处，同知、通判各加水利衔。雍正十三年（1735），改普洱府思茅厅通判为同知。[①]乾隆朝对云南知府等官职的调整也是比较多的。乾隆二年（1737），云南普洱府属通关，须文员料理，改府经历移驻通关。乾隆七年（1742），裁昭通司狱一人。乾隆十二年（1747），裁云南府司狱一人。乾隆二十一年（1756）改楚雄府同知为中甸同知，并改鹤庆府维西通判与中甸同知俱隶丽江府。乾隆二十四年（1759），曲靖、临安、开化、永昌、永北、大理等府同知均加水利衔。乾隆三十年（1765），武定、曲靖、东川、元江、永昌等府，俱罢称军民府。乾隆三十五年（1770），改永昌府同知驻龙陵，定为龙陵厅同知；又

① 《钦定大清会典事例·吏部十·官制·各省知府等官一》卷26，方国瑜主编：《云南史料丛刊》第8卷，昆明：云南大学出版社，2001年，第149—150页。

改武定、元江、镇沅、广西4府为直隶州，各裁知府一人、经历一人；其元江府他郎通判、镇沅府威远同知，改隶附近普洱府；广西府五嶆通判，改隶附近曲靖府；省姚安一府，裁知府等官。改鹤庆府为鹤庆州，属丽江府，裁知府等官；改永北、蒙化、景东三府为直隶厅，仍各设掌印同知一人；改广南府为直隶同知，设照磨一人，寻复为府；裁东川府汤丹通判一人。乾隆三十九年（1774），设普洱府思茅厅巡检一人，兼理司狱。乾隆四十一年（1776），裁曲靖府五嶆通判一人。[1]

清初，清朝亦对省直隶州知州等官职进行了设置和调整，规定每直隶州设知州一人、吏目一人；州同、州判因事增减无定员；巡检、驿丞、仓大使、税课司大使，皆因事设立，无定员。在目前所见文献中，仅有乾隆朝对直隶州官职进行了变革。乾隆三十五年（1770），改元江、镇沅、广西三府均为直隶州，各设知州、吏目等官。乾隆四十一年（1776），设广西直隶州州判一人。[2]清初关于各省非直隶州等官职亦作规定，每州设知州一人、吏目一人；州同、州判因事增减，无定员。顺治至乾隆时期，清朝政府对云南非直隶州的官职做了许多变革。康熙五年（1666），迤东削平诸酋，置永定州，设知州、州判、吏目各一人。康熙八年（1669），改寻甸军民府置寻甸州，隶曲靖府，设知州等官。康熙三十七年（1698），升北胜州为永北府，裁知州一人、吏目一人。雍正五年（1727），析沾益州地置宣威州，隶曲靖府，设知州一人；又设剑川州州判一人；雍正六年（1728），置镇雄州，设知州、吏目、州同各一人，驻夷良；州判一人，驻威信；巡检一人，驻母亨，隶乌蒙府；又设宣威州吏目一人。雍正八年（1730），改赵州迷度巡检为白崖巡检，改宣威州沾益驿务归该州管理，可渡驿务归倘塘驿[3]驿丞管理。雍正十年（1732），云南又设南安州州判一人，驻碍嘉；姚州州判一人，驻普淜；设昆阳州水利州同一人。雍正十一年（1733），云南宣威州裁倘塘驿、可渡驿驿丞二人，改设可渡巡检一人，兼管二驿事。乾隆二十一年（1756），裁剑川州中甸州判一人。乾隆三十五年（1770），改鹤庆府为鹤庆州，隶丽江府；姚安府为姚州，隶楚雄府，并设知州、吏目等官；设和曲

---

① 《钦定大清会典事例・吏部十一・官制・各省知府等官二》卷27，方国瑜主编：《云南史料丛刊》第8卷，昆明：云南大学出版社，2001年，第150页。

② 《钦定大清会典事例・吏部十二・官制・各省直隶州知州等官》卷28，方国瑜主编：《云南史料丛刊》第8卷，昆明：云南大学出版社，2001年，第150页。

③ 倘塘驿中的“倘”原本作“傥”，据顾祖禹的《读史方舆纪要》卷114改。

州，改禄劝、弥勒、师宗、建水四州为县，各裁知州、吏目等官。乾隆四十年（1775），改腾越州州判驻南甸。乾隆四十三年（1778），裁昆阳州海口州同一人。[①]

清朝对云南县级官吏设置如下：各县设知县一人、典史一人；县丞、主簿因事增减，无定员；仓库税课司大使、副使、巡检、驿丞等官，皆因事设立，无定员。顺治至乾隆时期，清朝政府对云南县级官吏的主要调整有康熙三十二年（1693），改平彝县卫为平彝县，隶曲靖府，设知县、典史等官。雍正五年（1727），于东川府巧家地方置会泽县，隶东川府，设知县、典史等官；其歹补地方距府百里，则补地方远在江外，为便于管理，各设巡检一人。雍正六年（1728），乌蒙府属米帖地方置永善县，隶乌蒙府，设知县、典史等官；又恩乐县设典史一人。雍正七年（1729），改会泽县为东川府附郭首县；同年增置开化府文山县，设知县一人；改永善县典史驻乌蒙井底汛。雍正八年（1730），设文山县典史一人。雍正十年（1732），改临安府属之新平县隶元江府。雍正十三年（1735），置宁洱县，隶普洱府为府治，设知县、典史等官。[②]乾隆元年（1736），广府置附郭宝宁县，设知县、典史各一人。乾隆二十年（1755），各省裁汰驿丞，云南裁汰六人，将驿站钱粮归各州、县管理。乾隆三十五年（1770），改禄劝、弥勒、师宗、建水四州为县，以顺宁府地置顺宁县为府治，以丽江府地置丽江县为府治，各设知县、典史等官。[③]

康熙朝亦对盐政各官进行了设置。盐政等官职在各省有所不同，在云南设有提举司提举三人、吏目一人；经历、知事并所属各场盐课司、盐引批验所、库仓大使、巡检，皆因事设立，无定员。随着云南盐业的发展，雍乾两朝则对盐政各官进行了一些调整完善。雍正三年（1725），云南裁盐课大使一人，改设驿盐道衙门库大使一人。雍正七年（1729），云南设普洱府猛乌、整董二处盐大使各一人。雍正十年（1732），云南裁磨者井、乌得井盐大使各一人；添设白石谷井、复隆井盐大使各一人；裁琅盐井吏目，改设大使一人。乾隆七年（1742），云南裁驿盐道经历并云龙州顺荡井大使各一

① 《钦定大清会典事例·吏部十二·官制·各省知州等官》卷 28，方国瑜主编：《云南史料丛刊》第 8 卷，昆明：云南大学出版社，2001 年，第 151 页。
② 《钦定大清会典事例·吏部十四·官制·各省知县等官二》卷 30，方国瑜主编：《云南史料丛刊》第 8 卷，昆明：云南大学出版社，2001 年，第 152 页。
③ 《钦定大清会典事例·吏部十五·官制·各省知县等官三》卷 31，方国瑜主编：《云南史料丛刊》第 8 卷，昆明：云南大学出版社，2001 年，第 152 页。

人。乾隆十年（1745），云南设姚安府属新开安丰井盐大使一人。乾隆二十二年（1757），云南归远同知所管按板、恩耕两井盐场，因相跨甚远，改归镇沅府知府就近管理。乾隆四十三年（1778），云南裁复隆井大使，归并黑盐井大使管理；裁白石谷井大使，归并白盐井大使管理。[①]

对云南土司改土归流后进行的设置与变革亦是康雍朝三朝对云南社会治理的一项重要内容。顺治时期，清朝便开始对云南土司进行改土归流设置。顺治六年（1649），云南元江军民府（后裁军民二字）改土归流，裁土知府一人，设流官。顺治十六年（1659），云南广南府改土归流，裁土知府一人，设流官。顺治至乾隆时期，尤其是雍正朝对云南土司改土归流设置的力度是很大的，为以后各朝治理云南社会奠定了坚实的基础。康熙四年（1665），景东、蒙化二府俱改土归流，各裁土知府一人，设流官。康熙三十五年（1696），改阿迷州土州为流，裁土知州一人；又改曲靖府属亦佐县为平彝县，设土县丞一人。康熙三十七年（1698），四川东川军民府（后裁军民二字，改隶云南省）改土归流，裁土知府、土经历一人，设流官。雍正元年（1723），云南丽江府军民府（后裁军民二字）改土归流，设流官，裁原设土知府，改设土通判一人。雍正四年（1726），改镇沅府为流，裁土知府一人；改威远、沾益二州为流，裁土知州一人。俱设流官。雍正五年（1727），四川镇雄、乌蒙二府改土归流（后俱改隶云南省，镇雄后改为州），裁土知府各一人；裁撤云南永昌军民府（后裁军民二字）；又裁姚安府土同知一人，设流官。乾隆十一年（1746），云南猛缅土巡司归流，改其地为缅宁，设流官。乾隆二十九年（1764），改永昌府属之猛猛土巡检隶顺宁府。[②]

纵观清代各朝对云南行政组织的设置与变革，无一不是为方便清朝政府对云南社会进行治理而进行的，从中不难看出，顺治至乾隆时期起到的开拓与调适作用可谓是影响深远。从清初云南行政组织的初定到雍乾两朝对云南行政组织因时地而制宜的调整，反映出清朝对云南社会的治理由摸索到成熟的过程，最终达到乾隆朝治理下的鼎盛时期。

---

①《钦定大清会典事例・吏部十六・官制・各省盐政等官》卷 32，方国瑜主编：《云南史料丛刊》第 8 卷，昆明：云南大学出版社，2001 年，第 152—153 页。

②《钦定大清会典事例・吏部十六・官制・各省土司世职》卷 32，方国瑜主编：《云南史料丛刊》第 8 卷，昆明：云南大学出版社，2001 年，第 153 页。

三、清代前期的户口田赋

户口与田赋为民生内容的两个最重要方面，也是社会稳定的最关键因素，与社会治理息息相关，对户口管理不善以及不合理的田赋制度皆会严重影响康雍朝三朝对云南社会治理的效果。缺少了对户口与田赋的管理，社会治理将成为空谈。因此，研究康雍乾时期云南社会的治理，探讨户口与田赋的情形就甚有必要。

对户口进行编审，便于国家对社会管控和治理，加强政府对百姓的人身控制，增加国库收入。关于对户口的管理，顺治五年（1648）作如下规定：三年一次编审天下户口，责成州、县印官，照旧例攒造黄册。以百有十户为里，推丁多者十人为长，余百户为十甲。城中曰坊，近城曰厢，在乡曰里，各设以长。每遇造册时，令人户自将本户人丁，依式开写，付该管甲长。该管甲长将本户并十户，造册送坊、厢、里各长；坊、厢里各长将甲长所造文册攒造送本州、县。该州、县官将册比照先次原册，攒造类册，用印解送本府。该府依定式别造总册一本，书名画字，用印申解本省布政使司。造册时，民人有年龄60岁以上者开除，16岁以上者增注。顺治十一年（1654）又作进一步规定：每三年造审之期，逐里逐甲，查审均平，详裁原额、新增、开除、实在四柱，每名征银若干，造册报部。如有隐匿捏报，依法治罪。因每三年对全国户口编审一次过于频繁，顺治十三年（1656），清朝政府对编审年限做了更改，规定五年编审一次。①

康熙朝继承了顺治时期的户口编审制度，并在一定程度上进行了完善。为加强对士兵家庭中其他成员的管理，增加国家财政收入，康熙三十五年（1696）复准：云南兵丁，除本身外，其兄弟亲族等余丁，悉令清出，编入丁数输税。康熙朝还对云南一些不便于编审户口的偏远之地，取消户口编审制度。康熙四十年（1701）又规定，四川东川府（雍正四年改隶云南省）僻处极边，难与腹里州、县一例编丁，应停其编审。康熙五十一年（1712）又规定，因人口增长，但土地未有增加，对于增长人口不再加征赋税。清圣祖谕："朕览各省督抚奏编审人丁数目，并未将加增之数，尽行开报。今海宇承平已久，户口日繁，若按现在人丁加征钱粮，实有不可，人丁虽增，地亩并未加广，应令直省督抚，将现今钱粮册内有名丁数，毋增毋减，永为定

① 《钦定大清会典事例·户部六·户口·编审》卷157，方国瑜主编：《云南史料丛刊》第8卷，昆明：云南大学出版社，2001年，第177页。

额，嗣后所生人丁，不必征收钱粮，编审时，止将增出实数，察明另造册题报。……前云南、贵州、广西、四川等省，遭叛逆之变，地方残坏，田亩抛荒，自平定以来，人民渐增，开垦无遗，山谷崎岖之地，已无弃土。由此观之，民之生齿实繁，朕故欲知人丁之实数，不在（再）加征钱粮也。”①这其实是雍正朝实行摊丁入亩的最初形态，在康熙朝便已开始着手试行，到雍正时期，清世宗正式提出摊丁入亩政策。雍正四年（1726），免云南太和、邓川等州、县土军丁银；同年规定，云南丁银摊入地亩征收。雍正朝对一些改土归流之地，亦暂时停止实行户口编审。如雍正十一年（1733），滇省缅宁地方，改土归流，停其编入丁册。

田赋轻重与民生休戚相关，轻徭蠲赋更易保持社会稳定，促进经济、科技与文化的发展。清朝律例对云南民赋作如下规定：田每亩科银五厘五毫至四分六厘五毫不等，粮一升九合四勺至一斗五升不等；归并卫所屯地每亩科粮五升九合二勺至八升一合八勺不等；马厂地每亩科银三分，夷地每亩科粮一升。②清朝对云南随征耗羡亦作规定：“云南各府、州属，条丁每两收耗二钱；公件银两不加耗银；额征税秋粮米，每石收耗三升。”③以上大体为云南田赋的征收情况。因云南气候特殊，地形与内地不同，自然灾害较多，且经济发展缓慢，加上云南承平日久、生齿日繁，乾隆朝对云南田赋情况进行了一定变革。乾隆五年（1740）时议准：云南所属，山头地角，坡侧旱坝，尚无砂石夹杂，可以垦种，稍成片段在三亩以上者，照旱田例十年之后，以下则升科；砂石硗确不成片段，刀耕火耨，更易无定，瘠薄地土虽成片段，不能引水灌溉者，均永免升科。其水滨河尾田土，淹涸不常，与成熟旧田相连，人力可以种植在二亩以上者，亦照水田例六年后，以下则起科；如不成片段奇零地土，以及虽成片段，地处低洼，淹涸不常，不能定其收成者，止给照存案，永免升科。乾隆三十一年（1766），清高宗又谕：“滇省山多田少，水陆可耕之田，俱经垦辟无余，惟山麓河滨，尚有旷土，向令边民垦种，以供口食，而定例山头地角在三亩以上者，照旱田十年之例，水滨河尾在二亩以上者，照水田六年之例，均以下则升科；第念此等零星地土，本与

①《钦定大清会典事例·户部六·户口·编审》卷157，方国瑜主编：《云南史料丛刊》第8卷，昆明：云南大学出版社，2001年，第177页。

②《钦定大清会典事例·户部十一·田赋·田赋科则》卷162，方国瑜主编：《云南史料丛刊》第8卷，昆明：云南大学出版社，2001年，第178页。

③《钦定大清会典事例·户部十三·田赋·随征耗羡》卷164，方国瑜主编：《云南史料丛刊》第8卷，昆明：云南大学出版社，2001年，第178页。

平原沃壤不同，倘地方官经理不善，一切丈量查勘，胥吏等恐不免从中滋扰，嗣后滇省山头地角，水滨河尾，俱著听民耕种，概免升科，以杜分别查勘之累。"①

有关屯田的课税与民赋又有所不同，在清初便已制有规条。国家初定，清朝政府差御使巡视屯田，后裁巡屯御史，归巡按兼管。寻裁巡按，令各省巡抚、布政使司管理，每岁造册报销。此外，顺治年间所定的屯田赋税是很重的，此种情况一直持续了30余年之久。至康熙三十四年（1695），清圣祖为发展云南经济，使云南社会休养生息，开始减轻屯田赋税，谕："云南屯田钱粮，较民田额重数倍，民甚苦累，嗣后照河阳县民田上则征收。"②康熙三十五年（1696）复准，云南田地，亦照屯田之例征收。

第二节　"三藩之乱"后云南经济的恢复

清朝在顺治时期便制定了一些通行全国的经济政策。顺治十八年（1661）题准："云南卫弁职田，向系收租准俸，嗣后各归卫所，以本七折三输纳。"③然而，云南纳入清朝管辖不久，吴三桂便雄踞于此，控制云南长达20余年之久，清朝对云南的社会的直接治理与经济开发便发生了中断。"三藩之乱"给云南社会带来了沉重灾难，经济遭受巨大破坏，为迅速恢复云南社会秩序，将云南治理的重心转移到经济领域，康熙朝实施了一系列的经济恢复政策。有关康熙时期云南经济的研究已有部分成果，但主要是关于铜业、盐政等方面，而从康熙时期云南经济恢复政策的角度进行研究的文章主要有王明东的《清代云南赋税蠲免初探》④一文，但并非康熙朝恢复云南经济的专论，因此本节试从历史中时段的角度来试析康熙时期云南经济恢复的原因等问题。

平定南明与"三藩之乱"对云南社会、经济的破坏是无以加复的，而经济发展又与社会稳定密不可分，故政府对社会进行治理，一般都是首抓经济

①《钦定大清会典事例·户部十三·田赋·免科田地》卷164，方国瑜主编：《云南史料丛刊》第8卷，昆明：云南大学出版社，2001年，第178页。

②《钦定大清会典事例·户部十四·田赋·屯田》卷165；方国瑜主编：《云南史料丛刊》第8卷，昆明：云南大学出版社，2001年，第179页。

③《钦定大清会典事例·户部十四·田赋·屯田》卷165；方国瑜主编：《云南史料丛刊》第8卷，昆明：云南大学出版社，2001年，第179页。

④ 王明东：《清代云南赋税蠲免初探》，《思想战线》2010年第3期，第131—132页。

建设，康熙朝治理云南亦是如此。从平定南明政权到“三藩之乱”这段时期，云南战乱纷纭，社会动荡不安，民不聊生。直至康熙二十年（1681）时，云南方结束无序局面，清朝才开始了对云南社会进行全面治理。然而，“三藩之乱”后云南社会可谓是满目疮痍，蔡毓荣曾言战乱后的云南社会是“积患既深，疗治匪易”，从其奏疏中可以略知当时的云南社会情形，“民之困敝已极，米亦搜括无遗，数月之间斗米三两，无从购买。顷者麦秋既届，而去冬播种失时，收获十无四五，额税之外，尚不足供运粮之需，迄今民无粒食，野有饿殍”①，云南社会的残破情形使身为云贵总督的蔡毓荣触目惊心，救时无策，其云：“从来兵燹之后，继之饥馑，未有如全滇今日之甚者也。”②云南在吴三桂控制时期，按地加粮，按粮征兵，民不胜其苦而荒废田园。及清兵深入云南以来，筑垒挖濠，环营列栅，将近郊的田地皆作战场，遍野成荒芜之地，两迤之往来大路，桑麻久废，鸡犬无闻；而吴三桂的败逃军队，所至之处烧杀抢掠，惨蔽天日。云南社会历经变乱之后，抛荒田地，死徙人丁，处处白骨青磷，以至于康熙二十一年（1682）时，云南开垦乏人，牛种未备，“除荒之例，惟在滇为犹亟也”③。因此，蔡毓荣受命云贵总督之始，便撰《筹滇十疏》，亟请清圣祖下令蠲除各种苛捐杂税，并招徕百姓开垦弃田，随垦随报。为平复战争创伤，稳定社会秩序，使云南百姓迅速恢复农业生产，解决基本的民生问题，康熙朝在云南采取了一系列的休养生息政策。

一、康熙朝恢复经济的主要举措

顺治时期清朝便设置了专门官吏来管理全国的农业经济。平定“三藩之乱”后，清朝政府推行了一系列经济举措，云南经济才进入一段较长时间的缓慢发展时期。

首先，康熙朝废除自明季以来云南遗留的庄田制度，将庄田变卖给百姓垦种。明朝沐氏世镇云南，曾置办大量庄田。明朝灭亡后，吴三桂遂据沐氏庄田为藩庄，民为藩役，成为其藏奸纳叛之所。有鉴于此，蔡毓荣建议治理

① （清）蔡毓荣：《筹滇十疏·第一疏》，方国瑜主编：《云南史料丛刊》第8卷，昆明：云南大学出版社，2001年，第424页。

② （清）蔡毓荣：《筹滇十疏·第一疏》，方国瑜主编：《云南史料丛刊》第8卷，昆明：云南大学出版社，2001年，第424页。

③ （清）蔡毓荣：《筹滇十疏·第一疏》，方国瑜主编：《云南史料丛刊》第8卷，昆明：云南大学出版社，2001年，第424页。

云南之始，应照其他各省之例，废除庄田，并将庄田皆变卖于百姓，对于早年入官的叛产，也与庄田同时变价出售。云南在历经数年变乱之后，百姓多无恒产，如此一来，百姓“未有不喜于得业而勇于急公者也”[①]，亦可防止云南封疆大吏效仿吴三桂借用庄田来扩大一己之势力而出现割据局面，而变卖庄田与叛产所得银两，酌量留滇，作为钱本，以图善后之长策。变卖庄田使得被官僚地主兼并的土地得以重新分配，有利于促进云南经济的发展，然而事情并未如蔡毓荣所想象的那样进展，自康熙二十三年（1684）至康熙三十年（1691）期间，云南勋庄荒芜的田地却无一人购买承垦，司、府、州、县多方督劝，毫无成效，云南督抚甚为忧虑，便奏请将勋庄田地照老荒田地一例招垦，至康熙三十一年（1692）时，仅开垦上、中、下则的勋庄田地 31 顷 82 亩，收效甚微。王继文认为此乃“民情畏缩，无力承认之实情也”，实际上当时云南富户原本不多，又逢多年战乱，民不聊生，没有余资购买庄田，即使有钱承垦，但因庄田赋税过重，滇民只能望而远之。因此，王继文为“筹国便民”起见，据实入告，再次奏请将所有庄田免其纳价，以便加快云南农业经济的恢复速度。[②]但是康熙年间，中国边疆危机四伏，康熙朝很难分出更多精力关注云南经济的恢复情况，云南经济发展十分缓慢，直至康熙三十二年（1693），已是平定“三藩之乱”十余年后，清圣祖才降旨对变卖庄田的政策进行了修改，规定云南明代勋庄田地，应照老荒地招垦，且免其纳价。

其次，康熙朝在云南推行军屯制度，以增加军饷国赋。蔡毓荣认为，关于屯田之法，一以增赋，二以节饷，利处很大。云南偏居天末之地，所产无多，且聚数万之兵，若取之于民，不仅百姓物力不足，且在云南变乱之后，越发加重百姓负担，经济更是难以恢复，驻滇军队不如自力更生，尚可丰衣足食。蔡毓荣亟请在云南推行军事屯垦，以解决军粮燃眉之急，并指出此举与明朝的军屯制度是不同的，“非必如故明之分列卫所聚屯而居，有事则荷戈，无事则秉耒也”。康熙朝的军屯具体实施如下：查兵丁之有父、兄、子弟余丁者十常五六，将附近各镇、协、营无主荒田，按实有父、兄、子弟余丁之兵，每名酌给 10 亩或 20 亩，由官方借给牛种，听其父子、兄弟余丁及

① （清）蔡毓荣：《筹滇十疏·第四疏》，方国瑜主编：《云南史料丛刊》第 8 卷，昆明：云南大学出版社，2001 年，第 430 页。
② （清）王继文：《请免勋庄荒芜田地纳价疏》，梁公卿主编：《中国西南文献丛书》第 23 卷，兰州：兰州大学出版社，2003 年，第 454—455 页。

时开垦，渐图收获，以赡其家，俾在伍者无俯仰之忧，有田园之恋，斯兵心固而边备无虞。三年之后，仍照民例起科，应纳条银抵充月饷，应输夏、秋二税抵给月粮，讲所省粮饷实多，而于操练征防仍无贻误。其间或有死亡事故，即择其同伍之殷实者顶种注册，毋使抛荒。对于投诚兵丁安插为民者，因其既无恒产，亦无生理，宜令有司量拨荒田，给令垦种为业，起科之后，编入里甲，承办粮差。蔡毓荣认为此事“有益于国，无损于民，滇之言兴利者，率不外此”。[①]蔡毓荣所言在云南初平之时对经济恢复与社会安定确实能起到积极作用，但其忽略了很重要一点，即屯田的税课过重。因此，屯田制度在康熙时期虽然得到广泛推行，但云南百姓的生活依然十分拮据，社会治理并未起到很好的效果。云南一省，僻处遐荒，“军屯之赋倍重于民”，以致土地多有抛荒，历年积欠。为减轻云南百姓的负担，清圣祖特将康熙二十一年（1682）起至康熙二十七年（1688）拖欠的军屯银米尽行豁免，军屯的百姓闻之，“扶老携幼，望阙焚香叩首”[②]。然而，此次蠲免钱粮，只能令军屯百姓暂时缓解缴纳钱粮的负担，并非发展经济的长久之计。云南巡抚王继文斟酌再三，对云南军屯田地推行“减则贴恳”政策，即降低土地等级进行征税的方法，并云：“今滇省田地本属硗薄，屯民尤困追呼，若以抛荒不垦之田，补其重额难支之累，民荒田地，一概极力劝垦，不但正额可以充实，新赋亦可稍增。”[③]自此以后，军屯抛荒现象才略有减少。

康熙朝还制定招民垦种的政策，让百姓无偿使用或给予一定的优惠措施，以鼓励农耕，此项政策一直影响到雍乾两朝。如康熙三十一年（1692）复准，云南省邓川州水冲石压田亩，不能开垦，银米永行豁除。康熙三十二年（1693）题准，云南明代勋庄田地，照老荒地招垦，免其纳价。

> 雍正四年……又复准：滇、黔二省广行开垦，地方官招民开垦，及官生捐垦者，将垦熟田地归于开垦佃户，于次年起科；民间自垦者，按照年限起科。又复准，滇、黔二省广行开垦，并定开垦事例，凡官员招募佃户资送开垦者，按户数多寡议叙；军民自备工本者，按亩多寡议叙。又复准，滇、黔二省开垦工本，六年扣还。五年复准：滇、黔二省

---

① （清）蔡毓荣：《筹滇十疏·第四疏》，方国瑜主编：《云南史料丛刊》第8卷，昆明：云南大学出版社，2001年，第431页。

② （清）范承勋：《军粮豁免万姓欢呼疏》，梁公卿主编：《中国西南文献丛书》第23卷，兰州：兰州大学出版社，2003年，第443页。

③ （清）王继文：《筹请屯荒减则贴垦疏》，梁公卿主编：《中国西南文献丛书》第23卷，兰州：兰州大学出版社，2003年，第446页。

招民开垦，委员及地方官，将所领工本，招募良民，开垦数多，田皆成熟者，三年之内，准其议叙。倘虚应故事，招募匪类，领银潜逃，或开荒草率，不能种植报粮者，照才力不及例指参，所费工本，著落该员赔补。……七年又复准：滇省乌蒙东南之田土山场，建设流官，招民垦种，但地广田多，非民力所能遍垦，应令兵民一并承垦。每户不得过二顷之外，仍量给牛、种银，统于三年内分年完纳。①

乾隆四年（1739）谕："云南勋庄变价一案，尚欠银千八百二十九两有奇，此项田地，屡被水冲沙压，难以耕种，承变各户逃散，无可著追，颇为地方之累，著将应征银准予豁免。"②

康熙朝还制定捐输制度，以应对不时之需。清代初期，滇省山多田少，一岁之获仅供一岁之需，民鲜盖藏，官无余积，且与周边各省不通舟楫。一遇军需紧急或罹水旱灾害，则搜求易尽，接济为艰，兵与民皆坐困于滇。故蔡毓荣认为"讲求积贮之法，惟滇省为尤亟也。"③然而云南于数年战乱之后，流亡之民未尽复业，田地尚多抛荒，民贫谷贵，其捐输数量极少。蔡毓荣根据云南实际情形，减少捐输数量，且将捐输一事作为长远大计，嗣后遇有军队征调，则酌动以济兵，逢有年饥，则平粜以济民。当时整个云南郡邑城垣，自罹兵燹后，多有倒塌，且各镇、协、营官兵因旧有营房毁弃，占住民房，若不急建营房，百姓无所栖止，难以复业。因此，蔡毓荣又将捐输事例定为银米兼输，米以备积贮之需，银以供修城之用，军队营房则令地方官捐造，如此一来，边备修而民亦不扰。此项制度虽为良法，但短时期内难见成效，在康熙时期对发展云南经济与维护社会稳定的效果并不明显，至乾隆朝时，捐输制度在应对灾荒时可以说是发挥了很大作用。

为了解决康熙时期云南的钱粮紧缺问题，康熙朝向土司同样征收一定的贡赋以充实国库。康熙五年（1666）题准，四川、广西、云南、贵州各土司，系边方世职，其钱粮完欠，不必照流官例考成。从中可以看以康熙朝是向土司征收赋税的，只是与内地略有区别，不似流官那样严格。向土司征收钱粮可以说存在一定难度，有的土司时常拖欠钱粮。为保障土司及时完纳钱

① 《钦定大清会典事例·户部十五·田赋·开垦一》卷166，方国瑜主编：《云南史料丛刊》第8卷，昆明：云南大学出版社，2001年，第179页。

② 《钦定大清会典事例·户部一百十七·蠲恤·免科》卷268，方国瑜主编：《云南史料丛刊》第8卷，昆明：云南大学出版社，2001年，第231页。

③ （清）蔡毓荣：《筹滇十疏·第七疏》，方国瑜主编：《云南史料丛刊》第8卷，昆明：云南大学出版社，2001年，第433页。

粮，康熙朝明文规定土司在一年内全部交完赋税者，则给予奖励。康熙七年（1668）复准，各土官经征钱粮，一年内全完者，督抚题明奖赏银牌花红，永为定例。雍正朝为稳定土司辖地的社会秩序，减轻土民负担，雍正四年（1726）清世宗又专门规定："征收土赋，不许额外科派，私行需索。"①这些措施是清朝政府对土司的直接管理与经营，从而对维护云南土司辖地的社会稳定给予了充分保障。

为尽快恢复云南的社会秩序，促进经济快速恢复，蔡毓荣提倡务以实心而行实政，方收成效。其在《筹滇十疏》中的推行实政举措主要有十个方面，与经济相关的便有五条，简要列举如下：第一疏，请蠲荒。即对抛荒的田地，勘查明白，招徕百姓进行开垦。第四疏，议理财。即发展矿业、鼓铸业，变卖沐氏庄田，招民垦荒四件事。第七疏，议捐输。云南产米不多，运粮不便，实行开捐制度，以实仓廪。第九疏，敦实政。其中与经济相关的有广树畜、裕积储、通商贾、崇节俭、除杂派等事。第十疏，举废坠。其中要求杜绝税粮"私擅改征之弊"。蔡毓荣认为这些事情在边省云南则最为急切，并将此与云南官吏的考绩联系起来。②范承勋在其任职云南总督期间，曾上疏奏请在丽江中甸设置市场，以方便西藏与云南相互贸易，促进云南商业的发展。③

康熙朝在云南恢复经济的举措是不成系统的，更谈不上完善。虽然蔡毓荣在《筹滇十疏》中提出了一些初步的举措，其实是清朝政府单方面的一种想法，真正在推行过程中，由于与云南百姓的现实需求有一定差距，存在着诸多的不合理性，往往成为具文，康熙朝不得不根据云南经济发展的实际情况不断调整，效果仍不理想，因而注定了康熙时期云南百姓生活的拮据与经济发展的缓慢。

二、重徭与蠲赋并存

云南经济发展缓慢的一个重要原因就是过于沉重的赋税所致。康熙朝尚属清初，其主要精力是用于国家大局的政治稳定与奠定边疆四隅，而不是经济发展。因此，在平定吴三桂后，康熙朝的经营重点发生了转移，主要维护

①《钦定大清会典事例·户部十四·田赋·屯田》卷165，方国瑜主编：《云南史料丛刊》第8卷，昆明：云南大学出版社，2001年，第179页。

②（清）蔡毓荣：《筹滇十疏》，方国瑜主编：《云南史料丛刊》第8卷，昆明：云南大学出版社，2001年，第424—440页。

③（清）蔡毓荣：《筹滇十疏·第九疏》，方国瑜主编：《云南史料丛刊》第8卷，昆明：云南大学出版社，2001年，第436—438页。

中国海疆、北疆、西北等地域的统一和稳定，对西南边疆的经营相对退居次要地位，即康熙朝无暇顾及云南的经济发展情况，从康熙时期云南赋税过于沉重这一点便有所知，但是康熙时期云南经济确实得到了恢复和发展，这得益于重徭之下康熙朝不断对云南实行蠲赋政策的结果。

蔡毓荣在《筹滇十疏》中的经济开发政策更像是一种理论上的建议，对当时经济的恢复虽然具有进步意义，然而要真正在云南推行这些政策，首先要轻徭薄赋，清朝统治者开始显然没有认识到这一点，那就必然要经过一个摸索试错然后改进和完善的过程，所以，康熙中期云南经济发展中出现的种种问题，便在意料之中。康熙二十一年（1682）和康熙二十二年（1683），云南有许多地丁弃荒逃匿，自康熙二十三年（1684）至康熙二十四年（1685）开始才渐次复业开垦，原因在于康熙二十一年（1682）至康熙二十四年（1685）的钱粮税课丝毫未得减免，而是照旧征收，赋税十分沉重，百姓不愿开垦，以致四年钱粮无法征收。云南督抚唯恐四年的钱粮一次性征收，百姓无力缴纳，再致出现更严重的抛荒逃匿之事，便将征收政策进行调整，即将“二十一年未完于二十五年带征，二十二年未完于二十六年带征，二十三年未完于二十七年带征”[①]。由于百姓所交赋税总额并未减少，徭役依然沉重如初，即使分年带征，云南百姓还是无力承担，云南经济基本停滞不前。关于清初云南徭役十分沉重的说法，其他研究清代云南史的学者也持有相同观点，曾在其文章中鲜明地指出，清初“封建统治者对云南各族人民的田赋征收是相当沉重的”[②]。

石琳任云南巡抚期间，负责编辑云南《赋役全书》，在采访舆情之后，他深晓云南徭役之重，为民请愿，上疏奏请删减云南的苛捐杂税，主要内容汇总如下：第一，全滇屯田与官田的粮税过重，应适当降低。自康熙二十一年（1682）起至康熙二十六年（1687）止，屯田与官田的赋税共计“未完丁折银六万二千九百八十余两，未完米、麦、谷、豆一十三万四千五百七十余石”，百姓负担极其沉重。云南屯田、官田与民田相互接邻，其土壤、水利、人力、播种等条件与民田无异，但粮税却轻重不同，屯田与官田高出民田许多。云南原系山瘠土薄之区，刀耕火种之地，但赋税较之“财赋半天下”的苏州等地的肥腴田地相差无几。石琳建议除草场、地租、马场、人

① （清）王继文：《请新荒分年带征疏》，梁公卿主编：《中国西南文献丛书》第23卷，兰州：兰州大学出版社，2003年，第431页。
② 邹建达：《清初治滇述论》，《云南民族大学学报》（哲学社会科学版）2006年第4期，第114页。

丁、学租照旧征收外，其他田地以民田赋税的上则起科。第二，黑白二盐井的盐课过重，应适当减少。云南有九座盐井，唯黑白二井最大。明代黑井额课 26 600 余两，白井 10 500 余两，琅井 2400 余两，此办课之旧额也。清初投诚伪总兵官史文开报黑井课银 96 000 两，每斤征银 1 分 6 厘；白井课银 28 560 两，每斤征银 8 厘；琅井课银 9600 两，每斤征银 6 厘。清初盐井课税倍增，灶户负担极重。且云南灶户煎盐，皆为人工，成本很高，复加以重课，灶户生活维艰。再因盐商于崇山峻岭中驮运，费用倍增，“则盐价贵而夷倮遂有经时不知盐味者矣”。石琳认为盐课过重，盐价过高为“滇民之甘心食淡，地方官之不能督销”的原因，特议以黑白二井照琅井每斤 6 厘之例，黑井除减川额外，岁征银 33 840 两，白井征银 21 420 两，琅井征银 9600 两，并阿陋等六井征银 10 649 两 3 钱 6 分，共课银 75 509 两 3 钱 6 分，遇闰加银 6292 两 4 钱 4 分。第三，减免开化府、元江府、通海县、南安州、丽江土府等地的粮税。这些府州多地处古代荒服之地，夷人众多，而粮税颇重，且战乱之后，民不聊生，经济疲敝，因此请求减免此处府州之粮税，以舒民力。第四，革除建水州不必要的杂税。明朝时建水州便向当地夷人征收各种日用物品，如槟榔、核桃、松子、木耳、干笋、麻子油、马料等，这些征收“原非正供钱粮，实系私派横征”，在吴三桂覆灭以后，官府仍向当地夷人照旧收取，不利于民生与社会稳定，因此建议革除。第五，豁免征收不到课税的矿厂税务。新平县明直银场、易门县老场铜厂等矿厂，因开采年久，矿产断绝，再也征收不到课税，以致官民赔累不堪。矿厂非同耕种田地，有耕必有收获，钱粮容易征收，而是全凭运气。今既矿穷山空，而课税不免，必令各官捐赔，但年复一年，焉知不会派累百姓。有虑于此，石琳亦将新平县之明直场课、易门县之铜课、老场炉课一并尽皆免除。[①]从以上可以看出，由于清袭明制，云南的农业、盐业、矿业等税收未经减免，一并承袭下来，此为云南赋役过重的一个原因。其二是在吴三桂控滇期间，他暗握边权，为扩充军力，对云南施以重税，致使黎民生活倒悬，再加上长久战乱，云南社会的不稳定因素一直延续至康熙中后期。其三是在“三藩之乱”后，康熙朝的精力主要用于解决东南海疆与东北部陆疆的问题，无暇顾及云南赋役的减免与经济发展。石琳身为云南巡抚，自然晓畅民情，上疏请

① （清）石琳：《进呈编辑〈全书〉疏》，梁公卿主编：《中国西南文献丛书》第 23 卷，兰州：兰州大学出版社，2003 年，第 436—441 页。

求将以上各种课税进行减免，以消除社会动乱的隐患，使云南尽快从战争创伤中恢复到正常的社会秩序中来，具有非常积极的意义，但面对当时的客观现实，其提议很难得到朝廷重视。

果不其然，公务繁忙的清圣祖并未给石琳的上疏予以回复，以致“以后督、抚臣未敢复请者”[①]。待石琳之侄石文晟于康熙三十三年（1694）继任云南巡抚之后，其言“入境以来，目睹荒芜田地甚多，百姓甚众，及抵任后，披阅各属详验，报垦无几”。康熙朝在平定吴三桂后，转眼十三年过去，而云南百姓依然缴纳各种苛捐杂税，与吴三桂控制云南时期相差无几，且康熙朝忽视云南山多田少、农业落后的事实，把云南贫瘠田地的赋役与内地肥沃之地同等对待，无疑雪上加霜，竟致滇民无力开垦荒田。石文晟曾云：“屯赋之与民赋，竟有十倍之重。”而民赋亦不轻松，尤以河阳县为最。石文晟乃诤言之臣，为滇省黎庶再次上疏陈情，请求减赋薄税，同时鼓励各地方官努力劝垦。清圣祖阅后，命“将前项屯田钱粮照河阳县民田上则征收”。[②]康熙朝此次只是减免了云南的屯赋，但对于民赋，依然照旧征收，并无半分减免，直到康熙三十五年（1696）方才复准，“云南田地，亦照屯田例征收”[③]。在康熙朝平灭吴三桂之后的十余年中，云南经济恢复极其缓慢，滇民生活改观不大，这不得不归咎于康熙朝对云南社会情形的认识不足，对云南经济开发的重视程度不够。

随着康熙朝对云南经营治理的深入，对云南经济开发的投入力度与重视民生的程度亦随之深入，在云南督抚的努力和“蠲赋”政策的支持下，云南经济开始得以恢复和发展。康熙朝对云南赋税的首次蠲免是在康熙二十七年（1688），因云南赋税过于沉重，百姓实在无力完纳，拖欠多年，严重阻碍了经济发展，清圣祖被迫降旨：“云南百姓，供亿王师，运送劳瘁，著将二十一年至二十七年所欠屯赋银及米麦等项，尽行蠲免。”此后，康熙朝多有将云南赋税蠲免之事。康熙三十二年（1693），上谕：“朕念广西、四川、贵州、云南四省，皆属边地，土壤硗瘠，民生艰苦，与腹内舟车辐辏得以广资生计者不同，朕时切轸怀。数岁以来，屡施恩泽……云南省二十七年以前屯

① 据《清史稿》记载，石琳之上疏内容刊入《赋役全书》颁行，余以为事实并非如此，所以才有以后其侄石文晟任云南巡抚之时，再次上疏请求减免云南赋税之事。

②（清）石文晟：《请减屯粮复疏》，梁公卿主编：《中国西南文献丛书》第23卷，兰州：兰州大学出版社，2003年，第472页。

③《钦定大清会典事例·户部十四·田赋·屯田》卷165，方国瑜主编：《云南史料丛刊》第8卷，昆明：云南大学出版社，2001年，第179页。

地积欠银粮，皆经次第蠲豁，兹念育民之道，无加宽赋，矧边省地方，非再沛优恤之恩，则闾阎无由充裕，所有康熙三十三年四省应征地丁银米，著通行蠲免。”康熙四十二年（1703）又蠲免云南、贵州、广西、四川四省康熙四十三年（1704）应征收的地丁各项钱粮。康熙四十九年（1710），清圣祖又降谕旨，拟在康熙五十年（1711）时，将天下各省钱粮，“于三年内通免一周，俾远近均沾惠泽”，而对云南等省的钱粮，除漕项外，全部豁免，且累年积欠的所有钱粮，“亦均著免征”，后又降旨，云南等省在康熙五十一年（1712）的地丁钱粮也一概蠲免，并要求“各督抚务须实心奉行，体朕轸念民生至意”①。除赋役过重而经常蠲免钱粮之外，云南受到灾害时亦有蠲免现象。康熙三十一年（1692），云南省邓川州遭受水灾，田亩不能开垦，其银米则被永行豁除。②

由上可知，康熙朝在中后期对云南地丁钱粮的蠲免力度还是很大的，而雍乾以后各朝继承了康熙朝的蠲免政策，把蠲免作为调节赋税制度和促进经济发展的一种特殊手段，在一定程度上体现了清朝政府重农抑商的封建思想。雍正七年（1729），清世宗谕：“西藏苗疆，皆已宁谧，朕心嘉慰，著将雍正八年甘肃、四川、广西、云南、贵州额征地丁银悉行蠲免。……至应征耗羡，凡遇特恩蠲免银粮者，其耗羡仍行输纳；若因水旱蠲免者，不得征收耗羡，将此永著为例。”后又谕：“云南元江、普洱两府，倮夷蠢动，夫役频繁之后，恐小民输将，力有不逮，著将元、普两府雍正十一年分额征条银并公件银悉行蠲免。”③乾隆十年（1745），清高宗也将云南、贵州等省的地丁银粮共 10 420 900 余两，于乾隆十一年（1746）全行豁免。④乾隆二十九年（1764），又蠲免云南省之江川、通海、宁州、河西、建水等五州县应纳银两与江川、河西二县拨运兵米等项。⑤乾隆三十二年（1767），清高宗又谕：“近因缅匪滋扰，滇省军务主殷，所有该省应征地丁银粮，其大兵经过之地，及永昌、腾越、普洱三府、州，著全行蠲免；其非经过地方，亦著蠲免十分之

①《钦定大清会典事例・户部一百十四・蠲恤・赐复一》卷 265，方国瑜主编：《云南史料丛刊》第 8 卷，昆明：云南大学出版社，2001 年，第 230 页。
②《钦定大清会典事例・户部一百十七・蠲恤・免科》卷 268，方国瑜主编：《云南史料丛刊》第 8 卷，昆明：云南大学出版社，2001 年，第 231 页。
③《钦定大清会典事例・户部一百十四・蠲恤・赐复一》卷 265，方国瑜主编：《云南史料丛刊》第 8 卷，昆明：云南大学出版社，2001 年，第 230 页。
④《钦定大清会典事例・户部一百十五・蠲恤・赐复二》卷 266，方国瑜主编：《云南史料丛刊》第 8 卷，昆明：云南大学出版社，2001 年，第 230 页。
⑤《钦定大清会典事例・户部一百二十八・蠲恤・蠲赋二》卷 279，方国瑜主编：《云南史料丛刊》第 8 卷，昆明：云南大学出版社，2001 年，第 234 页。

五。”乾隆三十三年（1768）与乾隆三十四年（1769）又先后两次颁布同样内容的谕旨。乾隆三十五年（1770）又蠲免云南等七省的地丁钱粮。乾隆四十二年（1777）再次蠲免云南、贵州等八省的地丁钱粮共928万两有奇。①

康熙朝对盐业、矿业等领域亏欠的赋税同样适当进行蠲免。康熙二十年（1681），云南“民多流散，户口寥寥，课额亏欠难征”，康熙朝还拟每月加增云南盐井课税2000两，云南巡抚王继文认为增课势必增盐，因人口稀少会使食盐大量堆积而无地销售。如果不增加食盐的产量，只是通过提高食盐价格增加财政收入，会使贫穷百姓更加难以购买，无论如何国课都会亏欠，甚无裨益。为稳定社会秩序，保障经济正常发展，王继文上疏奏请豁免加增的盐课。②后来云南盐井又遇严重水灾，煎盐百姓损失惨重，“额课难完、灾民困极”，王继文再次奏请减免各处受灾盐井的课税。③以后的云南各任督抚，亦上疏蠲免了一些不合理的盐、矿课税。如蒋陈锡在任期间，石羊绪矿厂硐老山空，课额不足，便上疏请求嗣后硐衰即止，勿再制定税额，以免赋役过重发生民变。

康熙朝还在云南实施了一系列的赈恤行为，赈恤对象涉及受灾百姓、贫穷孤独等人士。这些蠲恤行为与云南社会的治理密切相关，对于维护云南社会稳定和云南经济的恢复发展有着非常重要的作用。康熙二十七年（1688），云南省鹤庆、剑川二处地震，政府委官赈济，每名压毙者给银一两，压伤者每名给银五钱；倒坏房屋，每间给银二两；受灾无栖止者，每名给谷一石，幼者给谷五斗，动支常平积谷。④为使云南百姓得到休养生息，经济得到恢复，康熙朝还对孤贫人口进行赈恤。康熙朝命将孤贫口粮一项，饬各州县不许包揽克扣，务必实力奉行。王继文便将云南通省孤贫人员进行统计，每日每名议给捐谷一升。⑤康熙朝的赈恤行为亦成为以后各朝所继承的一个重要内容，然而无论是赈恤力度还是次数，尤以乾隆朝为最。⑥

---

①《钦定大清会典事例·户部一百十五·蠲恤·赐复二》卷266，方国瑜主编：《云南史料丛刊》第8卷，昆明：云南大学出版社，2001年，第231页。

②（清）王继文：《请豁加增盐课疏》，梁公卿主编：《中国西南文献丛书》第23卷，兰州：兰州大学出版社，2003年，第441—442页。

③（清）王继文：《请免黑盐等井被灾课款疏》，梁公卿主编：《中国西南文献丛书》第23卷，兰州：兰州大学出版社，2003年，第453—454页。

④《钦定大清会典事例·户部一百十九·蠲恤·救灾》卷270，方国瑜主编：《云南史料丛刊》第8卷，昆明：云南大学出版社，2001年，第232页。

⑤（清）王继文：《请议栖流之政疏》，梁公卿主编：《中国西南文献丛书》第23卷，兰州：兰州大学出版社，2003年，第431页。

⑥ 乾隆朝的赈恤情况详见第四章第二节。

康熙朝崛起于乱世，其主要精力用于解决中国边疆地区的众多领土问题。自康熙二十年（1681）年以后，“海内始有起色”[①]，清圣祖对此也是深以为然，而尤以云南最为显著。康熙二十年（1681）初灭“三藩”，康熙朝开始经略云南，并将恢复经济作为治理云南社会之第一要务。首先，废除庄田，变价出售，令民垦种。其次，为解决军队粮荒，于滇省实行军屯。再次，战乱之后，云南田地皆被抛荒，康熙朝又招民垦种。最后，康熙朝还制定捐输制度，以保证紧急时期的钱粮供应，同时向土司征收一定贡赋。虽有蔡毓荣倡导务以实心推行实政，将以上善政遍颁全省，但康熙朝的经济恢复政策远未取得预期效果，根本原因在于云南百姓赋役过重。康熙朝对云南经济的发展并未给予足够重视和考虑，只是在经济发展严重滞后，赋役每拖欠多年之时，清圣祖靠一纸圣谕，将所有赋役课税一并蠲除，以此来减轻人民负担，缓解社会矛盾，进而推动经济的恢复。康熙时期云南赋役虽然很重，但康熙朝不断蠲免拖欠的课税，通过蠲免手段减轻百姓的经济压力，使百姓能够安居乐业，从而保证了云南社会的相对稳定。

第三节　“三藩之乱”后云南文教的振兴

文教与社会风气的好坏紧密相关，有利于促进云南社会的长治久安和稳固清朝政府在云南的统治。清朝作为少数民族建立的政权，对中国进行了长达268年的经营治理，时间如此之久，很重要的一个原因当为非常重视历史悠久的传统儒家文化，尤其是在中国广袤的边疆地区，清朝政府竭力倡导封建礼俗，通过文化教育加强边疆民族对清朝政府的认同，客观上加快了边疆与内地的一体化进程。在三藩之乱后，云南社会秩序大坏，康熙朝审时度势，振兴文教，广建学宫，用封建礼俗来重新整饬云南的社会风气。

一、振兴文教的起因

云南教育在清朝中期出现鼎盛局面，从宏观来看，固然归功于清朝政府对云南政治控制的加强和云南教育的大力扶持。然而从清朝的整个历史时段来看，不得不说康熙朝对云南文教的振兴起到了至关重要的开拓作用，由此

---

①（清）陆陇其：《论直隶兴除事宜书》，沈云龙主编：《近代中国史料丛刊》第74辑《皇朝经世文编》卷28，台北：文海出版社，1966年，第1021页。

才出现了雍乾时期云南封建教育的空前繁荣。而这一时期，康熙朝却是用内地的封建礼教来整饬长久战乱之后云南紊乱的社会风气，以期起人文而消氛祲。

康熙二十一年（1682），云贵总督蔡毓荣上任之初，撰有《筹滇十疏》，其主要内容是关于稳定云南社会秩序与恢复农业生产两个方面，但亦有关于振兴云南文教的思想和举措，以及振兴云南文教之原因。从《筹滇十疏》可知，云南战乱多年，学宫俱毁，文化凋敝，百姓所见者皆“灭理乱常之事，几不知孝悌忠信为何物矣”，战乱使得云南社会风气大坏，不但不利于清朝政府对云南的统治，也使云南的社会稳定受到威胁。为了整饬云南社会风气，重建封建伦理道德，蔡毓荣命有关部门各设义学，教其子弟，在朔望讲学，并选年高有德之人，给以月廪，风示乡里，以革民心。①蔡毓荣还倡率大小官员以及地方士绅修葺学宫，以兴贤育才，振扬声教。②鉴于云南地方初定，蔡毓荣疏请恢复云南乡试，以期修举废坠，教化人心。士人为万民之表，唯劝士才可以得民心，尤其是在滇南久阻声教，士气郁而未抒之时，建议在云南兴贤纳士，准行乡试，将康熙朝重视文教之意晓谕全省，并云此事“诚滇省今日之急务也”③。在对云南社会进行治理之时，康熙朝把振兴文教的紧迫性提高到“滇省今日之急务”的高度，说明康熙朝已经深刻认识到文教在边疆社会治理中的重要作用，亟宜通过文教手段来缩小边疆与内地的思想和风俗差异，以维护其统治。

王继文在担任云南巡抚期间，在振兴文教方面与蔡毓荣持有相同观点，同样认为文教与整饬社会风气、维护社会稳定所关甚巨。云南一省，夷多汉少，多剽悍狠戾、易斗难驯，在历经吴三桂的叛乱之后，“毁废纲常，灭伦犯顺，而蛮倮效尤”，以致民风大坏，社会秩序紊乱。康熙朝亟宜在云南通过振兴文教与崇尚诗书礼仪，来加强其统治并保持边省稳定，为此王继文倡议修建滇省各府、州、县、卫的学宫，不能坐视学宫废弃，应通过文教来使云南移风易俗，与内地融为一体，因云南罹遇兵燹，官苦民贫，最初修建学宫多是劝谕捐修。为鼓励府、州、县、卫各官及土司官员踊跃参与，且不扰

① （清）蔡毓荣：《筹滇第九疏·敦实政》，方国瑜主编：《云南史料丛刊》第8卷，昆明：云南大学出版社，2001年，第437页。
② （清）蔡毓荣：《筹滇第十疏·举废坠》，方国瑜主编：《云南史料丛刊》第8卷，昆明：云南大学出版社，2001年，第439页。
③ （清）蔡毓荣：《请补行乡试疏》，梁公卿主编：《中国西南文献丛书》第23卷，兰州：兰州大学出版社，2003年，第424页。

民，王继文将捐修官吏名单如实上奏，请求给予奖励，务使“众庶新疆荒服人知礼乐，为先蛮俗彝方民斗争为耻”①，以正人心而端风俗。可以说康熙朝对云南文教的振兴不但行动迅速，且不遗余力。在康熙二十二年（1683）时，云南便开始补行辛酉科乡试，恢复科举取士制度，选拔人才。②康熙二十三年（1684）又议准，“云南、贵州省岁贡生，暂在本省参加考试，试卷解送礼部阅定次序，移咨吏部”③。康熙朝平定吴三桂后，蔡王二人为云南第一任督抚，亲睹云南战后的残破景象，对云南“灭理乱常”之事深有感触，加之云南又为中国诸多少数民族聚居之地，生活状态相对落后，文化教育更是远远落后于内地。由于以上原因，康熙朝在云南全省振兴文教势在必行，是符合当时历史发展趋势的。

二、振兴文教的举措

顺治时期，清朝便初步制定了一些与云南相关的振兴文教的政策。顺治二年（1645），清世祖规定：云南题差乡试考官的日期为四月十日；顺治八年（1651）又题准：云南正考官，差户、兵、刑、工四部司官各二员；云南副考官，差行人二员，中书评事各一员。④顺治八年（1651），清世祖又规定：云南举人，给予盘费，每名三两，仍给驿马。⑤顺治十六年（1659），清军刚刚进入云贵两省，清世祖便降旨在云南实行科举取士制度，网罗人才。清世祖云：“云贵新附地方，绥辑需人。现在候选官员尚未足用，应预为征取，以备任使，著于今秋再行会试。”顺治十七年（1660）又议准：“云南庚子科乡试，于十八年补行。”⑥

康熙朝承袭顺治朝在云南的文教政策，并进行了完善与发展。康熙元年（1662）题准：“贵州、云南贡生，暂免廷试。贵州咨送吏部，就近改补教

---

①（清）王继文：《亟议振兴文教疏》，梁公卿主编：《中国西南文献丛书》第23卷，兰州：兰州大学出版社，2003年，第426页。

②《钦定大清会典事例·礼部四十一·贡举·乡会试期》卷330，方国瑜主编：《云南史料丛刊》第8卷，昆明：云南大学出版社，2001年，第236页。

③《钦定大清会典事例·礼部九十六·学校·岁贡事宜》卷385，方国瑜主编：《云南史料丛刊》第8卷，昆明：云南大学出版社，2001年，第253页。

④《钦定大清会典事例·礼部四十四·贡举·乡会考官》卷333，方国瑜主编：《云南史料丛刊》第8卷，昆明：云南大学出版社，2001年，第237页。

⑤《钦定大清会典事例·礼部五十·贡举·起送会试》卷339，方国瑜主编：《云南史料丛刊》第8卷，昆明：云南大学出版社，2001年，第238页。

⑥《钦定大清会典事例·礼部四十一·贡举·乡会试期》卷330，方国瑜主编：《云南史料丛刊》第8卷，昆明：云南大学出版社，2001年，第236页。

职。云南咨行该抚，就近考试，将试卷封送吏部，校阅定衔序选。”[①]然而，由于吴三桂的专权，他在云南发展一己之势力，使得康熙朝对云南教育的振兴发生中断。平定“三藩之乱”后，云南文教的振兴才得以重新恢复。

自云贵总督蔡毓荣和云南巡抚王继文始，历任云南督抚为振兴云南文教，都实力奉行广建学宫的政策。学宫为育才之地，圣教所出，对于振兴云南文教十分重要，“制备乐舞、祭器以补兵燹之缺遗；督率讲学，会文以励草茅之荒陋”。康熙朝拨下款项维修孔庙，以示崇儒重道之意。范承勋在继任云贵总督之后，则奏请在云南继续广建学宫，宣扬内地封建文化礼仪。因明末战乱与吴三桂叛乱，云南学宫多遭战火，只好暂将昆明的长春道观作为学宫，将吴三桂故宅前段作为县学，后考虑多种因素，将学宫与县学合二为一，于五华山重新修建，以期“起人文而消氛祲”[②]。以后各朝皆效康熙朝之法，非常重视云南学宫的修建，并增加对学宫经费的投入，甚至有云南普通民众亦为学宫建设无偿助力。雍正十一年（1733）时，规定各省会城书院，云南曰五华，皆遵旨赐帑1000两，岁取租息，赡给师生膏火。雍正十二年（1734）十二月，阿迷州修葺学宫，然而明伦堂之西侧地势窄斜，墙外即系居民住房，无法扩充。此处居民得知，自愿拆去房屋，捐献此地以扩明伦堂，知州对其再三酬以重价，居民坚辞不受。[③]

云南地居西南，远离京师，交通甚为不便，为积极扶持云南教育，康熙朝对云南会试人员给予盘缠路费，以保证人尽其才，公平选拔，不致使穷困人家的生员丧失进入官场的机会。王继文在任时规定：自康熙二十六年（1687）为始，凡滇省文武举人会试，岁拨贡生廷试，应支给盘费银两若干，作为会试的盘费。[④]这项供给会试人员盘缠路费的举措可以说是影响深远，对清朝在云南选拔良才起到了重要作用。雍正时期，清朝又加大了对进京会试人员的资助力度。雍正二年（1724），清世宗谕：“今年会试者甚多，恐往返道路及在京守候，盘费均难接济，特加恩赏，将入场之云南、广东、广西、贵州、四川五省举人，每名赏银十两。”[⑤]雍正八年（1730）又议准：

---

① 《钦定大清会典事例・礼部九十六・学校・岁贡事宜》卷385，方国瑜主编：《云南史料丛刊》第8卷，昆明：云南大学出版社，2001年，第253页。

② 范承勋：《修建学宫疏》，梁公卿主编：《中国西南文献丛书》第23卷，兰州：兰州大学出版社，2003年，第447页。

③ 张书才主编：《雍正朝汉文朱批奏折汇编》第30册，南京：江苏古籍出版社，1989年，第845页。

④ （清）王继文：《请给会试路费疏》，梁公卿主编：《中国西南文献丛书》第23卷，兰州：兰州大学出版社，2003年，第432页。

⑤ 《钦定大清会典事例・礼部九十六・学校・岁贡事宜》卷385，方国瑜主编：《云南史料丛刊》第8卷，昆明：云南大学出版社，2001年，第243页。

“赏赐下第举人盘费银两，云南、贵州二省每人七两。”[①]乾隆四十二年(1777)，清高宗谕：“向来云南、贵州举人进京会试，一路赏给驿马，所以体恤远方寒畯者，至优极渥。”[②]乾隆时期，清高宗还对在教育行业有突出贡献者进行奖赏。乾隆三十年(1765)，清高宗谕：“刘藻奏‘滇省五华书院山长张甄陶，自主讲席以来，迄今五载，实能尽心训迪，著有成效，请令为黔省贵山书院山长，俟满六年，抚臣就近考核，或照例奏请议叙，或送部引见示奖，临期再行酌办’等语，所奏甚是，已如议行矣。”[③]为了选拔优秀的治世能臣，康熙朝还严把考试命题质量关，端正考风考纪。康熙三十六年(1697)，大学士等遵旨察看福建、云南、河南三省第三场策问，发现命题辞义多有未当，均属悖谬，为严正考纪，严格选拔人才制度，清圣祖将主考等官员分别降级调用。[④]

康熙朝振兴云南文教的举措并不太多，主要是广建学宫，恢复被战乱破坏的教育机构，但这些不多的举措却具有开拓性作用，使云南教育从无序到有规，从野蛮愚昧到通晓礼仪，而清代以后各朝便在康熙朝发展云南文教的基础上进一步的改革和完善，最终使云南教育于乾隆时期达至顶峰。

三、文教制度的改革

在云南教育发展过程中，各级官员会不断遇到各种问题，康熙朝能够根据云南教育的发展情况，对不合理的教育制度适时进行改革，以适应教育发展的需要。在康熙三十年(1691)与康熙三十一年(1692)时，国子监先后两次命将长平仓捐纳监生赴监。王继文考虑到云南情形与他省不同，尤其是在多年战乱之后，云南的各捐纳者并不全是富裕之人，有的非常贫穷，无力远赴国子监学习；有的还年纪尚幼，不宜离开其父母，此种情况在云南一省颇多，结果往往导致“无力赴监者十有八九，催逼艰窘，以致纷纷哀吁求情宽限，将已纳者视为畏途，未纳者裹足不前矣”，远非朝廷休养人才、广储

---

① 《钦定大清会典事例·礼部六十三·贡举·下第》卷 352，方国瑜主编：《云南史料丛刊》第 8 卷，昆明：云南大学出版社，2001 年，第 243 页。
② 《钦定大清会典事例·礼部五十·贡举·起送会试》卷 339，方国瑜主编：《云南史料丛刊》第 8 卷，昆明：云南大学出版社，2001 年，第 238 页。
③ 《钦定大清会典事例·礼部一百六·学校·各省书院》卷 395，方国瑜主编：《云南史料丛刊》第 8 卷，昆明：云南大学出版社，2001 年，第 255 页。
④ 《钦定大清会典事例·礼部六十三·贡举·榜录》卷 352，方国瑜主编：《云南史料丛刊》第 8 卷，昆明：云南大学出版社，2001 年，第 243 页。

备赈之意。为了边疆储备人才起见，王继文不揣愚昧，疏请清圣祖将长平仓新纳监生照依其他各项监生事例，或情愿到监，或在籍肄业，一体准其就近乡试，听其自便，于养士备储均不无小补。[①]

为振兴云南文教，康熙朝适当增设云南教职名额，以促进云南教育快速发展。有关教职一项，云南各府、州、县，或一学止设一官，或一官兼摄数学，每致士无专师、学无专守，在振兴文教的过程中出现诸多问题。而师宗、云州、新平、定边、元谋五州内有未设教职者，亦有设而复裁者，俱属别处学校兼摄管理，远者约有400余里，近者亦不下一二百里，学生裹粮负笈花费多日才能到达学校，在同一学校学习者，甚至同学之间仅闻其名而未识其面；一切月课、季试、春秋丁祭、人品优劣、钱粮完欠亦无从稽考约束。师资力量过少的情况远非康熙朝在云南鼓舞人才、振兴文教之道。随着社会秩序的恢复与经济的发展，云南的教育亦逐渐兴起，学生人数日益增多，因此王继文特奏请将师宗等处五州、县各设复教职一员，铸给学记，均照小学事例，岁科二试各进取文武童生八名。如此一来，则“士有师资学问，不致荒废；民知观感诵读，势必加多”，也可消除当地夷人的桀骜难驯之气，于边方不无裨益。同时，马龙州（原系中学）、宁州（原系大学）、呈贡县（被归化县裁并）的学府因兵燹之后，应试寥寥，王继文建议暂照小学例录取。[②]

王继文任职云南期间，还增设云南训导。云南初定，王继文发现训导多属老成迟暮之辈，由附学而廪，由廪而贡，几费岁月，始得候选训导，以致当时云南全省府、州、县学训导共有36缺。为兴盛云南文教，王继文奏请扩编训导人数，除中小学外，其未设训导之曲靖、澂江、广西、沅江、开化顺宁、武定、景东8府，寻甸、建水、新兴、赵州、剑川5州，昆明宜良、楚雄、定远、保山5县（原属大学），因文风日盛，录取生童名数，亦应与云南等府、嵩明等州、通海等县相同，各增设训导1员，以符大学之实。又和曲、禄劝、云州、姚州、河阳、南宁、新平等7州县，升平已久，生童日众，亦各增设训导1员。如此一来，既可以发展边地教育，又能振作文风，“汉民既知奋兴，彝民亦必观感，其桀骜难驯之气，自可潜消

① （清）王继文：《请监生免赴监疏》，梁公卿主编：《中国西南文献丛书》第23卷，兰州：兰州大学出版社，2003年，第451—452页。

② （清）王继文：《请设师宗等五学教职（附增呈贡等学进取童生额数）疏》，梁公卿主编：《中国西南文献丛书》第23卷，兰州：兰州大学出版社，2003年，第452—453页。

而默化”①。

康熙朝根据云南行政区划的变动来调整学校官制，以使教育机制符合行政区划的设置，保证云南文教的顺利发展。据《钦定大清会典事例》记载，顺治初，康熙朝便在云南学校设置官职，曾设按察司佥事、提调学政各一员。但在康熙年间，云南学校的官制不断调整。康熙五年（1666），改云南、广西府学训导为府学教授，平定、建水、云龙、南安4个州学训导为州学正，禄丰、罗次等12个县学教谕俱为训导。通省共设府、卫学教授18员，州学学正23员，县学教谕9员，训导15员。康熙六年（1667），改设云南开化府教授、训导各1员。康熙八年（1669），改云南寻甸府为州，府学教授改为州学正。其维摩、顺州二州及归化、三泊、阳宗、亦佐、（石咢）嘉五县教官，俱行裁汰。康熙三十一年（1692），设云南师宗、云州学正，新平、定边、元谋教谕各1员，训导如旧。康熙三十三年（1694），云南曲靖、澂江、广西、元江、开化、顺宁、武定、景东8府，寻甸、建水、新兴、赵州、剑川五州，昆明、宜良、河阳、楚雄、定远、保山6县，各增设训导1员。康熙三十四年（1695），又改设云南平彝县教谕、训导各1员。康熙三十七年（1698），改云南北胜州为永北府，改学正为教授。康熙四十二年（1703），设云南昆阳、弥勒、陆凉、马龙、沾益、云龙6州训导，南宁、河阳、呈贡、云南、江川五县教谕各1员。康熙四十四年（1705），设云南广南、丽江2府学为教授、训导各1员。滇省土人有愿考者，亦准以民籍后参试。②康熙朝为发展云南文教，根据云南政区的变动与教育的发展，不断调整学校官制，以后清代各朝亦是如此。雍正五年（1727），改设云南宣威州学正、恩乐县教谕各1员。雍正六年（1728），改设云南东川、乌蒙2府教授、镇雄州学正、永善县教谕各1员。乾隆三十八年（1773），改云南元江直隶州新平县训导为普洱府宁洱县训导，驻扎他郎，专司训课。③从以上可以看出，康熙朝对云南学校官制的创设起到了一个开拓作用，为雍正、乾隆时期云南文教事业的发展打下了坚实的基础。

①（清）王继文：《请增训导二十五员疏》，梁公卿主编：《中国西南文献丛书》第23卷，兰州：兰州大学出版社，2003年，第456页。

②《钦定大清会典事例·礼部七十七·礼部·学校设官》卷366，方国瑜主编：《云南史料丛刊》第8卷，昆明：昆明：云南大学出版社，2001年，第246页。

③《钦定大清会典事例·礼部七十七·礼部·学校设官》卷366，方国瑜主编：《云南史料丛刊》第8卷，昆明：昆明：云南大学出版社，2001年，第247页。

四、振兴文教的效果

平定吴三桂后，康熙朝积极扶持云南的教育事业，改革教育制度，可谓是成效显著。至康熙朝中后期，云南文教大兴，“边方上庶莫不有志诗书，力图上进，是以风气日开、人文渐盛，由今较昔，非可同日而语也”①。

首先，云南学生数量明显增多，科举录取名额也大幅提高。因云南士子甫离战乱、久疏学业、文风寥落，故科举之时仅取 27 名，多年以来已成定制。至石文晟担任云南巡抚之时，云南已经安定 10 年有余。十多年来，云南家传户诵，士笃潜修，人知好学，“不特聪明彬雅之子相淬励于诗书，即雕题凿齿之伦亦陶融于弦诵”，是以文风日尚、文运日新，学生之数十倍于前，虽不敢云媲美于内地，但“骎骎乎滇亦可谓人文之盛矣”。究其原因，当为康熙朝平定“三藩”以后，大力发展云南教育，“设书院以育俊秀，立义学以迪孤寒”所致，到康熙三十四年（1695）时，云南“文风超越子衿之众十倍于前”，每科来参考应试者不下 2000 余人。再查云南各学武生亦“俱皆英俊之彦，韬铃弓马娴习者众”，是以全省武生录取名额也需要扩充。然而，限于定例，云南科举仅取 27 名，与云南教育的发展规模很不相称，石文晟斟酌再三，奏请扩充科举录取名额，按照四川之额每科录取 42 名，以鼓励边地人才，使文武并重。②

其次，康熙朝在教育发展较快的地区开设廪增。据康熙《云南通志》记载，开化府在康熙五年（1666）改土归流之后建学，当时只进取童生，未设廪生名额。至康熙中期，开化府学校慰兴，人才繁盛，为适应开化府教育发展的需要，王继文奏请自康熙二十四年（1685）为始，比照临安、元江二府学事例，开设廪增各 40 石。由此可以看出，康熙时期云南教育的发展还是很快的，即使曾经的土司辖地在改土归流后，能在二十余年之内便文教兴荣，于此可见一斑。王继文在云南设置县治时，亦同时设置训导，规定县学进取童生名额。在废除平彝卫改设平彝县治时，不但设知县 1 员，典史 1 员，还设训导 1 员，且平彝县学照依中学进取文武童生各 12 名，以为育才

---

① （清）王继文：《请设师宗等五学教职（附增呈贡等学进取童生额数）疏》，梁公卿主编：《中国西南文献丛书》第 23 卷，兰州：兰州：兰州大学出版社，2003 年，第 452 页。

② （清）石文晟：《请广中式解额疏》，梁公卿主编：《中国西南文献丛书》第 23 卷，兰州：兰州大学出版社，2003 年，第 465—469 页。

广教之治。[①]在推行文化教育时间较长的地区，康熙朝还适当增设学生名额。乾隆十三年（1748）议准："镇沅、普洱二府及恩乐县，黑、白、琅三盐井，均设学已久，文风日盛，镇沅府学设廪、增各十名，黑、白、琅、普洱、恩乐等五学，均设廪、增各八名，新设之廪生，俟十二年后出贡。"[②]

再次，康熙朝为振兴云南文教，准许云南土司与土民亦可参加科举考试，把内地的先进文化推行到土司辖地。康熙二十二年（1683）曾题准：云南土官族属子弟及土人应试，附于云南等府，三年一次，考取的学生名单附于各府学册后，解部察核。此项规定一直影响到以后各朝。如雍正十年（1732）议准：镇沅府及恩乐县，新经改土归流，均照小学例取进童生 8 名。分定土著、寄籍各 4 名，其设立廪、增出贡之处，俟人文充盛之日再议。乾隆四年（1739）议准："威远土州从前附元江府考试，于元江府额进二十外加取二名，今改隶镇沅府，其从前元江府加额二名拨归镇沅，于府学取进定额外，加取威远童生二名。"[③]康熙朝为振兴云南文教，其教育不但推广至土司辖地，且已经深入到土民的日常生活，土民与汉人具有同等的受教育与应试的权利。

康熙时期云南义学蓬勃兴起，并由政府来统一管理，不但表明云南教育取得了巨大的成就，也表明云南与内地的一体化程度在文教领域已经日益加深。康熙朝平定吴三桂之后，云贵总督蔡毓荣为加强对云南的社会治理，开始在昆明、宜良、昆阳等地倡办义学，经过康雍两朝的努力，云南义学蓬勃发展。据统计，在康熙至道光时期昆明、宜良等 11 个州县中，载有创建时间的义学共 130 所，其中康熙时期兴办义学 46 所，雍正时期兴办义学高达 57 所，而乾隆时期兴办义学仅有 16 所，康雍两朝在此 11 州县兴办的义学数目占清代各朝兴办义学数目的 79%。[④]可知康雍两朝对云南教育的投入之大，即使义学也不例外。从封建统治者的角度来看，康熙朝在云南推广义学固然是为了宣传封建礼教，维护其在云南的统治地位，但将这一事件置放于整个康熙朝的历史发展空间来看，在云南兴办义学对恢复云南社会的稳定，发展

① （清）王继文：《请设平彝县治疏》，梁公卿主编：《中国西南文献丛书》第 23 卷，兰州：兰州大学出版社，2003 年，第 458—459 页。

② 《钦定大清会典事例・礼部九十一・学校・云南学额》卷 380，方国瑜主编：《云南史料丛刊》第 8 卷，昆明：云南大学出版社，2001 年，第 250 页。

③ 《钦定大清会典事例・礼部九十一・礼部・学校设官》卷 380，方国瑜主编：《云南史料丛刊》第 8 卷，昆明：云南大学出版社，2001 年，第 250 页。

④ 李可：《清代云南"义学"初探》，《昆明师范高等专科学校学报》（哲学社会科学版）1992 年第 1 期，第 14 页。

云南的文化教育事业，促进各民族之间的融合起到了积极效果。

总而言之，以蔡毓荣为首的历任云南督抚为稳定社会秩序，振兴文教，推行内地的先进文化，广建学宫，倡兴义学，云南民众亦参与其中，采取各种措施来发展云南教育，并对云南教育制度的一些不合理之处进行了一定程度的调整，如改革监生赴监制度，增设云南训导等，甚至在土司辖地宣扬教化。历史证明，康熙朝对云南文教的振兴是卓有成效的，经过多年的发展，至康熙后期云南教育呈现出前所未有的繁荣景象，并且为以后雍正、乾隆时期云南教育事业发展到封建社会的顶峰起到了基础性的开拓作用，达到了其稳定云南社会秩序的目的，整饬了云南的社会风气。但是，康熙朝发展云南教育的目的并非出于开启民智，而是为了巩固长久战乱之后其在云南的封建统治，加强对云南社会的思想控制。康熙朝把封建礼教的儒家经典作为主要教学内容，不可避免地使云南文教的振兴带上了封建政治色彩，具有一定的消极因素。

第四节　“三藩之乱”后云南军事防控体系的重建

古代与现代不同，各种职业的分工远不如现代精细，许多社会治理具体任务的实施皆由军队来执行，如社会治安的维护，打击刑名犯罪人员，出入境管理事宜，灭火救灾等，而军队最重要的社会职能则是维护社会稳定。在清朝初定云南与平灭吴三桂之后，为保证云南社会稳定，康熙朝在全滇布防，充分发挥军队的社会职能，以加强对云南社会的弹压。

清朝建立之初，尚未进入西南地区，就已经做好了经略西南的准备，当时清朝政府“定云、贵官兵经制”[①]，由赵廷臣担任云贵总督，在两省互驻，其辖区的标兵分中、左、右、前 4 个营，中营单独设八名将领，其他 3 个营总共设 8 名将领，派驻的兵丁总数合计 4000 名；清朝还在云南设立巡抚，管辖标兵两营，将领八名，士兵 1500 名。可以说，这是史料中见到的有关清代云南军事防控体系的最早记载。清朝平定南明后，吴三桂权霸滇中，继而发起“三藩之乱”，给云南社会带来严重破坏，并使云南的军事防控体系土崩瓦解。康熙朝平定“三藩之乱”后，为保证西南边疆的安全稳定，在云南重新建构了军事防控体系。

① 赵尔巽等：《清史稿》卷 131，北京：中华书局，1976 年，第 3898 页。

一、云南军事防控体系的重建思路

康熙帝还在与吴三桂作战之时，云贵总督周有德就已经奏请议定云南督标三镇官兵营制。周有德云：“版图将复之处，一切进剿控制尤当急筹。”也就是说，要快点酌定云南的营制，在云南各处布防，主要内容如下：先前云贵只有 4 个营，战乱后要改为 5 个营，士兵人数要到 5000 名，而且骑兵、步兵各占一半。[①]清圣祖深知酌定营制对云南的重要性，他看完奏折后，即命周有德依议速行，不可耽搁，由于战乱尚未结束，难以付诸实施，但却为战乱结束后重建云南的军事防控体系提供了前期构想与实施基础。

随着吴三桂的覆灭，清朝政府对云南军事防控体系的重建开始提上日程，也可以说是迫在眉睫，当时的云南政治局势如下：第一，吴三桂虽然被灭，但其残余势力尚存。第二，西南土司可谓是清朝疆域内的独立王国，有自己的军事力量，不时还与政府抗衡。第三，云南战乱之后，社会极不稳定，随时都有可能继续出现动乱。鉴于以上原因，为保证云南的边防安全，迅速及时地在云南布置军事防控体系就显得格外重要。

因此，“三藩之乱”刚一结束，清朝政府在云南布防的军事兵力拟远超最初 5000 名的数量，达到 6900 名之多。这些兵力要么布置在重要营汛，要么另立营汛防守，以保云南稳定。为合理配置兵力，云南巡抚王继文认为，若每一汛都要添设兵丁，会使兵力分散，军事力量就显得薄弱，如果可以根据战略要地的轻重缓急来配置兵力，方为“积威控远”之法；云贵总督蔡毓荣也持有与王继文同样的观点：“滇隅要隘，环连数千里，非逼邻外国，即控驭蛮方，若以准增之兵零星均布，则势分力弱，非扼要制胜之策。”[②]云南四面都有军事威胁存在，而云南全省又是“百蛮错处”，如倮罗、僰民、夷苗等，可见在当时影响云南安全稳定的因素是很多的，“故无在非险要之地，无地不需控驭之兵”。所以蔡毓荣主张在云南布防军事力量，务使“无事分扼要害，有事犄角相援”[③]。如提议在大理等扼要且控制云南全省的战略要地布置重兵，遇有军事行动可以灵活调动而又节省兵力。蔡王二人这种

① 《云贵总督周有德启请议定督标三镇官兵营制》，张伟仁主编：《明清档案》第 38 册，台北：联经出版事业公司，1986 年，第 B21611 页。

② 《云南通志·奏疏》卷 29 之 4《分定增兵疏》，《四库全书·史部》第 570 册，上海：上海古籍出版社，2002 年。

③ 《云南通志·艺文志》卷 29 之 4《酌定全滇营制疏》，《四库全书·史部》第 570 册，上海：上海古籍出版社，2002 年。

站在云南全局高度来配置兵力的思想最终得到了清圣祖的认可并开始付诸行动。

二、云南军事防控体系的具体实施

云南军事防控体系的重建工作自然由时任云贵总督的蔡毓荣来负责。

首先，清朝改革云南和贵州的兵制。云南贵州总督蔡毓荣疏言："云贵督标向设四营兵四千名，但总督节制两省险要之地，况当恢复之初，苗蛮错处，非设重兵不足以资弹压。"[①]他的意思是四千名士兵数量太少，不足以保证云贵两省的稳定。经过考虑，蔡毓荣提出各省督标俱设五营，清圣祖同意其所请。

其次，清初的云南只设有两个巡查道，分别为迤东道与迤西道，迤南道在是乾隆年间设立。因此，清朝政府主要对云南东西两个方向的战略要地设立了较为全面的军事防控体系，而云南南部方向依然实行以土司为藩篱的防控原则。

清朝政府在云南迤西方向作了如下军事防控。先前这一方向设有鹤丽、永顺、永北三镇[②]，其中鹤丽镇与西藏最为接近，扼守金沙江，控制着云南通往西藏的交通要道，地理位置十分重要，应继续设置，不可取消，此镇仍旧驻扎鹤庆；永顺镇驻地与缅甸相邻，属于军事要区，也应继续保留，此镇也仍旧驻扎在永昌；永顺镇所管辖的腾越协、顺云城守营等军事编制，也一起得以保留；楚雄乃通往云南迤西方向九所府地之咽喉，周边又有蒙化、景东、姚安等城市要地，而楚雄府又多有野贼劫掠生事，因而楚雄不但战略位置极为重要，还可保障此地的社会太平，于是蔡毓荣将永北镇改为楚姚蒙景镇，军队移驻楚雄，以便控制姚安、景东、蒙化，同时又把北胜协改为永北协，军队驻扎在北胜州，交由鹤丽镇管辖。洱海为云南西部的重要通道，需另外设立汛营，且设参将一员，守备一员，千总、把总六员，兵丁一千名，交由楚姚蒙景镇管辖。[③]清朝政府在迤西方向的军事设置是比较合理的，确实遵循了把守扼要的原则来布置兵力，但此种布置并非尽善尽美，而是存在

---

① 《清实录·圣祖实录》卷 104 康熙二十一年八月辛巳条，北京：中华书局，1985 年，第 49 页。

② "镇"为清朝的军事编制单位，不是现在的行政区划，因此"楚姚蒙景镇"等类似名称并非是一个地名，而是镇守楚雄、姚安、蒙化、景东四地的军事单位的总称。史学界对此多有误解。

③ 《云南通志·艺文志》卷 29 之 4《酌定全滇营制疏》，《四库全书·史部》第 570 册，上海：上海古籍出版社，2002 年。

着一些缺陷，即忽视了大理的重要战略地位。众所周知，自唐至宋，南诏与大理之所以能建立政权并雄踞西南几百余年，原因之一便是大理地理位置之重要。清朝政府设置云南迤西方向的军事防控体系时没有考虑到大理，不能不说是军事战略中的一处败笔。

云南迤东方向也是清朝政府着重布防的一个区域。先前此方向设有四个镇，其中开化镇管辖的区域山多林密，交通不便，而且与交趾相邻，边防极为重要，必须设置重兵驻扎在开化，以防外敌入侵。临元澂江镇同样为战略要冲，且为多个民族聚集之地，常有劫路之徒危害社会治安，因此临元澂江镇应继续设置，驻扎临安，其所管辖之元江协、新嶍守备营也应一并保留。曲寻武沾镇以前驻扎于寻甸，因曲靖是云南通往贵州、湖北之门户，为保云南东部安全，该镇应移驻到曲靖，但由于曲寻武沾镇扼守树撒、秧田、功山、矣吾、打乌等诸多隘口，无暇顾及武定。而武定也属于军事要地，因此另设参将一员，守备一员，千、把总六员，兵一百名，驻扎武定，由曲寻武沾镇统一管辖。广罗镇原先前驻扎在罗平，乃扼守广西、广南等地的门户，从罗平可以通往黔粤两省，而弥勒多同样为当地民族聚集之地，事情较多，事务繁杂，蔡毓荣建议改设协守副将一员，守备一员，千、把总六员，兵一千二百名，仍驻罗平，同时又可以控制广西。云南广南多有瘴疠，与广西的泗城、思恩等地相邻，皈朝、归顺、富州的土司叛服无常，且由皈朝可到达架村，而后直通交趾，可见广南战略位置之重要，为保此处无虞，也应设游击一员，守备一员，千、把总六员，兵八百名，驻扎广南，归由罗平协管辖。①相比之下，清朝政府在迤东方向设置的军事防控体系比迤西方向要合理而有效得多。

通过以上分析可以得知，吴三桂初被平灭之时，云南可谓兵少将寡，而康熙朝通过合理调配兵丁，在战略要地布防设镇，对云南迤东和迤西两个方向进行了军事防控体系的初步重建，虽然其中不免有所缺陷，但动作及时，见效很快，这使得云南社会迅速趋于稳定，西南边疆的内外危险因素得以解除，云南人民开始得以休养生息，经济慢慢恢复，政治、文化也有了进一步发展。更为重要的是，康熙朝是一个奠定四隅的时代，解决了西南边疆的问题之后，清朝统治者开始腾出精力解决东南沿海遗留的台湾郑氏问题，使得

① 《云南通志·艺文志》卷29之4《酌定全滇营制疏》，《四库全书·史部》第570册，上海：上海古籍出版社，2002年。

台湾最终统一于清朝版图。

三、云南军事防控体系的不断完善

清朝政府对云南军事防控体系的重建并非一成不变，而是一个不断发展完善的过程。蔡毓荣说："边圉初复，非比腹地承平既久，可以轻议裁兵之时。"不难看出，清朝政府对云南的军事防控有一个清晰完善的认知体系，不但坚持用最少的兵力取得最好的防控效果，需要驻扎军队的地方，清朝政府必设塘汛，决不徒设无益之兵，还明确表示西南边疆初步平定，不可轻议裁减兵力，以免乱态复萌，等承平日久，方可商议裁兵。此外，康熙朝对云南全省营制进行了比较合理的设置，严格遵守"把守扼要，全滇布防"的原则，应当安插军队之处，必定配备官兵，而能减兵之处，亦决不浪费军粮，妄置无益之兵，可以说其在云南的防控体系科学而合理，既保障了西南边防的安全稳定，又考虑到了当时的社会情形，对西南边疆的社会稳定也起到了重要作用。但是，清初云南防控体系的设置属于平灭"三藩之乱"的紧急之需，虽然其体系比较科学合理，但随着形势发展，仍然有诸多需要改进的地方，为充分利用有限兵力以达到最大的防控效果，清朝政府后来又逐渐对云南的防控体系进行了一定程度的完善。

后来范承勋继任云贵总督，鉴于迤西方向永北的重要军事位置，他认为永北协的兵力较为单薄，对西南边防不利，于是又改永北协为永北镇，设总兵一员，中、左、右三营游击三员，原有守备一员改为中营中军守备，千、把总六员俱改隶中军，再增设左、右两营中军守备二员、千把总六员、兵一千四百名，每营分辖八百名，仍照马一步九、战守各半之额设置，并铸给永北镇总兵关防一颗、中军游击关防一颗。[①]此次设置，使得迤西方向的军事力量有所增强，边防更加稳固。又由于云南东部与贵州、两广紧邻，位置自然十分重要，虽然设有广罗协和广南营，但此处山林遍布、民人强悍，范承勋认为兵力远远不足，于是奏请将驻省官兵2000人移驻罗平，原广罗协将领及其官兵则移驻广西府，与广南互为掎角之势，遇有事情，可互相支援，然后又移左协官兵2000人驻守寻甸，加强对川、黔、滇三省交界地区的防守和控制。[②]如

① （清）范承勋：《请改设永北镇疏》，康熙《云南府志·艺文志》卷18，台北：成文出版社，1967年，第448—449页。

②《云南通志·奏疏》卷29之4《请移援协驻防疏》，《四库全书·史部》第570册，上海：上海古籍出版社，2000年。

此一来，云南迤东方向防控体系也得到了进一步加强。

清朝政府对云南做了以上的军事布置之后，开始裁撤明朝遗留的卫所。明朝卫所是中国古代兵农合一的耕战思想的延续，清朝政府认为在现有的军事布防之下，卫所的作用已经不大，可以裁撤，不必再浪费官飨。时任布政使的李世昌、按察使蒋寅均说："卫军既无防守之责，又无调遣之例，似不必更设官以糜俸食。"[①]云贵总督范承勋经过调查，认为李蒋二人所言正确，经过请示清圣祖，先后裁撤了曲靖、中屯、彝、大理、永昌、腾冲、澜沧、景东、杨林、木密、马龙、新安、姚安等地的卫所，以节省军费。

清军刚进入云南时，面对全国复杂的政治局势，为稳定云南和保障西南边疆的安全，采取了更加温和的招抚方式："令投诚官兵具安插于有粮地方，照官兵员名支给。"[②]不但不杀掉这些投降的官兵，还分给口粮，让他们继续在清朝军队服役。这种处理降兵的思想在平定"三藩之乱"后也有所体现。众所周知，吴三桂虽然被灭，但大量的降兵和逃兵成为危害云南社会稳定的一个重要因素。清朝政府对那些已经捉住的降兵，最初是被陆续发送至京城，约有两万七千余名，这些兵丁要么在发送途中逃跑，要么在发送之前躲藏起来，要么"改易姓名，窜入兵籍，各标所在有之"[③]，众所周知，云南山高林密，极难捉拿，这些降兵一旦逃跑，几乎没有捉到的可能性。面对这种情况，范承勋奏请停止捉拿，改为招抚，凡是前来投降的兵丁，根据其自己的选择，愿意继续当兵的，允许其继续留在清朝军队服役，愿意从事农业生产的，则令其开垦云南荒废的田地，发交地方管理，编入保甲。清朝政府的此举可谓是一箭双雕：一可收拢降兵的人心；二则有利于云南社会的稳定。不但可以消除诸多隐患，还可充实云南的军事力量，既省去了劳师动众捉拿降兵，又能为国家增添劳动力与充实军力，措施可谓十分明智。

清初云南的防控体系主要是在平定"三藩之乱"后确立的，是基于应急之需，是为了巩固西南边防和维护云南稳定而制定的，是为了防止吴三桂残余势力而实行的，具有十分重要的意义。清朝政府站在云南全局的高度来合理地配置全省军力，用有限的兵力达到最好的防控效果，后来又根据云南社

---

① （清）范承勋：《议裁冗员疏》，梁公卿主编：《中国西南文献丛书》第 23 卷，兰州：兰州大学出版社，2003 年，第 432 页。

② （清）赵廷臣：《揭报支粮安插投诚伪侯》，张伟仁主编：《明清档案》第 36 册，台北：联经出版事业公司，1986 年，第 B20208 页。

③ （清）范承勋：《安插伪弁人口疏》，康熙《云南府志·艺文志》卷 18，台北：成文出版社，1967 年，第 432 页。

会的具体情况，对防控体系进行了重新的调整和完善。清朝政府在配置云南防控体系的过程中，能够遵循节省军力、节省军粮的原则，还裁撤了明朝遗留的许多卫所，并采用明智的方式招抚吴三桂的降兵，这一系列举措加强了云南的军事力量，促进了经济的发展，还使得云南的防控体系得以进一步地确立和巩固。综上所述，清初云南的军事防控体系对清朝政府把云南牢固地统一在中国版图中起到了重要作用。

第三章　雍正朝对云南的开发和治理

云南自经过康熙朝的初步治理之后，社会秩序日趋稳定，政治、经济、教育、军事等领域都得到了一定程度的发展，但康熙朝治理和开发云南的举措是注重对长久战乱后残破社会的恢复，为进入封建社会的盛世奠定前期基础，若要出现封建社会的盛世，还必须从各个领域进行大力改革，而雍正朝正好是这样一个大力改革的王朝，符合封建社会的发展趋势。在康熙朝对云南进行初步经略的基础之上，雍正朝开始了对云南的进一步治理，担负起了云南在走向封建社会盛世路上承前启后的改革角色。

第一节　雍正朝对云南农业的开发

清世宗继位之后，费时一年有余来清除异己，然后才专注于国家的政治改革与社会治理。因此，雍正初期云南诸事一直延续康熙朝以来的政策与状态，农业亦是如此，云南督抚在这一年多来只是频繁上奏与云南农业有关的雨水、粮价、收成情况，仅雍正元年（1723）就有五次之多。四月五日，云贵总督高其倬奏报云南的雨水、米价事。清世宗朱批："一切奏报总需据实为要。"①五月十一日，云南巡抚杨名时恭报云南夏熟收成。清世宗朱批："凡事据实好，不可粉饰。"②五月十二日，云贵总督高其倬奏闻云南的雨水、米价情形事③；七月六日，云南巡抚杨名时上报云南全省雨水、米价等

---

①《云贵总督高其倬奏：为奏闻雨水米价事》（雍正元年四月初五），张书才主编：《雍正朝汉文朱批奏折汇编》第1册，南京：江苏古籍出版社，1989年，第222页。

②《云南巡抚杨名时奏：为恭报云南夏熟收成，仰慰圣心事》（雍正元年五月十一日），张书才主编：《雍正朝汉文朱批奏折汇编》第1册，南京：江苏古籍出版社，1989年，第372页。

③《云贵总督高其倬奏：为奏闻雨水米价情形事》（雍正元年五月十二日），张书才主编：《雍正朝汉文朱批奏折汇编》第1册，南京：江苏古籍出版社，1989年，第382页。

事[①]；十月九日，云南巡抚杨名时又疏言云南秋季收成事。[②]根据《雍正朝汉文朱批奏折汇编》的记载粗略统计，雍正二年（1724）有关云南农业情形之奏折有 6 次，雍正三年（1725）有 7 次。清世宗对云南民生甚为系挂，其务求农业实情之心溢于折中。

一、赈济黎庶

雍正朝高度关注云南民生，对灾情给予赈恤，以维护社会稳定，保证农业持续发展。雍正二年（1724）入秋，昆明县河水暴涨，冲塌关厢民房 50 余间；小板桥旧门溪等村漫淹田地 400 余亩，冲塌民房数百间，半日水退，不至成灾。云南督抚被对受到水灾之民，"即发钱谷赈助，咸令得所"[③]。雍正三年（1725）五月，曲靖府属南宁县之北，沾益州之南，有数十村庄毁坏房屋共 795 间，淹没低田 2159 亩，所幸百姓人口并无损伤，云南督抚立即派人前往查勘，给受灾人口散发钱财，动用积谷救赈，对无力修整之圩埂，则酌为估值修补，毋致人民失所。清世宗批云："但据实直陈，万不可隐讳。粉饰之举，朕所深恶。"[④]同年七月中旬，大理府属邓川州、临安府属建水州阴雨连绵，山溪暴涨，沿河村屯、田禾、房屋被水冲淹，云南督抚则照前例派人查赈。[⑤]鄂尔泰曾说："凡祈谷重农，赈灾蠲赋，莫不深入民隐，体恤周至。"[⑥]雍正七年（1729）四月，陆良马厂田地有 237 顷被淹，颗粒无收，云南巡抚沈廷正特地奏请免征被淹田地的当年粮银。[⑦]

雍正朝于青黄不接之际，接济百姓，保障民生。云南向来山多田少，即使丰收之年，云南米价亦较他省为高。高其倬曾云："虽极熟之年，米价较

---

①《云南巡抚杨名时奏：为报明全省雨泽分数事》（雍正元年七月初六日），张书才主编：《雍正朝汉文朱批奏折汇编》第 1 册，南京：江苏古籍出版社，1989 年，第 625—626 页。
②《云南巡抚杨名时奏：为恭报秋成分数，仰慰睿怀事》（雍正元年十月初九日），张书才主编：《雍正朝汉文朱批奏折汇编》第 1 册，南京：江苏古籍出版社，1989 年，第 95—96 页。
③《云南巡抚杨名时奏：为恭报秋成丰稔，民生乐业，仰慰圣怀事》（雍正二年九月初六日），张书才主编：《雍正朝汉文朱批奏折汇编》第 3 册，南京：江苏古籍出版社，1989 年，第 572 页。
④《云贵总督高其倬奏：为奏闻事》（雍正三年五月二十八日），张书才主编：《雍正朝汉文朱批奏折汇编》第 5 册，南京：江苏古籍出版社，1989 年，第 201 页。
⑤《云贵总督高其倬奏：为奏闻云贵秋成分数事》（雍正三年九月初九日），张书才主编：《雍正朝汉文朱批奏折汇编》第 6 册，南京：江苏古籍出版社，1989 年，第 89 页。
⑥《云贵总督鄂尔泰奏：为恭报瑞雪预兆丰年事》（雍正五年十二月十三日），张书才主编：《雍正朝汉文朱批奏折汇编》11 册，南京：江苏古籍出版社，1989 年，第 247 页。
⑦《云南巡抚沈廷正奏：为奏闻事》（雍正七年五月二十一日），张书才主编：《雍正朝汉文朱批奏折汇编》第 15 册，南京：江苏古籍出版社，1989 年，第 356—357 页。

他省尚贵，青黄不接之际，应酌量接济。”[①]因此，云南督抚酌量各处地方情形，俱已于上年冬季及正月间，便饬令司道及各属准备，做好来年接济之事。昭通一府，耕垦尚少，米价亦很昂贵，云南督抚同样时时留心料理，拨米接济。

鄂尔泰继任云贵总督之后，提倡积贮谷米，以备在青黄不接之时，可以减价多粜，不但仓廪日盈，亦可保证百姓遇有灾荒无忧。然而许多省份官吏在粜米之时，借机盘剥，“轻斗粜出，重斗粜入，官减价，而民未受减价之利；官买谷，而民实受买谷之害。此弊江浙为甚，云贵亦然”。雍正帝更是一针见血地指出：“直省皆然。”因此，自鄂尔泰莅滇以来，“凡银折、印借、民欠、势压等弊，皆渐次禁止，其有亏短，各属尽勒限完补，逾期不完者，即指名题参。”[②]务使云南官吏保持警惕，努力急公。

二、劝垦田土

雍正朝还劝垦并清查云南田土，以加强对云南农业的开发和管理。为了加快全国农业的发展，清世宗曾降旨：“窃照各省有可垦之处，听民相度地宜，自垦自报，奉有谕旨，著为定例。其无主影射田土，应清查，抵补屯军丁银。”鄂尔泰积极响应清世宗号召，自雍正四年（1726）二月到任后，他立即通行各属，督劝黎庶开垦荒地，并清查影射田土，抵补丁银。鄂尔泰还利用接见属员之机，谆谆告诫，务期留心查劝，实力奉行。雍正朝的劝垦政策取得了良好效果，雍正四年（1726）时，据昆明、罗次、寻甸、河阳、弥勒、云南、腾越等州县并广南、蒙化二府申报，劝垦民赋荒旱田地共4753亩，后又罗次、云南、定边三县劝垦屯官马料荒旱田地共1382亩；据晋宁、呈贡、昆阳、嵩明、宜良、富民、弥勒、赵州等州县申报，查出欺隐并自首抵补军丁民赋田地1929亩，后又昆明、禄丰、晋宁、呈贡、昆阳、易门、嵩明、宜良、罗次、富民、云南、赵州、浪穹、保山、腾越、蒙化、定远等府州县，查出欺隐并自首抵补军丁、屯官马料田地共9024亩。雍正五年（1727），陆凉州又查出影射田1167亩、地842亩，自首新垦田7257亩、

① 《两江总督署理云贵广西总督印务高其倬奏：为谨陈臣悃并奏三省情形，仰祈睿鉴事》（雍正十年三月十二日，张书才主编：《雍正朝汉文朱批奏折汇编》第22册，南京：江苏古籍出版社，1989年，第11页。

② 《云贵总督鄂尔泰奏：为覆奏事》（雍正五年正月二十五日），张书才主编：《雍正朝汉文朱批奏折汇编》第8册，南京：江苏古籍出版社，1989年，第928页。

地 8658 亩；易门县清查出民赋沐庄隐垦田 662 亩；通海县清查出自首屯田 2127 亩、民田 34 亩 5 分；宁州查出自首影射民赋田 1594 亩；保山县民自首田 257 亩 7 分、屯田 18 亩；宾川州查出影射田 94 亩 2 分、田 120 亩；宜良县查出影射田 7576 亩、地 8878 亩。对以上查出的各项田地，或归入正额，或摊抵丁银，并造册申报。据统计，截至雍正五年（1727）八月，所有劝令开垦、查出影射田地共 138 000 余亩，夷民自首田 456 段。①至雍正六年（1728）五月时，云南各地又劝垦与清查田地共 415 202 亩。②雍正朝对云南田亩进行劝垦与清查，比较准确地掌握了云南农业的开发情况，增加了政府的钱粮收入，不但在一定程度上解决了百姓的温饱问题，还缩小了财产分配不均的现象，有利于云南社会的稳定。

雍正时期，云南未垦之地极多，尤其是夷人所在地区，基本上土地未经过任何开垦。如云南镇雄，汉多夷少，田地成熟，民能活计，但在乌蒙所属，只有大关屯等处夷人知晓耕种，而“土府附近地方从不务农，惟以劫掠为事”③。雍正五年（1727），因“滇黔二省旷土尤多”，鄂尔泰提出在滇黔垦荒之议：“垦荒之法，系民生第一要务，到处皆然。”以丽江为例，当地夷人“不谙耕种，兼苦地寒”，可开垦之地甚多。鄂尔泰则饬丽江府进行招垦，并教以作粪搀灰之法，等渐有头绪之后，即推行之他府、他省。为开垦滇省东川之蔓河、者海二处，鄂尔泰捐银 3000 两，先买水牛 1000 头，房 6000 间，招民开垦，酌给牛种房屋，复给以现银，为半年食米之费；其自外州县来者，又给以盘费，为搬运行李之资。杨明时等各官亦捐银万两，用以开垦东川之荒。为遍垦滇黔荒土，鄂尔泰还建议清世宗应“略示鼓励，酌开捐款，庶边地渐少荒田，穷民皆有薄产，群知力田之荣，各为治生之计”，清世宗对此是极力支持。④

雍正朝在改土归流之地大量招民垦荒，并接济以民食、种子，以助农耕。在昭通等地，因新经绥定，户少田荒，政府招徕耕作农民约 1000 户进

① 《云贵总督鄂尔泰奏：为报明开垦田地并查出隐射田土，仰祈圣鉴事》（雍正五年八月初十日），张书才主编：《雍正朝汉文朱批奏折汇编》第 10 册，南京：江苏古籍出版社，1989 年，第 351—354 页。

② 《云贵总督鄂尔泰奏：为报明清出影射等项田土，仰祈圣鉴事》（雍正六年五月二十一日），张书才主编：《雍正朝汉文朱批奏折汇编》第 12 册，南京：江苏古籍出版社，1989 年，第 526 页。

③ 《云贵总督鄂尔泰奏：为据实陈明，仰祈圣鉴事》（雍正五年闰三月二十六日），张书才主编：《雍正朝汉文朱批奏折汇编》第 9 册，南京：江苏古籍出版社，1989 年，第 521 页。

④ 《云贵总督鄂尔泰奏：为复奏事》（雍正五年三月十二日），张书才主编：《雍正朝汉文朱批奏折汇编》第 9 册，南京：江苏古籍出版社，1989 年，第 239—243 页。

行开垦，一切匠役并招徕农民以及兵丁家口，需米殷繁，云南督抚便动用库银，采买米粮，给予接济。又因到了春耕时节，急缺种子，复令拨运附近各地之米荞至昭通，借给倮民、垦户及时播种，以保昭通百姓无乏食之虞。[①]雍正朝在改土归流之地的经济举措，不但改变了土司与土民之间的生产关系，促进了经济发展，密切了内地与边疆的联系，还有利于改土归流后社会秩序的恢复。

三、兴修水利

雍正朝深知农业发展对社会稳定的重要性，因此在云南倡导兴修水利，浇灌良土，以资民食。宜良县农业水源缺乏，鄂尔泰或修浚旧有埂坝，或开凿新渠，宜良士民俱皆欢欣鼓舞，踊跃参与，使宜良缺水之地变为万顷良田。[②]昭通在改土归流之后，其田地除招徕新旧垦户及本地夷民垦种外，尚有大量可开垦之田。据昭通府知府徐德裕称："昭通属滋泥、利济、拉擦等三河皆关农田水利，若疏修开通，不特恩安、鲁甸已垦之田可资灌溉，兼可于附近开垦水田万亩。"张允随与尹继善立即派迤东道黄士杰前往查勘，得知滋泥等三河对昭通的农业开发十分重要，如若疏修开通，将有益于昭通百姓，约需银 5480 余两。张允随立即奏报清世宗，请求开修昭通的三处河道。[③]嵩明州所属杨林海地方，河湾迂回曲折，不能直泻，一至夏秋雨季，遍地汪洋，加之药灵山下有石子流沙冲入河口，壅塞咽喉，水流太缓，以致杨林海旁边 48 村成熟田亩辄被淹没。鄂尔泰则命嵩明州改疏河道，使水势直达河口，前之迂回曲折者可以顺流而下，前之泥沙淤塞者通达无滞，于是沿杨林海田地渐次涸出，共量得涸出田地 10 110 亩 5 分，经酌议，对这些涸出田地变价升科，以充国库。[④]

经过雍正朝对云南农业的开发与社会的治理，雍正十二年（1734）时，云南各地已与先前迥异。尤其是云南之普、思、元、临一带，自改土归流以

① 《云南巡抚张允随奏：为奏明事》（雍正十年三月十二日），方国瑜主编：《云南史料丛刊》第 8 卷《张允随奏稿》，昆明：云南大学出版社，2001 年，第 531 页。

② 《云贵广西总督鄂尔泰奏：为敬陈水利并改河道事》（雍正八年正月十三日），张书才主编：《雍正朝汉文朱批奏折汇编》第 17 册，南京：江苏古籍出版社，1989 年，第 693—694 页。

③ 《云南巡抚张允随奏：为恭奏开修昭郡道路工竣，再请疏开水利，以便商农，以益兵民事》（雍正十二年五月二十七日），方国瑜主编：《云南史料丛刊》第 8 卷《张允随奏稿》，昆明：云南大学出版社，2001 年，第 539 页。

④ 《云南总督鄂尔泰奏：为奏明涸出田地变价升科事》（雍正八年五月二十六日），张书才主编：《雍正朝汉文朱批奏折汇编》第 18 册，南京：江苏古籍出版社，1989 年，第 779—780 页。

来，“地方宁谧，民乐耕耘，其招抚夷人俱已各安故业，现在禾苗遍野，妇子恬熙”。即使如此，云南督抚仍加意抚绥，“断不敢以边境已安，稍生怠忽”[①]。云南人民感到边隅既靖，又获丰年，到处一片欢呼乐业景象。[②]雍正十三年（1735），云南各地又连岁丰登，尹继善拟按成例，向滇民征收秋粮，以裕仓储。清世宗闻之，朱批：“虽然如是，不可使民受征催之苦，以供胥吏之中饱。”[③]清世宗指出，征收粮税，不可使吏役稍有侵渔百姓。由此可见，清世宗虽为一代封建帝王，但对云南民生之重视，实不多见。

康熙时期云南的农业开发集中在汉人聚居地，主要是对旧有弃土的垦种，至雍正时期云南弃土已是垦种无余，雍正朝则开始清查无主影射田土，并将农业开发的重点转移至夷人居住地区，不但导致了云南原有居住人口的增长，还吸引大量外省流民进入云南，将内地先进的生产方式带到少数民族地区，促进了内地和边疆的经济交流与民族融合。

第二节　雍正时期云南的改土归流再探

土司制度是元、明、清三朝在不适宜中央政府直接管辖的西南边远地区敕封各民族首领世袭官职，并借其统治当地民族的一种羁縻政策。这种以土官治土民的边疆治策，元代初步形成，明代正式成为统治边疆地区少数民族的一种制度。然而由于土司制度弊端的存在，明朝已经开始小规模的改土归流。至清代中叶，因边疆与内地一体化程度的进一步加深，土司制度日益不再适应全国政治、经济形势的发展，雍正朝审时度势，开始了在西南地区大规模的改土归流。有关改土归流的论著可谓是成果众多，但是从云南与内地一体化，改土归流的手段以及善后措施的角度来进行研究的并不多见，本节便试图从这些角度来对雍正时期云南的改土归流进行再探讨。

一、雍正时期改土归流时机的成熟

云南土司积弊已久。清初吴三桂控滇时期，便进行过改土归流，此时的

---

① 《尹继善奏：为奏明田禾茂盛并雨水情形事》（雍正十二年七月二十三日），张书才主编：《雍正朝汉文朱批奏折汇编》第26册，南京：江苏古籍出版社，1989年，第721—722页。

② 《云南巡抚张允随奏：为奏闻事》（雍正十二年七月二十四日），张书才主编：《雍正朝汉文朱批奏折汇编》第26册，南京：江苏古籍出版社，1989年，第731—432页。

③ 《尹继善谨奏：为恭报秋成事》（雍正十三年十月二十四日），张书才主编：《雍正朝汉文朱批奏折汇编》第29册，南京：江苏古籍出版社，1989年，第622页。

云南土司多归属于明朝残余势力，虽已投诚清朝，但拥兵自重，依然威胁着西南地区的稳定。因此，吴三桂奏请对水西、乌撒等土司进行改土归流，吴三桂在云南的改土归流不止以上原因，更重要的是其想永镇云南，为了达到目的，希望云南不可一日无事。清朝平定“三藩之乱”后，主要精力放在解决中国东北边疆与台湾问题上，对云南的治理便无暇顾及，以致雍正时期土司势力膨胀，苗倮逞凶，土司肆虐，目无官法，严重威胁到云南社会的稳定，不利于清朝政府对云南的政治控制。鄂尔泰云：“汉民被其摧残，夷人受其荼毒，此边疆大害，必当剪除者也。”①清世宗即位之初，中国社会经过顺治、康熙两朝的发展与休养生息，其政治、军事、经济实力日渐强盛，在云南改土归流的时机也趋于成熟，表现如下：一是云南与内地的联系日益密切，许多内地民人进入云南，云南与内地的经济交流更加频繁，如食盐、铜矿等物品。二是云南的土司与土民、汉民的矛盾十分尖锐。雍正二年（1724），云贵总督高其倬在奏疏中说：“云南近边一带，土目强横，鱼肉乡民，宜惩一警百，以示劝戒。”②这些土司目无王法，平日霸产劫财，焚杀奸占，可以说是无所不为。三是云南土司与清朝政府的矛盾也日益激化。云南土司藏有枪炮、甲械、火药等物，相互之间仇杀不断，甚至拥兵与朝廷抗衡。在此背景之下，诸多有识之士看到土司制度的弊端，纷纷呼吁改土归流。云南永北人刘彬在《永昌土司论》中指出，土司制度名为羁縻，实为“天地间之缺陷”③，并针对土司不宜裁撤之说，指出“去之宜也，非过也”，反对以土司为藩篱的观点，“所谓藩篱者，乃边境之外者也。岂有在内地者而亦藉以为藩篱乎！”④清世宗在其帝位稳定与时机成熟之后，于雍正二年（1724）开始了在云南大规模的改土归流。

二、边疆与内地一体化发展的需要

据《雍正朝汉文朱批奏折汇编》记载，清朝政府最先展开改土归流的地方为丽江土府与威远土州两处，但不管何处的改土归流皆与边疆、内地之间的政治、经济、文化冲突有关。雍正元年（1723）时，云贵总督高其倬便奏

---

① （清）鄂尔泰：《改土归流疏》，沈云龙主编：《近代中国史料丛刊》第74辑《皇朝经世文编》卷86，台北：文海出版社，1966年，第3096页。

② 《云贵总督高其倬奏：为奏闻土目罪恶事》（雍正二年十一月初十日），张书才主编：《雍正朝汉文朱批奏折汇编》第3册，南京：江苏古籍出版社，1989年，第981页。

③ 李世愉：《清代土司制度论考》，北京：中国社会科学出版社，1998年，第46页。

④ 李世愉：《清代土司制度论考》，北京：中国社会科学出版社，1998年，第47页。

请将丽江土府改设流官，以杨馝调补知府。改土归流一年以来，免除各种杂差，教以礼义，给土官酌量留出赡养费用。因此，这次和平改土归流，雍正朝善后措施做得比较好，以至于“通府土人皆以归流为乐，即邻近土司人民亦俱心服”①。雍正二年（1724）时，又奏请将威远土州改土归流。威远土州壤接外国，多有与清廷对抗之徒，不独劫人烧寨视为泛常，即杀兵伤官亦为故事，“无事近患腹心，有事远通外国，自元迨明，代为边害”②，土知州刀光焕与当地人勾结作乱，深为清朝所患。威远土州的文化、经济模式亦与流官治理地区截然不同，如威远土州的土官向来不容土人应考，恐其入学开智，被清朝政府皈化，对土司不利，且土司同族为婚者甚众，不明伦纪，与内地的文化风俗相抵触。因此，清朝政府与云南土司之间存在着治理与被治理的政治矛盾，而土司辖地与内地则存在着截然不同的文化与风俗冲突。

雍正朝在云南改土归流还有另一个目的，即增加政府的财政收入。威远土州“向来差发甚少，其田土所出，尽为土官苛派入己”③，清朝政府欲将土司的额外苛派之项尽数革除，并按内地的经济生产方式来征收赋税和广垦田地。鄂尔泰在《改土归流疏》中将清朝政府的改土归流意图说得清楚无疑，改土归流就是要“剪除夷官，清查田土，以增租赋，以靖地方”④。云南阿迷州有土知州一官，苛捐杂税甚多，土民深受其累，清朝政府拟于阿迷州推行里甲制度，而土司却尽力阻挠，高其倬认为土司“一日不拿，钱粮一日不完，民害一日不去”，遂将阿迷土州改土归流。广南府土同知侬鹏对土民每年可征收纹银4000余两，还不时索需夫役、牲畜等，雍正朝为增加国库收入，拟将广南土职进行改土归流，减少土民税收，以恤边夷，其余税收“尽归公帑，银米各半输纳”⑤。所以，雍正朝改土归流的目的更像是为了增加政府的财政，实际反映出云南土司与清朝政府之间也存着经济利益的冲突。

---

①《云贵总督高其倬奏：为奏闻事》（雍正二年九月二十日），张书才主编：《雍正朝汉文朱批奏折汇编》第3册，南京：江苏古籍出版社，1989年，第662页。

②（清）魏源：《雍正西南夷改流记》上，方国瑜主编：《云南史料丛刊》第8卷，昆明：云南大学出版社，2001年，第461页。

③（清）高其倬：《筹酌鲁寇山善后疏》，方国瑜主编：《云南史料丛刊》第8卷，昆明：云南大学出版社，2001年，第446页。

④《云南巡抚管云贵总督事鄂尔泰奏：为剪除夷官，清查田土，以增租赋，以靖地方事》（雍正四年九月十九日），张书才主编：《雍正朝汉文朱批奏折汇编》第8册，南京：江苏古籍出版社，1989年，第115页。

⑤《云贵总督鄂尔泰奏：为复奏事》（雍正五年八月初十日），张书才主编：《雍正朝汉文朱批奏折汇编》第10册，南京：江苏古籍出版社，1989年，第349—351页。

那么对上述改土归流事件进行更深入的分析便会发现，雍正朝改土归流的最根本原因应当是历史发展使然，是中国疆域在形成、发展与巩固过程中云南与内地一体化进程的结果。当清朝政府向边疆推行内地的政治、经济、文化模式时，自然与土司原有的政治、经济、文化模式产生不可调和的矛盾，在一些内地化比较深的地方，如丽江、威远等地，很容易实行和平改土归流，反之则武力改土归流不可避免。雍正朝在东川、乌蒙等其他地区的改土归流，亦无不是将内地的政治、经济、文化模式向土司地辖地推进的过程。虽然武力改土归流在这些地区已经结束，但改土归流之后对这些地区的政治管理、农业开发、文教振兴等措施，无不是按照内地的方式来进行的。云南与内地一体化程度越深，中央政府对云南社会的控制力度越强，云南就越牢固地统一于中国版图之内，这是毋庸置疑的。因此，改土归流实际上是将内地的政治、经济、文化模式向云南边疆推进的过程，是中国版图演化进程中不可或缺的一个阶段，而弊端渐重的土司制度是云南与内地一体化进程中最大的障碍，因此改土归流为历史之大势所趋。

三、武力改土归流的不可或缺

为使改土归流取得良好成效，鄂尔泰最初提出了改土归流的具体方法，即“改归之法，计擒为上策，兵剿为下策；令自投献为上策，勒令投献为下策。”①雍正朝曾以“分别土流考成”的方式对失职之土司改土归流。雍正四年（1726），鄂尔泰提出对土官与流官要分别考成，流官固宜重其职守，土司尤宜严其考成。土司之考成不严，则命盗之案卷日积。鄂尔泰曰：“盗由苗寨，专责土司；盗起内地，责在文员；盗自外来，责在武职。责在土司者，末减流官；责在文员者，末减武职；责在武职者，亦末减文员，参罚虽俱不免轻重，各有攸分。”②如果土司不能严守职责，则难免被革职改土归流。然而初期雍正朝对改土归流一事考虑过于简单，许多土司，尤其是对于势力庞大的土司，“计擒”“自投献”“分别土流考成”的方式根本不适用，随着改土归流的大规模展开，雍正朝不得不采取强硬的手段，甚至武力方

① 《云南巡抚管云贵总督事鄂尔泰奏：为剪除夷官，清查田土，以增租赋，以靖地方事》（雍正四年九月十九日），张书才主编：《雍正朝汉文朱批奏折汇编》第 8 册，南京：江苏古籍出版社，1989 年，第 115 页。

② 《云南巡抚管云贵总督事鄂尔泰奏：为分别流土考成，以专职守，以靖边方事》（雍正四年八月初六日），张书才主编：《雍正朝汉文朱批奏折汇编》第 7 册，南京：江苏古籍出版社，1989 年，第 851—852 页。

式。如乌蒙、镇雄等土府的改土归流，采用“计擒”“自投献”的策略显然很难奏效，“分别土流考成”也很难施行，“兵剿”则成为必要的手段。开始之时，鄂尔泰拟对乌蒙土府进行和平改土归流，“先怀以德，继畏以威，然后徐议改土归流，不二三年间，或可一举大定”[①]。随着鄂尔泰对乌蒙土府认识的深入，发现“乌蒙土官凶恶习惯，可以威制，似难以恩化”[②]，以致鄂尔泰后来不得不说出“乌蒙必须征剿，断难诱擒”之语；而镇雄土府接连乌蒙，“其凶暴横肆与乌蒙土府无异，若不改土归流，三省交界均受其扰”。至雍正四年（1726）九月时，清朝政府决定对乌蒙、镇雄等土府采取以武力“兵剿”的下策。由此不难看出，雍正朝尽量采取和平改土归流的手段，以保持社会稳定，减少战争带来的伤害，武力兵剿乃为和平改土归流无望之时的无奈之举，实是不得已而为之。但即使和平改土归流，也严重损害了土司的根本利益，土司为了维护一己之私，起兵抗清，战争自然势所难免。因此，雍正朝采取以兵剿为主的武力手段来改土归流便顺理成章。只要是战争，就会给社会带来巨大破坏。在武力改土归流的地区，许多村寨被毁，无辜百姓被戮，这在封建社会的历次战争中都是在所难免，具有时代特征。雍正八年（1730），清朝政府在对乌蒙改土归流时，乌蒙土司率领土兵“焚掠村寨，遇汉民，则焚掠一空，遇倮人，则丝毫不动”[③]，这些无辜汉民同土民一样，皆为战争之牺牲品。

鄂尔泰曾提出过改土归流的原则，即是否有利于保持土司辖地的稳定。鄂尔泰奏云：“如果相安，在土原无异于在流；如不相安，在流亦无异于在土也。”因此，他认为土司改土归流虽属正务，“但有应改者，有不应改者，有可改可不改者，有必不可改必不可不改者，有必应改而不得不缓改者，有可不改而不得已竟改者，审时度势，顺情得理，庶先无成心而有济公事。若不论有无过犯，一概勒令改土归流，无论不足以服人，兼恐即无以善后。”清世宗对此论十分赞同，批示：“是极，通极，当极。”鄂尔泰亦曾提出改土归流的指导思想。雍正四年（1726）二月，云南巡抚管云贵总督鄂尔泰在奏折中云：“欲靖地方须先安苗倮，欲安苗倮须先制土司，欲制土司须先令贫

---

① 《云南巡抚管云贵总督事鄂尔泰奏：为敬陈东川事宜，仰祈圣裁事》（雍正四年三月二十日），张书才主编：《雍正朝汉文朱批奏折汇编》第7册，南京：江苏古籍出版社，1989年，第12页。

② 《云南巡抚管云贵总督事鄂尔泰奏：为钦奉圣谕事》（雍正四年六月二十日），张书才主编：《雍正朝汉文朱批奏折汇编》第7册，南京：江苏古籍出版社，1989年，第492页。

③ 《云南巡抚沈廷正九叩首，谨奏：为奏闻事》（雍正八年九月二十二日），张书才主编：《雍正朝汉文朱批奏折汇编》第19册，南京：江苏古籍出版社，1989年，第236页。

弱。”清世宗对此观点又是大为赞同，朱批：“此论是极，当极。”①然而，雍正朝改土归流的原则和指导思想对居住于腹地之势力庞大的土司来说，只是一厢情愿，正如清世宗所说：“边境夷情，非失之姑息即失之决裂，非过于畏葸即过于张皇，论剿论抚，遂都无是处。”②这就注定了雍正朝在改土归流中采取武力手段成为必然。

武力改土归流可以说是最有效的一种手段。纳楼土司舍普礼十分凶恶，无视朝廷，高其倬奏请将其处决，并把其首级发往为恶之处悬示，以儆效尤。③者乐甸旧土官刀联斗、威远大头目不肯和平改土归流，率领千余人与清朝政府武力对抗，清朝政府为彻底控制这一区域，防止土司反复起兵，将土司头目刀如珍、刀廷贵、陶波公、刀西明、刀西侯、陶国贵 6 人押赴市曹给予处决，其余牵连者 30 余人，亦被请旨正法。鄂尔泰言此实为“无奈之举”④，说明出雍正朝的武力改土归流具有不可或缺性。

武力改土归流对乌蒙、镇雄、普洱、元江等土司势力同样直接而有效。乌蒙、镇雄之土司作恶多端、拥兵自重，两处土府与内地的政治、经济、文化模式冲突甚巨，和平改土归流极其困难，为了加强清朝政府对此类地区的直接控制，清朝政府同样采用了武力改土归流，虽然普、思、元、新等地土司率众反抗，但面对清军的强大武力，无异于螳臂当车。

雍正朝对武力改土归流的紧要之地务求彻底和一劳永逸。雍正十年（1732）六月，雍正朝对普洱府属思茅土把总刀兴国进行改土归流，刀兴国则率普思元江之土人与政府武力抗衡，高其倬则调兵攻剿。清世宗对此事朱批：“业既兴师动众，不可草率完结，务须彻底清理，为一劳永逸之计方是。”⑤战争中曾有土兵“情愿投顺”之事，清世宗闻之，云：“今计穷力竭，始摇尾巴乞饶，毫无可怜之处。官兵既已齐集，当乘势攻剿，以惩创之。”并告诫高其倬不可仍令被改土归流之土司盘踞旧巢，复贻患于将来，

---

①《云南巡抚管云贵总督事鄂尔泰奏：为遵旨覆奏事》（雍正四年二月二十四日），张书才主编：《雍正朝汉文朱批奏折汇编》第 6 册，南京：江苏古籍出版社，1989 年，第 848 页。

②《云贵总督鄂尔泰奏：为覆奏事》（雍正六年二月初十日），张书才主编：《雍正朝汉文朱批奏折汇编》第 11 册，南京：江苏古籍出版社，1989 年，第 647—648 页。

③《云贵总督高其倬奏：为奏闻土目罪恶事》（雍正二年十一月初十日），张书才主编：《雍正朝汉文朱批奏折汇编》第 3 册，南京：江苏古籍出版社，1989 年，第 981 页。

④《云贵总督鄂尔泰奏：为奏明事》（雍正五年五月初十日），张书才主编：《雍正朝汉文朱批奏折汇编》第 9 册，南京：江苏古籍出版社，1989 年，第 775 页。

⑤《两江总督署理云贵广西总督印务高其倬奏：为奏闻事》（雍正十年六月二十八日），张书才主编：《雍正朝汉文朱批奏折汇编》第 22 册，南京：江苏古籍出版社，1989 年，第 852 页。

切戒因循善柔，致于疏纵。[①]又云："剿抚务须穷源拔本，勿使余烬复燃"。[②]作为封建王朝的统治阶层，雍正朝此举无可非议，若不彻底改土归流，云南绝大部分土司终难绥靖，西南边疆将动乱无常，也正因如此，雍正朝的武力改土归流牢固地将云南与内地联结在一起，并把内地的政治、经济、文化等治理模式强有力地推行到土司辖地。

战争中虽然有土弁、土目站在清朝政府一方，积极协助清朝政府进行武力改土归流，但更是由于看到清朝政府武力改土归流的力度与决心，迫于军事威慑，有些土司出现了自愿和平改土归流的现象。清朝政府在元江、新平用兵以后，此地域之土弁、土目"日夜奔走，守隘缉贼，甚属出力"，在改土归流中亦做出了一定贡献。云南督抚按土目出力多寡给予奖赏，并对这些土目"开诚晓谕，令其赴省叩见"，采取"抚"的方式，"严切教导，重加奖赏，伊等莫不感激欢忻，立誓输诚报效"。但清朝政府始终对这些土司持有不信任态度，认为其生性凶恶，一旦有事则心怀二心，留之终为后患。因此，对土司进行抚绥只是临时的缓兵之策，待云南诸事稳定之后，再行相机剪除。[③]

对于清朝政府在改土归流中的手段从和平到武力的转变，置于长时段的历史时空来看，是可以理解的，也是必要的。任何势力都不会轻易妥协，土司亦是如此，这就决定了武力是清除西南边疆与内地一体化进程中障碍的最终手段，也就注定了流血的战争不可避免，土司管辖的局部地区必然陷于战乱，但这种战乱与"三藩之乱"有着本质的不同，其目的是为了促进清朝政府对土司辖地进行更好的开发和治理。因此，改土归流之后，曾经的土司辖地的政治、经济得以迅速发展，文教兴盛，与内地的密切联系远胜于前朝。

四、完备的善后措施

为防止改土归流之地有复作之虞，清世宗要求鄂尔泰"凡改土归流之处，更当留意"[④]，后亦要求署理云贵广西总督印务的高其倬"善后事宜当

---

①《两江总督署理云贵广西总督印务高其倬奏：为奏闻事》（雍正十年八月初三日），张书才主编：《雍正朝汉文朱批奏折汇编》第23册，南京：江苏古籍出版社，1989年，第89页。

②《两江总督署理云贵广西总督印务臣高其倬谨奏：为奏闻事》（雍正十年九月二十一日），张书才主编：《雍正朝汉文朱批奏折汇编》第23册，南京：江苏古籍出版社，1989年，第330页。

③《尹继善奏：为奏明元、普地方宁谧，酌撤驻防官兵事》（雍正十二年十一月二十七日），张书才主编：《雍正朝汉文朱批奏折汇编》第27册，南京：江苏古籍出版社，1989年，第367—368页。

④《云贵总督鄂尔泰奏：为报明夷倮横逆，遣发官兵擒获情形事》（雍正五年三月十二日），张书才主编：《雍正朝汉文朱批奏折汇编》第9册，南京：江苏古籍出版社，1989年，第248页。

再三详慎为之”[①]，尤恐改土归流出现反复现象，因此雍正朝对改土归流的善后措施进行了谨慎而周密的安排。

清世宗认为改土归流固系美事，然善后事务必须委用得力之人，不能让夷民有避溺投火的感觉。雍正五年（1727）正月十七日四更时候，镇沅土民突然起事，聚众数百人，放火焚烧衙门，并杀死威远同知刘洪度。经调查得知是选派流官不当引起，乃刘洪度家人“踢打人民，苛索银两”所致。清世宗对此事之处理态度公正，认为刘洪度自取灭亡，罪有应得，但伤及许多兵民，清世宗心里觉得“实为恻然”，大不应该。有鉴于此，清世宗指出，改土归流虽然结束，但“事虽就绪，善后务要得人”，应详细慎重筹划方可。[②]鄂尔泰持同样观点：“至新定地方，流官最关紧要，自应拣调贤员，责成专理。”[③]乌蒙也有因流官任用不当而引发动乱之事。乌蒙在改土归流设镇最初的三年中，汉土相安，社会稳定，但总兵刘起元莅任之后，不但“侵欺粮饷，克扣马价，私派公费，擅役兵民，并将恩赏兵丁搬家银两亦复侵挪”，在与当地土民发生矛盾之后，还胡乱将“各寨头人逐日拷打追比”，以至土民衔怨，最终被土司利用，在赶街之日激起民变。[④]

在可能出现反复的改土归流地区增汛设兵。乌蒙、镇雄被改土归流后，鄂尔泰说：“两府既定，现议改土归流善后之谋，所关甚巨。”[⑤]因而在乌蒙、镇雄等武力改土归流之地的善后措施不只是“务要得人”的问题，更主要是增设军队来进行弹压。鄂尔泰建议在东川、乌蒙、镇雄三府应总设一镇，以资控制。东川已有一营，镇雄应再添设一营，以资声援；乌蒙仍设知府一员，鲁甸地方则添设一县，镇雄府改设为州，归并乌蒙府管辖。清世宗对此议甚为赞同，云：“蒙、镇雄等处扩地甚广，应添兵处，不可惜此小费，当谋一劳永逸，万不可将就从事。”直到这些地方与内地没有差别之时，再议减撤军队。[⑥]然而许多土司被改土归流之后，“夷人情恋故主，消息

① 《两江总督署理云贵广西总督印务高其倬奏：为奏闻事》（雍正十年九月初三日），张书才主编：《雍正朝汉文朱批奏折汇编》第23册，南京：江苏古籍出版社，1989年，第231页。

② 《云贵总督鄂尔泰奏：为奏闻事》（雍正五年二月初十日），张书才主编：《雍正朝汉文朱批奏折汇编》第9册，南京：江苏古籍出版社，1989年，第64—65页。

③ 《云贵总督鄂尔泰奏：为钦遵圣谕事》（雍正五年五月初十日），张书才主编：《雍正朝汉文朱批奏折汇编》第9册，南京：江苏古籍出版社，1989年，第778页。

④ 《云南总督鄂尔泰奏：为奏闻事》（雍正八年九月初四日），张书才主编：《雍正朝汉文朱批奏折汇编》第19册，南京：江苏古籍出版社，1989年，第102页。

⑤ 《云贵总督鄂尔泰奏：为据实陈明，仰祈圣鉴事》（雍正五年闰三月二十六日），张书才主编：《雍正朝汉文朱批奏折汇编》第9册，南京：江苏古籍出版社，1989年，第522页。

⑥ 《云贵总督鄂尔泰奏：为钦遵圣谕事》（雍正五年三月十二日），张书才主编：《雍正朝汉文朱批奏折汇编》第9册，南京：江苏古籍出版社，1989年，第235—236页。

时通，往来不绝”，实为云南社会稳定之隐患，鄂尔泰斟酌再三，奏请将改土归流土司“尽迁至内省，除云、贵、川、粤、湖南五省外，余省皆可安插”[①]。如此一来，使之离其故地，则凶顽之性可化，报复之心可绝，否则即使改土归流，因土司在当地的威信仍在，善后措施很难实行。

雍正朝还要求改土归流之地的土民遵从国制，推行“以汉化夷，以夷制夷”的羁縻政策。鄂尔泰曰：“改土归流之土民宜从国制。”由于改土归流地区的土民仍听土目管辖，生活习俗依然如故，鄂尔泰建议应允许改土归流之民自愿效仿满族剃头，不得强迫；改土归流之地的把目、火头应改名为保甲制度中的里长、甲首，且无有恶迹的土目也不必迁至内地。鄂尔泰认为：“抚夷之法，须以汉化夷，以夷制夷”，土司虽然凶残，但“夷民畏服并无异志”，可以继续令土目管理当地夷民，清朝政府只需派遣流官推行汉地的封建礼仪，对土民潜移默化，时日一久，民风自然与内地无异，进而达到云南与内地的一体化目的。[②]

在武力改土归流的地区注重恢复农业生产，稳定社会秩序。雍正九年（1731），东川、乌蒙（昭通）被平定之后，清朝政府开始着手善后事宜。许多土民房舍大半毁于兵燹，田无遗谷，家无积粮，若不设法抚恤，土民难以存活。鄂尔泰与张允随令地方官召回各村寨躲避战乱之土民，如房屋烧毁无处居住者，即按户发银，令其盖造草房居住，并将官兵所获耕牛分给土民；其他无牛之家，动发公款买牛补给，并借其种子，收获后再陆续扣还。然后又动用库银，命粮道黄士杰督率地方官员修建城垣、衙署、营房等，招抚土民赴工应役，给以工价，通过以工代赈的方式进行抚恤，使土民得以养家糊口。由于乌蒙地方辽阔，荒地甚多，急宜招徕百姓垦种。云南督抚又遍谕云南，如有土民百姓愿往乌蒙开垦居住者，呈报地方官，分给田地垦种，颁发证照以为世业，并借给工本，按年扣还，照例升科。[③]这一政策在短短几月之内，便取得了良好效果。至雍正九年（1731）八月，“凡归业远来者，已不下数万人”。清朝政府对东川、昭通二府之民加意抚

---

① 《云贵总督鄂尔泰奏：为陈明镇沅等事》（雍正五年闰三月二十六日），张书才主编：《雍正朝汉文朱批奏折汇编》第 9 册，南京：江苏古籍出版社，1989 年，第 517 页。

② 《云贵总督鄂尔泰奏：为复奏事》（雍正五年三月十二日），张书才主编：《雍正朝汉文朱批奏折汇编》第 9 册，南京：江苏古籍出版社，1989 年，第 236—239 页。

③ 《云南巡抚张允随奏：为恭报续获东、乌逆贼并招垦安插事宜，仰祈睿鉴事》（雍正九年四月初三日），张书才主编：《雍正朝汉文朱批奏折汇编》第 20 册，南京：江苏古籍出版社，1989 年，第 261—263 页。

绥，凡安插、招徕之户口，俱给以地亩、耕牛等生产资料，又从他处拨运米荞减价平粜，以济民食；还派人采买荞种，于大关坝等处隙地督率耕种。因此，昭通府之稻田坝、八仙海等处，即鲁甸各寨，禾苗长势极其茂盛，东川府、巧家等处亦然，今秋丰收在望。东川与昭通之城工，也加紧修建，不日兴工。社会一片稳定。①

雍正朝改土归流的规模可谓是空前绝后，据统计，雍正朝共革除云南土司17家②，涉及当时云南15个府治，有丽江、广西、镇沅、临安、东川、曲靖、鹤庆、乌蒙（昭通）、大理、普洱、开化、元江、广南、永昌、姚安。③经过此次改土归流之后，云南土司大量减少，余者多存在于云南边远地区。因此，民国时期云南仍有土司存在，直至中华人民共和国成立后，才得以彻底根除。魏源曾对雍正朝鄂尔泰之改土归流作如是评价："功在西南，至今百年享其利。"④有的学者认为雍正朝在改土归流中政策粗暴，是强加于云南地区的，为惨痛之历史教训，因而批判魏源之说，言其夸大其词，余却不以为然。魏源之说对雍正朝改土归流的评价并不过分，改土归流已经事过境迁几近300年，若无雍正朝之功，时至今日，或许云南的民族问题与领土问题将为另一种情形。

第三节　昭通地区的改土归流及其归滇事宜

雍正朝在西南地区的改土归流规模宏大，彰显史册，而在云南昭通地区的改土归流虽然只是其中之一部分，但对云南的行政区划与社会发展影响深远，且具有典型意义，甚有研究之必要。有关改土归流的研究论著可谓灿若繁星，然而从区域史角度来研究昭通地区改土归流的研究尚不多见。⑤由于研究的史料不同，笔者对云南昭通地区的改土归流有了进一步的认识，出于对史学之热爱与昭通之关切，谨撰此节，以飨读者，并期望对昭通区域史研

---

①《云贵广西总督鄂尔泰奏：为荞自天生，虫为鸟食，天庥滋至，圣德靡涯事》（雍正九年八月初一日），张书才主编：《雍正朝汉文朱批奏折汇编》第20册，南京：江苏古籍出版社，1989年，第985—986页。

② 李世愉：《清代土司制度论考》，北京：中国社会科学出版社，1998年，第59页。

③ 李世愉：《清代土司制度论考》，北京：中国社会科学出版社，1998年，第60页。

④（清）魏源：《雍正西南夷改流记》，方国瑜主编：《云南史料丛刊》第8卷，昆明：云南大学出版社，2001年，第480页。

⑤ 周朝云于1998年曾在《昭通师专学报（季刊·综合版）》刊发《"改土归流"在昭通》一文。

究起到抛砖引玉的作用。

一、昭通改土归流起因与雍正朝政府之态度

土司制度设置于元朝，消亡于中华人民共和国建立之后。在长达数百年的时间里，元明时期便有小规模的改土归流，至清代雍正时期，土司已是积弊甚深，成为边疆与内地一体化过程中的严重障碍。鄂尔泰云："滇黔大患，莫甚于苗倮，苗倮大患，实由于土司。"[①]雍正朝为加强对土司辖地的直接控制，解决西南疆域大患，把内地的政治、经济、教育等治理模式推行于土司辖地，在中国西南地区开始了大规模的改土归流。雍正时期，在今天的昭通地区存在着乌蒙、镇雄等土府，昭通地区的改土归流便是在上述历史环境下展开的。

乌蒙土府位于川滇黔三省交界之地，远离边疆，深在腹地，其土司"骄悍凶顽，素称难治，不惟东川被其杀虏，凡黔滇蜀接壤之处，莫不受其荼毒，而且产富田肥，负固已久，若不早图，终为后患"。有鉴于此，雍正朝决定对其改土归流。鄂尔泰建议先使东川归滇，并从云南派遣军队移驻东川府，以便筹备对乌蒙土府的改土归流事宜。东川归滇还有另一原因。康熙年间，东川早已改土归流，议归四川管辖。至雍正初期，"风俗仍旧，贡赋不增"，其社会发展十分缓慢。[②]东川距四川省城十分遥远，不便管理，而距云南省城较近，且与云南寻甸、禄劝、沾益三州接壤，为加强对东川之经营，雍正朝将东川划归云南。

清世宗对乌蒙土府的改土归流一事在初期持谨慎态度，命鄂尔泰与岳钟琪应"将乌蒙土官土目先行详加戒谕，令其毋虐土民，毋扰邻境，痛改前非，恪守法度。倘敢怙恶不悛，罔知敛戢，应作何惩治，尔当悉心筹画"。又云："将来若可改土归流，于地方大有裨益，但一切机宜务出万全、慎密，勿少轻易致生事端。"[③]可见清世宗非常希望能将乌蒙土府进行改土归

① 《云南巡抚管云贵总督事臣鄂尔泰谨奏：为擒制积恶土官事》（雍正四年七月初九日），张书才主编：《雍正朝汉文朱批奏折汇编》第七辑，南京：南京：江苏古籍出版社，1989 年，第 632 页。

② 《云南巡抚管云贵总督事臣鄂尔泰谨奏：为敬陈东川事宜，仰祈圣裁事》（雍正四年三月二十日），张书才主编：《雍正朝汉文朱批奏折汇编》第七辑，南京：江苏古籍出版社，1989 年，第 11—12 页。

③ 《云南巡抚管云贵总督事臣鄂尔泰谨奏：为敬陈东川事宜，仰祈圣裁事（朱批）》（雍正四年三月二十日），张书才主编：《雍正朝汉文朱批奏折汇编》第七辑，南京：江苏古籍出版社，1989 年，第 13 页。

流，只是为维护社会稳定起见，不便轻举妄动。

鄂尔泰与岳钟琪经过详细酌商，认为“乌蒙土官凶恶习惯，可以威制，似难以恩化，不改土归流，终非远计”，因此对乌蒙土府进行改土归流势在必行，只是时机问题。鄂尔泰考虑到“威止可一举”，即武力改土归流只可实行一次，应慎重行事，不若先采取和平方式改土归流，即“宣示皇仁，晓以国法，练兵屯田，以壮我军，渐离其心腹，徐减其党羽，俟机有可乘，设法招致，庶可一劳永逸”。①于是，雍正朝为达到对乌蒙土府改土归流之目的，做了两手准备：一是削弱土司势力，以和平方式招致其主动改土归流。二是若和平改土归流不可行，便施之以威，采取武力改土归流。计划已定，鄂尔泰开始往东川调派兵将，以备征讨乌蒙。鄂尔泰还“密委各员前往踏勘其形势、田土、营汛、矿厂”情形，待有所了解之后，便拟“先将巧家等六营地方凡属顽梗滋扰者，或须擒拿，或令投献，悉为归辖流官。其一切土目尽行更撤，待六营既靖，党羽已除，然后计及乌蒙”。当时川属之镇雄土府，接连乌蒙，其凶暴横肆与乌蒙土府无异，若不改土归流，三省交界均受其扰，鄂尔泰审时度势，决定将昭通之镇雄土府与乌蒙土府一并改土归流。②

雍正四年（1726）时，昭通之乌蒙与镇雄两个土府尚归四川管辖，鄂尔泰考虑到改土归流诸事及改土归流善后事宜，言四川省治理两个土府多有不便，特在当年十二月二十一日之奏疏中题请“或准两土府改归云南，俾臣就近料理；或俟乌蒙事定，仍隶四川”。清世宗阅之，在奏疏中夹批：“自然就近归滇为是。”③因未有专门谕旨告知四川乌蒙归滇事宜，以致后来又有鄂尔泰再次请旨之事。

二、武力改土归流的实施与乌蒙土司的复叛

起初雍正朝对昭通两土府改土归流一事考虑过于简单，随着改土归流的深入开展，雍正朝逐渐发现“乌蒙必须征剿，断难诱擒”④。正如清世宗所

① 《云南巡抚管云贵总督事臣鄂尔泰谨奏：为钦奉圣谕事》（雍正四年六月二十日），张书才主编：《雍正朝汉文朱批奏折汇编》第七辑，南京：江苏古籍出版社，1989年，第491—492页。

② 《云南巡抚管云贵总督事臣鄂尔泰谨奏：为钦遵圣谕事》（雍正四年九月十九日），张书才主编：《雍正朝汉文朱批奏折汇编》第八辑，南京：江苏古籍出版社，1989年，第113页。

③ 《云贵总督臣鄂尔泰谨奏：为钦遵圣谕事》（雍正四年十二月二十一日），张书才主编：《雍正朝汉文朱批奏折汇编》第八辑，南京：江苏古籍出版社，1989年，第708页。

④ 《云南巡抚管云贵总督事臣鄂尔泰谨奏：为钦遵圣谕事》（雍正四年九月十九日），张书才主编：《雍正朝汉文朱批奏折汇编》第八辑，南京：江苏古籍出版社，1989年，第113页。

说："边境夷情，非失之姑息即失之决裂，非过于畏葸即过于张皇，论剿论抚，遂都无是处。"[①]这就注定了雍正朝在改土归流中使用武力手段不可避免。于是在雍正四年（1726）十二月二十五日，鄂尔泰命刘起元率领将弁起程，二十七日各驻扎所指汛地，相机行事，径取土府，由此揭开昭通地区武力改土归流之序幕。总兵刘起元抵达鲁甸后，檄令游击张鹤及威宁游击哈元生、知府杨永斌等人，一面整兵，一面招抚，直进乌蒙。而乌蒙各寨头目等沿途投诚者，前后已 3000 余户，相约剃头者无算。乌蒙之刘建隆、杨阿台，镇雄之范掌案、纽纽巴等见大势已去，遂携土司禄万钟母子潜遁。[②]在清军征剿乌蒙之时，镇雄土府与乌蒙土府相互联手，共同抵御改土归流，此举无异于螳臂当车，也更加坚定了雍正朝对昭通土司的武力改土归流之念。

昭通之乌蒙、镇雄两大土府被改土归流之后，雍正朝随后又对昭通地区其他较小的土司开始改土归流。雍正六年（1728）二月，鄂尔泰又兵进米贴，此处土目陆氏拒不服拘，与清朝军队武力抗衡，乘夜劫营，副将郭寿域等官兵毙命。[③]清世宗对此事甚为关切，"恐乌蒙、镇雄、凉山一带俱各蠢动，又大费一番周折也"[④]，给昭通地区的改土归流带来不必要的麻烦。鄂尔泰便迅速增兵，对米帖土目武力征剿，顺便将米帖附近如吞都等地与陆氏有姻亲关系的土目一并武力改土归流，即使与昭通邻近之四川雷波等地的土目亦未能幸免。至此，昭通地区的改土归流行动暂时告一段落。

雍正八年（1730）时，乌蒙改土归流设镇已是三年有余，至总兵刘起元莅任，其竟然侵欺粮饷，克扣马价，私派公费，擅役兵民，并将恩赏兵丁搬家银两亦复侵挪。乌蒙有客民被劫之事，刘起元不但无只字具报，不查明名姓，且"混将各寨头人逐日拷打追比，以致夷民衔怨，情不能甘"，于是乌蒙夷众在八月二十五日赶街日期，围困府城，烧毁衙署。[⑤]因雍正朝对流官的任用不当，导致乌蒙发生民变，禄鼎坤之子利用官民与汉夷之间的矛盾，

---

①《云贵总督鄂尔泰奏：为复奏事》（雍正六年二月初十日），张书才主编：《雍正朝汉文朱批奏折汇编》第 11 册，南京：江苏古籍出版社，1989 年，第 647—648 页。

②《云贵总督臣鄂尔泰谨奏：为钦遵圣谕事》（雍正五年正月二十五日），张书才主编：《雍正朝汉文朱批奏折汇编》第八辑，南京：江苏古籍出版社，1989 年，第 923—925 页。

③《云贵总督臣鄂尔泰又谨奏：为据实奏闻事》（雍正六年三月初八日），张书才主编：《雍正朝汉文朱批奏折汇编》第十一辑，南京：江苏古籍出版社，1989 年，第 865—866 页。

④《云贵总督臣鄂尔泰谨奏：为报明分兵进剿米贴情形事》（雍正六年四月二十六日），张书才主编：《雍正朝汉文朱批奏折汇编》第十二辑，南京：江苏古籍出版社，1989 年，第 302 页。

⑤《云南总督臣鄂尔泰谨奏：为奏闻事》（雍正八年九月初四日），张书才主编：《雍正朝汉文朱批奏折汇编》第十九辑，南京：江苏古籍出版社，1989 年，第 102 页。

借机反叛，从而使雍正朝在乌蒙地区第一阶段的改土归流功亏一篑。针对乌蒙土司的反叛，一方面鄂尔泰飞调各路官土兵丁，从东川、威宁、镇雄分三路进剿乌蒙；另一方面晓谕民众毋得惊慌，令各地方官加紧训练乡兵，以资守望，并严缉汉奸。由于清朝军队行动迅速，至十月下旬，乌蒙便已恢复。正如鄂尔泰所云："恢复郡治不及二旬，克取三关[①]才经两月。"[②]

雍正朝对昭通地区的改土归流手段从最初的和平设想转变为最终的武力征剿，是历史发展的无奈选择。对于土司政权来说，世代因袭的领地不会轻易拱手相让，而在边疆与内地日益一体化的趋势之下，土司辖地迟早皆会内地化与国家化，改土归流是一项顺应历史发展潮流的政治行动，这一点历史已经予以证明。因此当中央王朝与土司地方政权在面临改土归流与否的冲突时，武力手段不可避免，加上中央与土司军事力量的悬殊，在较短时间内，土司政权很快便分崩离析，即使复叛，也是回光返照而已。

三、昭通改土归流的善后举措及其归滇

据档案史料记载，滇黔初次进兵昭通之期在雍正四年（1726）十二月二十七日，而得乌蒙土府在是十二月二十九日，得镇雄土府在正月十四日。雍正见昭通两个土府已定，便开始着手善后事宜。鄂尔泰云："改土设流实无难事，但善后之图尤不可不慎重。"[③]他又说："两府既定，现议改流，善后之谋，所关甚巨。"[④]雍正朝之改土归流虽然兴师动众，耗费大量财力、人力，但其过程同善后相比，善后事宜更为重要，决定着改土归流的效果。雍正朝于是对抚恤汉夷、安插酋目及增设营汛、造盖衙署、清理钱粮、编查户口等事采取了诸多善后措施。

第一，雍正朝增派重兵，加强对昭通改土归流地区的社会弹压。鄂尔泰建议在东川、乌蒙、镇雄三府应总设一镇，以资控制。东川现有一营，镇雄应添设一营，以资声援。乌蒙仍设知府一员，鲁甸地方添设一县，镇雄府应

① "三关"即雍正时期昭通境内联络滇黔贵三省之界的伐乌关、豆沙关、大关。

②《云贵广西总督臣鄂尔泰谨奏：为剿除逆贼，疏通两郡，恢复三关，各路报捷事》（雍正八年十一月二十八日），张书才主编：《雍正朝汉文朱批奏折汇编》第十九辑，南京：江苏古籍出版社，1989 年，第 529 页。

③《云贵总督臣鄂尔泰谨奏：为钦遵圣谕事》（雍正五年二月初十日），张书才主编：《雍正朝汉文朱批奏折汇编》第九辑，南京：江苏古籍出版社，1989 年，第 69 页。

④《云贵总督臣鄂尔泰谨奏：为据实陈明，仰祈圣鉴事》（雍正五年闰三月二十六日），张书才主编：《雍正朝汉文朱批奏折汇编》第九辑，南京：江苏古籍出版社，1989 年，第 522 页。

改设一州，归并乌蒙府属。清世宗对此极为赞同，朱批：“乌蒙、镇雄等处扩地甚广，应添兵处，不可惜此小费，当谋一劳永逸，万不可将就从事。俟归化日久，一切如内地一般时，再议减撤，未为不可。”①从清世宗之朱批可以看出，雍正朝的改土归流实际便是边疆与内地一体化的过程，其最终目的是将土司辖地改为“一切如内地一般”。雍正八年（1730），乌蒙土司叛乱被再次平定后，雍正朝又将该镇在先前所设二千八百兵丁之基础上，改设四营兵丁，每营一千兵，以一营驻防鲁甸，将中营旧防兵俱撤归府城，以壮声势。其左右两营，凡险要汛防既已添兵，均可增设，是共添兵一千二百名，此举既弹压有余，并可调拨有资。②

第二，为防止被改土归流的土司发生反复，雍正朝将昭通土目合理安插。对于禄万钟，因其童稚无知，可不必律以重法。但其党羽如刘建隆、杨阿台、白女迭等人，由于“残毒汉夷，贿赂官司，无所不至，若不将土府安插内地，将恶类案拟明刑，即改土归流，犹难善后”③。雍正朝对凶恶之土司多发往内地安插，而对态度较好之土司，则予以宽免。乌蒙土司禄鼎坤“实心努力，较怙恶不悛之土司大有不同，若不予以宽免，无以示信群夷”。因此，雍正将禄鼎坤同其家人安插于云南省城，以便钤束。④然而，因雍正本人对昭通土司的本性认识不够与对流官的任用不当，雍正八年（1730）八月，禄鼎坤之子利用官民矛盾与汉夷矛盾再次发动反叛，也可以从中看出雍正朝对昭通地区的武力改土归流是历史选择的必然。在乌蒙、镇雄两土府内，有刘建隆、王之瑜、毕君廷等汉人，为乌、镇二土府之主文，雍正称其为“汉奸”，且对这些人的惩罚非常严厉。刘建隆、王之瑜、范绍淹等人被请旨正法，而毕君廷因未与土司共谋拒敌，则被行令遣戍。清世宗朱批：“汉奸甚为可恶，当严究缉者。”⑤当时许多辅佐土司的汉人在改土归流过程中参与了同中央政府的武力对抗，雍正对这些汉人的处理比土司更加严重。

---

①《云贵总督臣鄂尔泰谨奏：为钦遵圣谕事》（雍正五年三月十二日），张书才主编：《雍正朝汉文朱批奏折汇编》第九辑，南京：江苏古籍出版社，1989年，第236页。

②《云贵广西总督臣鄂尔泰谨奏：为钦奉上谕事》（雍正八年十二月十七日），张书才主编：《雍正朝汉文朱批奏折汇编》第十九辑，南京：江苏古籍出版社，1989年，第666页。

③《云贵总督臣鄂尔泰谨奏：为复奏事》（雍正五年三月十二日），张书才主编：《雍正朝汉文朱批奏折汇编》第九辑，南京：江苏古籍出版社，1989年，第238页。

④《云贵总督臣鄂尔泰谨奏：为请旨事》（雍正六年六月十二日），张书才主编：《雍正朝汉文朱批奏折汇编》第十二辑，南京：江苏古籍出版社，1989年，第670页。

⑤《云贵广西总督臣鄂尔泰谨奏：为奏明事》（雍正七年正月二十五日），张书才主编：《雍正朝汉文朱批奏折汇编》第十四辑，南京：江苏古籍出版社，1989年，第448页。

第三，善后务要得人，雍正慎选得力流官对昭通进行治理。鄂尔泰言："至新定地方，流官最关紧要，自应拣调贤员，责成专理。"[①]虽然雍正对改土归流之地的流官按照以上原则选派，仍然不免出现失误，对乌蒙总兵刘起元的任用不当而导致乌蒙土司叛乱便是典型案例。雍正对乌蒙土司改土归流后复叛行为给予了比较公正的评价，认为虽然是由于土司的煽动引起，但他亦毫无偏袒地指出："实由总兵刘起元平日之激变，而乌蒙知府陈克复既不能抚辑，有不将地方情形预为报明。东川府知府罗得彦办理不善，以致一府头目全变。"[②]有鉴于此，在乌蒙土司的复叛被平定之后，雍正对流官之选派更加慎重。

第四，在改土归流地区推行内地的保甲制度，主张推行带有封建社会特性的同化与羁縻政策。鄂尔泰要求改土归流之土民宜从国制，并言"乌蒙之役，各土兵情愿剃头者又数千人，率皆出自本心，并非有所逼勒"，且将保甲制度中的"把目、火头之名自应改为里长、甲首"，命流官"大破因循苟且之习，力存委曲开导之意，则积久渐入"，时日一久，则与内地无异。[③]通过具有"连坐"性质的保甲制度来加强对百姓的监督，用汉地的风俗礼仪对少数民族地区实行文化同化，具有严重的落后性，研究者应引起注意并加以批判。

第五，恢复被战乱破坏的经济。无论战争正义与否，都会给经济带来巨大破坏。而昭通地区因多年战争，房舍大半毁于兵燹，田无遗谷，家无积粮，若不设法抚恤，百姓难以存活。云南督抚令地方官将躲避战争之夷民召回，如房屋烧毁无存折者，即按户发银，令其盖造草房居住，并将官兵所获牛只逐一分给。此举无疑取得了良好效果，仅一年时间，"所安插土著之残黎，招徕远方之农贾，凡归业远来者，已不下数万人"[④]，他们同当地的少数民族一起，为昭通的经济开发做出了贡献。

第六，再议乌蒙之归属。雍正五年（1727），因昭通两个土府初步平

---

① 《云贵总督臣鄂尔泰谨奏：为钦遵圣谕事》（雍正五年五月初十日），张书才主编：《雍正朝汉文朱批奏折汇编》第九辑，南京：江苏古籍出版社，1989 年，第 778 页。

② 《云南巡抚臣张允随谨奏：为恭报大捷，恢复乌蒙事》（雍正八年十月二十六日），张书才主编：《雍正朝汉文朱批奏折汇编》第十九辑，南京：江苏古籍出版社，1989 年，第 350 页。

③ 《云贵总督臣鄂尔泰谨奏：为复奏事》（雍正五年三月十二日），张书才主编：《雍正朝汉文朱批奏折汇编》第九辑，南京：江苏古籍出版社，1989 年，第 237 页。

④ 《云贵广西总督臣鄂尔泰谨奏：为荞自天生，虫为鸟食，天庥滋至，圣德靡涯事》（雍正九年八月初一日），张书才主编：《雍正朝汉文朱批奏折汇编》第二十辑，南京：江苏古籍出版社，1989 年，第 985 页。

定，镇雄地方交由云南管辖，已成定局，而乌蒙等地之归属尚不明确。鄂尔泰认为，永宁、乌蒙应酌量归属到不同省份。贵州永宁县系威宁府属，为黔蜀交界之地，两省边界所关，当日设县之意，愿以两省声息可通，犬牙相制。若以此县归川，则直至毕节县方有黔员，势必另立一县与川接壤，以清界限。此不独城池、学校、衙署、仓库皆须另建，即防汛亦须另增，似不若仍旧之为便也。至于乌蒙土府，亦不应归并威宁。①五月十日，云贵总督鄂尔泰在上疏时再次提及乌蒙之归属，清世宗阅之，夹批："乌蒙属滇，朕只谓前已有旨，是以后未言及。昨岳钟琪题留一理事同知，详察方知未曾明谕，已降旨属云南管辖，卿可一并委员料理。至于拣调各员，卿可于两省内拣选题补。"②自此，乌蒙归滇更无疑义。雍正九年（1731），又改乌蒙府为昭通府③，名称沿用至今。

自雍正时期至今已接近300年，改土归流已成历史烟云，然而其影响却绵延不绝，历代史家在此问题上见解纷纭，论著迭出。雍正朝在昭通地区的改土归流为中国土司史上不可或缺的一页，对昭通少数民族地区的政治格局、生产方式、社会结构、风俗习惯、民族融合等都带来了深刻巨变，可以说昭通地区的改土归流是中国西南地区与内地一体化过程中的一个缩影，是昭通"国家化"的一个必经阶段。但是，雍正朝在昭通地区的改土归流亦存在着诸多缺憾。一方面，在中央王朝与土司武力对抗之时，大量无辜的百姓死于战乱，使得社会残破，经济萧条，民不聊生。虽然这些缺憾皆为历代战争在所难免，依然不得不为史家所悲叹。另一方面，为了维护统治，清朝政府在改土归流地区推行风俗同化与羁縻政策，实在难以洗去封建制度落后的烙印，具有很大的消极作用。

第四节　雍正朝对云南保甲制度的改革

保甲制度由来已久，经历代各朝不断改进，才演化为清代的保甲之法。保甲于中国内地行之，效果颇为明显，然而云南远在极边，寸步皆山，民族

① 《云贵总督臣鄂尔泰谨奏：为复奏事》（雍正五年三月十二日），张书才主编：《雍正朝汉文朱批奏折汇编》第九辑，南京：江苏古籍出版社，1989年，第237页。
② 《云贵总督臣鄂尔泰谨奏：为钦遵圣谕事》（雍正五年五月初十日），张书才主编：《雍正朝汉文朱批奏折汇编》第九辑，南京：江苏古籍出版社，1989年，第779页。
③ 有史料载乌蒙府改名为昭通府之时间为雍正五年（1727），甚为错误。

杂居，风俗与内地迥异，清初保甲制度的推行在云南遇到了各种阻力，康熙朝虽然力行保甲，但最终成为具文，后经过雍正朝的改革，保甲制度才得以在云南各地推行，乾隆朝又在雍正朝的基础之上对保甲制度进行了完善，从而使得云南与内地一体化程度更加深入。然而，有关云南保甲制度的专门研究尚不多见，目前关于保甲制度的研究多是从全国的角度进行的，而云南由于地形、民族习俗等原因，其保甲制度与内地有所不同，笔者特撰此节内容，以求方家指正。

一、康熙朝对云南保甲制度的初步推行

清世祖入关之时，便有“编置户口牌甲之令”[①]。当时清军尚未进入云南，保甲制度也便不曾在云南推行。顺治十六年（1659），清军开始进入云南，至康熙元年（1662）时，清朝才平定南明政权。随后吴三桂控制云南长达20余年之久，保甲制度一直是一纸空文。

吴三桂覆灭之后，蔡毓荣调任云贵总督，清朝政府方才开始对云南的正式治理。蔡毓荣上任之初，看到云南社会战乱之后的破败景象，便撰《筹滇十疏》，其中就有在云南设立保甲的提议。为缉拿吴三桂的余党和潜逃在云南的八旗兵丁，蔡毓荣提出：“行各有司编立保甲，按户挨查，虽在穷谷深山，亦无不入牌甲之烟户”。可见在康熙二十年（1681）时清朝政府就准备把保甲制度推行到云南的偏远之地。蔡毓荣在《筹滇十疏》中表示，土司辖地“既无保甲可以稽查，更无塘汛为之盘诘”，易使吴氏余党等叛逃人员与土司互相勾结，为云南的社会稳定埋下祸根。[②]为了快速稳定云南的社会秩序，建立比较严密的防控体系，严查吴氏余党，蔡毓荣强调在云南务以实心而行实政，应从十个方面着手，其一便是“严保甲”。清朝政府虽饬命相关机构对叛逃人员进行严查，然而尤恐奉行不善，反以累民虚报，为靖逋逃，弭盗贼，提倡在云南严行保甲，并认为“严保甲”等十事在腹地可以缓行，然而在边疆则最为亟切。[③]康熙朝在云南推行的保甲制度主要是为“靖逋逃”而设，目的是快速稳定云南多年战乱后的社会秩序，加上云南民族杂

① （清）赵尔巽等：《清史稿·食货一·户口与田制》卷120，方国瑜主编：《云南史料丛刊》第7卷，昆明：云南大学出版社，2001年，第377页。
② （清）蔡毓荣：《筹滇十疏·第三疏》。方国瑜主编：《云南史料丛刊》第8卷，昆明：云南大学出版社，2001年，第428页。
③ （清）蔡毓荣：《筹滇十疏·第九疏》。方国瑜主编：《云南史料丛刊》第8卷，昆明：云南大学出版社，2001年，第436—438页。

居，多为土司辖地。因此，康熙朝在云南推行保甲制度的力度并不彻底，只是一种初步的应急措施。云南社会一旦恢复稳定，吴氏余党再无反叛可能，保甲制度便流于形式，也就有了大力改革的清世宗在云南再次创设并改革保甲制度的行动。

二、雍正朝对云南保甲制度的改革

为了加强对云南社会的管控力度，雍正元年（1723）十二月，杨名时接到朱谕，清世宗命其在云南"设立保甲、稽察营兵胥役、查拿刀棍"等事。[①]杨名时于雍正二年（1724）九月上疏言"设立保甲、均平丁差等事"为"绝无纷扰，不事缘饰虚名，俾民实受其益"的事情[②]，并于十一月上疏，将其在云南设立保甲之事详细奏报，即利用府州县各官进见的时机，传达清世宗弭盗安民的想法，并令各官"编立门派，十家为甲，十甲为保，互相稽察"，切戒在设立保甲时扰累百姓，应根据具体情况进行。因云南多夷倮村寨，且零星散居，难以十家、百家为限设立保甲，只可就近联络互查，因此把"简易便民"作为编制保甲的主要原则。在杨名时上疏之时，已有昆明县、安宁州、晋宁州、通海县、和曲州、罗平州、太和县、赵州、浪穹县、永平县、弥勒州、永北府、蒙化府十余州县编好保甲，这些州县相对云南其他州县而言，内地化程度较深，而内地化程度较浅的其他州县多在保甲制度的试行阶段。云南省城营伍亦编保甲，以便查察匪类，营官将弁专司其责。有兵民杂居之处，亦一例编入互查。杨名时云："嗣后盗贼可缉，游惰亦可稽，庶咸畏法知儆。"[③]雍正三年（1725）正月，云贵总督高其倬接清世宗命其在云南编设保甲的密谕后，也上疏奏报设立保甲的情况，言云南民杂倮夷，地多山箐，因此选择蒙化、和曲、安宁、陆凉、赵州、昆明、太和、浪穹、永平、通海十府州县，先令试行保甲，如果行之有益，再令各州县依照其法，次第实行，并说此举已取得成效，"比前少有约束，民亦无不便之处"，因此等至秋冬，再令未举行各州县酌量举行。此外，元江、新平二处讨保之野贼，虽已剿除，彼地倮民染于故习，恐暗纠人众出外妄为，高其倬便令元江、新平江各村寨，仿照保甲制度，编开人户口数，令地方官于九、

---

① 张书才主编：《雍正朝汉文朱批奏折汇编》第4册，南京：江苏古籍出版社，1989年，第13页。
② 张书才主编：《雍正朝汉文朱批奏折汇编》第3册，南京：江苏古籍出版社，1989年，第572页。
③ 张书才主编：《雍正朝汉文朱批奏折汇编》第4册，南京：江苏古籍出版社，1989年，第14页。

十、十一、十二等月，不时巡查，以杜奸宄。①

云南保甲在康熙时期便初步推行，雍正元年（1723）亦择十余州县试行，但直至雍正四年（1726），保甲制度在云南尤其是土司辖地依然流于形式。雍正四年（1726）时，因对“土司之考成不严，则命盗之案卷日积”，大凡杀人劫财者，皆系苗倮，缉捕之时，便潜匿于土司寨中，流官对其束手无策。高其倬云：“所以清盗之源者，莫善于保甲之法。”于是他与总督杨名时、巡抚何世璂熟商酌议，拟立设置保甲规条，行之于云贵两省。根据保甲之法，旧时以十户为率，然而云贵两省土苗杂处，户多散居，保甲之不行，多主此议。为减少命盗案件的发生，雍正朝根据云贵两省的具体情况，对保甲制度进行了改造与变通，规定除生苗外，无论民夷，凡自三户起，皆可编为一甲，其不及三户者，令其迁至附近地方，毋许独住，要逐村清理，逐户稽查，责在乡保、甲长，一遇有事，罚先及之，一家被盗，一村干连。乡保、甲长不能觉察，左邻右舍不能救护，各皆酌拟，无所逃罪。此法一行，则盗贼来时，合村百姓鸣锣呐喊，互相守望，互相救护，即有凶狠之盗不可敌当，而看其来踪，尾其去路，尽力跟寻访缉，应亦无所逃。②至雍正五年正月时，云南的保甲制度已经开始推行到除生苗以外的地区，雍正朝对云南社会的治理力度日益增强，且深入到土司辖地，也为其在云南的改土归流打下了一定基础，并成为改土归流后的一种重要的善后措施。鄂尔泰曾云：“保甲之法已行，则乡保、头人自应稽查地方，邻佑自应首告，使皆各有责成，违者并坐。”③至此保甲制度成为云南各地的一项常设制度。

雍正朝在云南推行的保甲制度是根据云南的情况因地制宜，具有云南特色，与内地多有不同。内地多为汉人聚居，保甲制度为“十户为一甲，十甲为一保”的方式，而云南寸步皆山，夷多汉少，零散杂居，且有许多土司存在，不能严格地将内地的保甲制度照搬到云南。雍正朝能够看到云南地理、人文等方面的复杂性与特殊性，因地制宜，适当调整保甲制度，凡自三户起，皆可编为一甲，不及三户者，令其迁到附近地方编入保甲，从而保证了对云南社会的牢固控制。雍正朝尤恐保甲制度在推行过程中出现问题，在雍正元年（1723）先择昆明等十余州县试行，行之无误后，再令其余各州县次

① 张书才主编：《雍正朝汉文朱批奏折汇编》第4册，南京：江苏古籍出版社，1989年，第364页。
② 张书才主编：《雍正朝汉文朱批奏折汇编》第7册，南京：江苏古籍出版社，1989年，第851—852页。
③ 张书才主编：《雍正朝汉文朱批奏折汇编》第8册，南京：江苏古籍出版社，1989年，第926页。

第实行，其谨慎态度反映出雍正朝对云南省情认识与治理的逐渐深入，也为乾隆朝进一步发展与完善云南的保甲制度起到了前期的开拓奠基作用。

三、乾隆朝对云南保甲制度的完善

乾隆时期，云南社会出现了新的问题，新的问题又推动着乾隆朝对云南的保甲制度进行改革与完善。乾隆四年（1739），刑部侍郎钟保于办理刑名事务中发现，各省唯命、盗二案最多。命案除故意谋杀之外，其余多“因田产、钱债微嫌起衅”，斗殴引起，向州县控告时，州县“不行准理，或拘审迟延不结，抑或词断未尽平允”，以致百姓心怀不平，一时冲动，酿成人命。盗贼本属匪类，其平素行踪，乡里易于知觉，行劫之时，必有聚集之所。但百姓因此必会得罪同乡之人，又怕报复，明知匪类，往往隐忍不言。而各省地方官负责命、盗案件，只是追究主犯，从不查阅保甲，是以保甲之法空徒设置，有名无实。钟保认为保甲之法以十家为牌，只要一家窝贼，其余九家连坐。凡有素行不端之人，比邻而居的十户人家定能知道，一旦察觉，及时举报，必会减少命、盗案的发生，为至上至善的法律，提倡“力行保甲，实力稽查，以靖盗源”。时任云南巡抚的张允随闻之，建议减少命案应以雍正二年（1724）清世宗所颁谕旨中的方法来解决，即“将律载殴杀人命等条摘出疏解，详明通行各省，令地方有司刊刻，散布于乡村张挂，风雨损坏，仍复再颁，俾知警戒”。至于盗案，认为“弭盗之法莫善于保甲”，现在云南已经实力奉行，从不敢懈弛，并早有定例，且立法极为明备：凡牌头知有为盗之人，瞻徇隐匿者，杖八十；若牌头已于甲长、保正处首告，而不转首者，甲长减一等，保正减二等发落。又乾隆二年（1737）十一月，户部会议，复御史李贤经奏，牌头虽不知情，坐以不应轻律，笞四十；其甲长、保正，仍照不应轻律递减科罪。①

乾隆时期，保甲制度仍是维护云南社会稳定的一种主要手段，也是维护边境安全的一项重要制度。云南遇有边事期间，通过严查保甲防止中国边民进入邻国，以免发生事端。乾隆八年（1743），正逢安南动乱，云南广南土人多潜出中国，参与安南之事，云南督抚张允随则严饬地方文武督率防守边隘的弁兵实力巡查防堵，并责成流、土各官，将管内土民编立保甲，严加约

①《奏为遵旨奏议刑部侍郎臣钟保条奏杜命盗之源及力行保甲等事》（乾隆四年七月二十六日），档号：01-0035-024，缩微号：01-006-1291，中国第一历史档案馆藏。

束，时刻稽查，勿令潜出滋事。[①]“乾隆四十二年奏准：云南永昌之潞江、顺宁之缅宁二处，系通达各边总汇，特派员弁专司稽查，遇有江楚客民，即驱令北回。其向来居住近边之人，或耕或贩，查明男妇户口，照内地保甲例编造册档，并严禁与附近摆夷结亲。如有进关回籍等事，报官给票，关口验明放行，回滇时仍验票放出。若无印票，概不准藉词出外。各员弁混放偷漏，查明参处。至沿边各处本籍民人，保甲亦应严为稽核，毋许混匿江楚客民，查出从严惩治。”[②]

乾隆朝还通过保甲制度维护社会风气。乾隆九年（1744），清高宗命各省奏报教养成效之事，张允随于上疏中多次责令地方相关部门“力行保甲，严密稽查”，严厉打击盗贼、赌博、斗殴、娼妓四恶等[③]，以使滇民遵守法纪，革心向化。乾隆朝还通过保甲制度查办各种案件。乾隆十八年（1753），清高宗命各省查办传抄伪稿之案，云南督抚便“令于城市、乡村严查保甲，责令举保，以杜容隐”，并在一切关隘严行盘诘，以期尽快破案。[④]

乾隆朝为继续加强对云南社会的深入治理，至乾隆二十二年（1757）时，政府对云南的保甲制度进行了更定：一是对于云南有土、汉交错居住的地方，一体编入保甲，其依山傍水自成村落者，令管事头目造册稽查。二是对于寺观的僧道，令僧纲、道纪按季册报，其各省回民，令礼拜寺掌教稽查。三是对于外来流丐，命保正督率丐头稽查，少壮者则解回原籍安插，其余归放栖流等所管束。[⑤]可见至乾隆时期，有关保甲的立法更加严密与翔实，符合云南夷汉杂居的特殊情形。

然而保甲制度的推行并未取得良好效果，乾隆二十三（1758）时，清高宗发现保甲制度在各省近乎沦为具文，且保长、甲长多“以市井无赖之徒充之，平时并不留心查察”，虽然督抚力行保甲之条，不过故套相沿，毫无裨益，特命各乡嗣后务宜慎重遵行，不得仍像从前一样玩忽职守。云贵总督爱

---

① 《云南总督兼管巡抚事臣张允随谨奏：为钦奉上谕事》（乾隆八年九月二十一日），《张允随奏稿》，云南大学图书馆藏。

② 《钦定大清会典事例・户部七・户口・保甲》卷158，方国瑜主编：《云南史料丛刊》第8卷，昆明：云南大学出版社，2001年，第178页。

③ 《为遵旨条对云南教养成效事》（乾隆九年十一月十六日），档号：01-0106-021，缩微号：01-017-0129，中国第一历史档案馆藏。

④ 《奏为钦奉训饬各省查办伪稿上谕并云南办理情形事》（乾隆十八年正月二十一日），档号：04-01-38-0040-017，缩微号：04-01-38-002-2172，中国第一历史档案馆藏。

⑤ （清）赵尔巽等：《清史稿・食货一・户口与田制》卷120，方国瑜主编：《云南史料丛刊》第7卷，昆明：云南大学出版社，2001年，第377页。

必达与云南巡抚刘藻接到旨令后，根据云南人口稀少、汉土杂居的特殊情形，对保甲制度的实施进行了详细分析并提出了解决方案。云南督抚认为："保甲之设，所以诘奸慝而安善良，实为吏治先务"，但云南地方有司"率多畏难苟安，不过给一牌造一册便为了事，兼之保甲长久，多以无赖滥充"，以致保甲制度竟形同虚设，加上云南地居边徼，其民风土俗与他省不同，不但汉民散居全省，不似内地百姓聚集成村落，且土民、土司之地更不宜推行保甲制度，因此在一省之中，保甲制度的办理情形很难统一。有鉴于此，爱必达与刘藻"俯察舆情，因地制宜，悉心筹酌"，制定了更加合理的保甲制度，这相对以前在云南推行的保甲制度又有了很大进步，日益符合云南土汉杂居、土流并存的地理、人文、政治的格局。此次保甲制度的具体内容总结如下。①

第一，土汉杂居的地方宜分别查编。云南土多汉少，对于在城镇与汉人参错居处的夷民，自应一体编入保甲之内，与汉民没有区别。但对居住于山谷中的土民，甚至在悬崖密箐搭寮而住的夷民，其服食起居均与汉人迥别，或耕或牧，随时迁徙，更无定居。此种夷人，言语不通，嗜欲不同，若必散给门牌，分编甲保，非徒无益，且非常不利于社会稳定。查土人之内，原设有火头、寨长、目老、叭目等职务，掌管夷人一切事物，与汉人之保长甲长无异。因此，应循其旧制，饬命该管事头目，将所辖户口、姓名、年貌等造具清册，一份送至州县，一份由该头目收存，凡有人员出入往来，迁移增减，即著该头目于册内随时填注，按季轮换，以备稽查。如土人内窝藏有来历不明之人，及容留汉奸潜匿者，命其赴官禀报，倘敢扶同徇隐，查出一并追究。其本有土司管辖之地，则令该土司查造清册送至官府。如此分别查办，不但于成例不悖，且和民情相安。

第二，沿边土司辖地宜专责约束。云南土民多有文武土司官员以及土舍、土目、土千把、掌寨等职管辖，其散居在各郡县者，应照前一条办理。唯沿边一带土司，界连外域，不便与内地一例编入保甲，应令沿边土司各就所辖土民，自行稽查约束，并将土民姓名、年龄等造册备查，送至当地知府保存，且令其于每季度末出具并无容留匪类、汉奸及外夷窜入的文书证明，呈报当地府州，并转送上级部门备查。

---

①《奏为遵旨酌定编审保甲、责成考核各条事》（乾隆二十三年五月二十八日），档号：0219-021，缩微号：01-032-0608，中国第一历史档案馆藏。

第三，矿厂区域的人员责成厂员稽查。云南地产五金，矿厂处处皆是，以汤丹、大碌两厂为最大，聚集有数万人，其余各厂自数千以至数百不等，“蜂屯蚁附，多系五方游守无籍之徒，矿旺则来，矿衰则散，东移西徙，最为藏奸，稽查之法宜较城市倍加严密”。对于厂地人员的管理，唯有责成厂员，严督课长，各将本名下所管嘈、炉房、各项人役逐一清查，开造姓名、年貌、籍贯清册，一送厂员，一存课长，再于一硐之内立一硐长，一炉之内立一炉头，将所用夫役不时留心稽查，有人员增减情况，随时报明课长，填注册内，每于月朔呈送厂员，循环轮换。其嘈硐、炉房之内如有奸匪混迹，隐匿不报，责任在硐长、炉头，如已报课长，而课长却不转报厂员，责任在课长。至于在矿厂区域开设铺面的商贾和从事肩挑背负等小本买卖的人员，无论系本省还是外省人氏，皆令每省各设立客长一二人，亦照前例，查造清册，一送厂员，一存客长，稽查填注，循环轮换。各个矿厂人员众多，地居偏僻之地，朝夕相处，很易管理，关键在于厂员能实力经营。对于未设厂员的矿区，因人员相对较少，则交由地方官吏管理。

第四，盐井区域人员的管理交由提举、大使负责。云南多产盐井，或崇山环抱，依井为庐，或大河中流，人居两岸，而盐井的户数自数百家至一千余家不等，凡领薪煎盐，俱有姓名簿籍可稽，一直设有灶头、课长、乡约、总保等职稽查。现应命井地专员逐一清编，但不必另立牌头、甲长等名目，而是以灶头为牌头，以课长为甲长，以总保、乡约为保长。对于在盐井经商的人员以及依山傍崖、零星居住的汉夷人等，虽非制盐的灶户，也应一体编入灶户办理。对于来去不定或从事小本买卖的人员，则令井员设立登记册，发给旅店，按日登记缴查。

第五，兵户也一体编入保甲。云南督抚两标一提督九镇以及各协各营，星罗棋布，散布于各州县，且兵户俱与民户参错而居。因为兵丁自有营官约束，无须编入保甲，以致家有兵丁的兵户有事，保长和甲长不能过问，不利于清朝对社会的管制。自今以后，除兵丁本人之外，应令兵户与民户一体编入保甲，严格清查社会管理的死角。

第六，流寓客民宜责成客长管束。清代云南多外来流民，凡江西、湖广、陕西、四川等省民人，散在各郡各县者人数颇多，其置有产业、娶有家室及虽无产业家室而在云南从事贸易者，应一体编入保甲，其余往来商贾及走厂人等，因踪迹不定，应各设客长一二人，不时查察，仍于寺庙、旅店颁发循环登记册，令其将姓名、籍贯、作何生理并同行伙伴何人、出入日期、往来地面逐一登注，交与客长，送官稽查，按月轮换。

第七，对出入国境的人员应给照出入。云南地接外域，一切食用货物，或由内地贩往，或自外地贩来，彼此相需，出入贸易，原属例所不禁，但中外各有界限，必须严格防范，若任中外人员自由往来，难免奸邪之徒混迹其中，不利于云南边疆稳定。嗣后凡赴外夷贸易者，悉令赴地方官禀明，给予印照，注明姓名、年貌、住址、货物及所往地方，行之守口汛卡，验照放行，按月造册，申报上司查考，其无照者一概不许出入。

第八，保甲编定之后要颁发律条。编制保甲，原为维护社会治安而设，“亦可禁民之不敢为非也”。但云南地处边疆，百姓对法令并不熟晓，且保长、甲长之职亦多流于形式，有应查而不查，应报而不报。因此，应将律例中容易触犯的各条法律逐一摘出，刊刻印刷，装订成册，饬地方官广行颁发，使保长、甲长平时互相劝勉，有违犯者随时报官，也可给云南夷汉民人以警示作用，令其安分守法，免陷刑狱。

第九，给牌造册的费用严禁让百姓负担。推行保甲制度，必定要查点户口，散给门牌，攒造册籍，需要一定费用，乡保胥役每每借此滋扰百姓，势所难免。因此在清查人员之时，应令州县自行办理，毋许将丝毫费用派累给百姓。应先广张告示，晓谕百姓，并饬该管知府密加督察，如有违反，定当严处。再者历来推行保甲制度，必须造册申送上司，所耗纸张既多，费用自然也成倍增长。建议此项册籍，只需存于州县，以备稽查，有人员的增删改动，应随时更换。勿再造册送交上机部门，以节省不必要的费用。

第十，门牌与保长、甲长等应按年定期更换。云南保甲门牌，历来有三年一换者，亦有五年一换者，其保长、甲长等职俱从未定有按年更换之期；而户口增删改动过多，时间一久，门牌与住户便不相符合。因此，嗣后门牌应定为一年一换；至牌头、甲长，应定为三年一换；保正统辖十甲，查察较难，应定为一年一换。凡遇更换之日，地方官察其有功无过者，要给予奖励。再牌头、甲长、保长等职，其职责为察缉奸匪，凡遇地方户婚、田土等事，一概不得横加干涉。

第十一，停止于农隙之时委派人员查点保甲的陋习。各处保甲，每于农隙之时又委派一些佐杂人员对编入保甲的人员查点一次。这些佐杂人员往素质不高，还会扰累百姓，毫无裨益。应命牧令于所辖之地不时巡历，顺带册籍，随时查点，而佐杂人员于农隙查点保甲的陋习应行禁止。

第十二，对保甲的考核方法由道、府负责。在编制保甲时，不实力奉行者，相关官吏要分别降调，给予严重处分。然而州县之内实心任事者并不多见，时间一久，或始勤而终怠，或阳奉而阴违。只有知府一官，对州县之事最为熟悉，且每因公务不时下县。应命知府携带保甲底册，随时稽查。再饬巡道，于巡查地方之时，亲诣各乡，细加核对，如果相关官吏办理保甲有条有理，尽心尽力，随时给予奖励。在官吏升调之时，把对保甲一事的办理作为一项重要衡量指标。至于督抚两司，亦应不定期选派人员前往抽查，既可查看州县之是否力行保甲，还可监督道、府有无欺上瞒下之事。

云南总督爱必达与云南巡抚刘藻认为以上各条“多就云南地方情形斟酌筹办，而最要者尤在慎选保长甲长，不使无赖应役”，当亲自督率大小官吏，实心实力，慎重遵行，永久勿懈。从乾隆二十三年（1758）所定条款来看，云南保甲制度的规定与实施完全根据云南不同于内地的特殊情形制定，能够做到因地制宜，因时而变。此次保甲制度的推行涉及地域广泛，土汉皆有，甚至对保长、甲长以及相关官吏的考核与奖惩都进行了极其详细和完备规定，反映出乾隆朝对云南的政治控制与社会治理已经日益接近于内地，云南与内地一体化的程度加深。

道光年间，在云南地方辽阔的深山密箐，未经开垦之区，多有湖南、湖北、四川、贵州贫穷民人前往搭窝棚居住，砍树烧山，种植玉米之类。此等流民，于开化、广南、普洱三府为最多，为严防滋生事端，清宣宗特命云南督抚将流民编入保甲。①云南总督伊里布与巡抚何煊遂对云南保甲一事进行彻查，除边夷不编保甲，分设头人约束外，但凡发现流民，则一律编入保甲。②可见这一时期云南基本沿袭了雍正朝与乾隆朝的做法，直至民国时期，云南保甲的编制方法与思想仍未超脱出清朝的范畴。

综上所述，清代云南的保甲制度主要经历了三个阶段的变化，反映了清朝对云南社会认识与治理的逐步深入，是云南与内地发展一体化过程的一个重要体现。首先，康熙朝在云南初步推行保甲制度，其目的主要是为了缉拿吴三桂的余部与逃匿的八旗兵丁，由于康熙朝对云南认识的粗浅而机械地把内地保甲制度应用于云南，势必使保甲制度在康熙时期成为一纸空文。其次，雍正朝逐渐认识到云南有着不同于内地的土汉杂居、土司众多的社会环境和复杂多样的地理环境，开始因地制宜，因时而变，将内地保甲制度适当

①《清实录·清宣宗实录》卷290道光十六年十月戊午条，北京：中华书局，1986年，第472页。

②《云贵总督伊里布、云南巡抚何煊合奏：遵旨稽查流民酌议章程》（道光十六年），方国瑜主编：《云南史料丛刊》第9卷，昆明：云南大学出版社，2001年，第12—14页。

地进行了修改，并尝试性地在一些州县推行，取得初步成效。最后，乾隆朝又在雍正朝的基础上，根据云南的特殊情形，对保甲制度做了进一步地完善，使保甲制度在云南全省得到广泛推行，有效地发挥了保甲制度在维护云南社会与边疆稳定中的作用。终清之世，云南的保甲制度再也没有发生过较大的变动。

第五节　雍正时期云南的交通开发

交通开发与社会治理的关系十分密切，尤其是对地处西南极边之地的云南来说，交通开发不但便于中央政府对云南的政治控制，更有利于密切云南与内地的联系，促进云南社会的发展，加速云南与内地的一体化进程。因此，交通开发是治理云南必不可少的一项重要内容。

清朝政府对云南交通的开发，始于“三藩之乱”结束以后。最初是在云南设置驿站，当时云南巡抚王继文奏称：“滇省驿设居崇山密箐，夫马奔驰较他省倍苦，而钱价又复甚贱，每钱一千，值银三钱不等，再赴蒙自局支领，往返跋涉，除驼运盘费算，领钱一千，只得银二钱有余，马匹无可喂养，夫役难支饘粥，此项工银，均属计口授食，请照兵饷之例发给全银。”[①]清圣祖降旨：“照银七钱三拨给。”自此驿困始苏。康熙朝的主要精力在于奠定四隅，对云南交通的开发力度不大，因此至雍正时期，云南交通依然极为不便，处处崇山峻岭，“水路不通，陆路甚险”[②]，往来贸易者非肩挑即马载，成本既多，获息甚微，以致商旅裹足不前，百货腾贵，雍正朝为发展云南经济，运送滇铜等矿产至内地，将交通开发作为云南急需治理的重点领域。

一、云南交通开发的时代背景

云南交通的落后与清朝对云南经济开发日益深入之间的矛盾促使雍正朝对交通的开发迫在眉睫。尹继善曾说：“滇省僻处边隅，不同舟楫，处处崇山峻岭，商旅难行，百货腾贵，是以开通河道甚关紧要。”[③]雍正朝为发展云

① （清）刘慰三：《滇南志略》，方国瑜主编：《云南史料丛刊》第13卷，昆明：云南大学出版社，2001年，第47页。

② 《云南巡抚管云贵总督事鄂尔泰奏：为恭谢圣恩，敬陈愚悃事》（雍正四年十一月十五日），张书才主编：《雍正朝汉文朱批奏折汇编》第8册，南京：江苏古籍出版社，1989年，第445页。

③ 《云贵广西总督尹继善奏：为滇粤全河告成事》（雍正十二年七月二十三日），张书才主编：《雍正朝汉文朱批奏折汇编》第26册，南京：江苏古籍出版社，1989年，第722页。

南经济，降低物价，把交通开发作为当时最重要的事情。雍正四年（1726），鄂尔泰任云贵广西总督，曾如是说："云贵远居天末，必须商贾流通，庶地方渐有生色。"而使商贾流通的最主要方式便是交通开发，密切云南与周边各省的经济联系，雍正朝对这一点是深有体会。鄂尔泰对开发云贵水陆交通一事是这样认为的："纵一时难措，而日积月累，未始不可以小济。……即迟至十年二十年，但能成事，实云贵永远之利也。"清世宗阅之，极力支持，朱批："见处信得，及便动数十万帑金何妨？朕不惜此等之费也。"[①]此时雍正已经深刻认识到开修交通的紧迫性与重要性，但限于时机不太成熟，雍正前期对云南乃至整个西南边疆交通的开发便显得有心无力。

改土归流推迟了雍正朝对云南交通的开发时间。清世宗继位之初，用时一年有余来清除异己，以巩固其帝位，随后进行了彰显史册的诸多重大改革，其中在西南地区最为重要的应当是改土归流。改土归流对清代西南地区交通的开发可谓是影响深远。前已述明，雍正四年（1726）时，雍正朝就已准备耗费巨帑开发云贵交通，但未付诸行动，根本原因便是雍正朝将主要精力用于改土归流，无暇顾及交通开发一事，因此，鄂尔泰"虽已遍访熟筹，思欲开修，而苗疆未靖，凶顽未除，虑有阻挠，故不得不缓待"，从中可以明确看出，雍正朝对云南交通的开发无疑是因改土归流而被迫推迟。在雍正七年（1729）时，云南仍然是崇山峻岭，鸟道羊肠，中通一线，"舟车之难至，致商贾之不前"的情形。[②]

改土归流又增加了雍正朝开发西南地区交通的紧迫性。改土归流实际上推动边疆与内地一体化的过程，从政治、经济、文化、军事等领域向曾经的土司辖地全方位推行内地的治理模式。若想让改土归流得以彻底推行，防止发生反复，只是简单的一张圣旨和相应的军事行动是达不到良好效果的，还必须有发达的交通线，只有通过发达的交通线把流官、军队、内地人口以及内地的政治、经济、文化模式迅速地而有力地推行到改土归流地区，才能保障改土归流善后事宜的顺利进行。雍正时期国家对云南的政治控制力度远远不如内地，很重要的一个原因就是交通不便，由此可见交通开发在改土归流过程中及结束以后的重要作用。雍正朝在西南地区改土归流的地域是非常广

① 《云南巡抚管云贵总督事鄂尔泰奏：为恭谢圣恩，敬陈愚悃事》（雍正四年十一月十五日），张书才主编：《雍正朝汉文朱批奏折汇编》第 8 辑，南京：江苏古籍出版社，1989 年，第 445 页。

② 《云贵广西总督鄂尔泰奏：为新开水道并兴修陆路事》（雍正七年六月十八日），《朱批谕旨》第 27 册，上海：点石斋，1887 年，第 58 页。

大的，而如此广大的地域改由朝廷直接选派流官治理，没有发达的交通线与之相适应，是很难将如此广大的改土归流地区牢固地控制在中央政权之下的。所以，从政治角度来看，为稳定改土归流地区的政局，雍正朝开发西南边疆交通一事变得更加迫切。从经济与文化的角度来看，雍正朝为推进西南边疆经济与文化的发展，无论改土归流地区还是非改土归流地区，都必须有发达的交通线连接内地，可以说是历史的发展要求促使西南边疆交通的开发提上议事日程。

雍正朝在西南边疆的改土归流对云南交通开发的影响是巨大的。改土归流以后，不但广设驿站，还开修通粤、黔、川的水陆交通，连接滇南边陲与省城的迤南大道就是在改土归流以后形成的，而乾隆年间为解决滇铜京运问题，甚至开修了包括金沙江在内的多条运铜道路。雍正时期的改土归流可以说是西南边疆交通开发的历史分界线，雍正朝对云南交通的开发便是在这种背景下出现在西南地区的历史舞台的。

雍正七年（1729）时，西南边疆的改土归流虽然还在继续，但雍正已经积累了较为丰富的经验，在改土归流中占据了主动地位，能够轻松地掌控改土归流地区的政治局势。在这种情况下，为了加强对西地区的治理，有关对云南交通的开发议题再一次提上日程。鄂尔泰云："边境之大防莫重于苗倮，而穷荒之大利莫急于舟车。"[①]他明确指出解决贫穷落后的根源在于开修交通，把西南边疆的经济发展与水陆交通的重要性紧密联系起来。鄂尔泰还分析了当时的西南政局，即"强梁者就擒，懦者归化，业已粗定，只须抚绥"，他认为此时为开发西南边疆交通的最好时机，并曰："若不及时兴举以计久长，恐日后不无懈驰，又将观望。"[②]从历史记载得知，鄂尔泰所言与事实并不相符，在雍正十三年（1735）时，云南南部的改土归流仍在继续，但从鄂尔泰的字里行间却可以看出，雍正朝对西南地区的交通开发不能再有所迟延，已是势在必行。

二、滇粤河道的开修与废弃

鄂尔泰对云南水路交通的开发筹划已久，在雍正六年（1728）冬月便已

① 《云贵广西总督鄂尔泰奏：为新开水道并兴修陆路事》（雍正七年六月十八日），《朱批谕旨》第27册，上海：点石斋，1887年，第58页。
② 《云贵广西总督鄂尔泰奏：为新开水道并兴修陆路事》（雍正七年六月十八日），《朱批谕旨》第27册，上海：点石斋，1887年，第58页。

开始估勘云南府之滇池、海口及金汁等六河，以及自阿迷州直达粤西大河等水道，以备开发水上交通，这便是开修滇粤河道的最初设想。清世宗对此事的支持程度无以复加，朱批："有何可谕？可谓超群拔类之办理，为从来封疆大臣未举之善政也。朕为滇南赤子曷胜庆幸！凡此等有利于地方民生之事，若有应动正项者，只管奏请，不可瞻顾，竭蹶从事。"[①]清世宗给鄂尔泰的巨大支持，令鄂尔泰伏读之下不胜踊跃，鄂尔泰于是竭心尽力，着手筹办滇粤河道的开修事宜。

雍正朝的一份奏折史料对滇粤河道的开修作了如下记载：雍正七年（1729）五月二十三日，云南广南府贾秉臣等奉委开河，沿江查勘，见流经阿迷州之河源发于澄江，而流达于粤闽，内有巨石间阻，叠滩陡险，贾秉臣等起初甚以为难，乃不数月而工已告竣。贾秉臣等人云："自阿迷州以下一千五百里，至剥隘之水道，已通八达河（今南盘江），而土黄[②]一百六十里之旱路亦修整平坦，可行车马，是不特东西两粤片帆可至，将来通商并可达吴楚。"鄂尔泰闻之，随即饬发滇、黔、粤三省地方官遍行晓谕，使各商贾知道往来云南贸易之便，以密切云南与他省的联系。开修滇粤河道所需的费用，鄂尔泰拟等广南府贾秉臣等开报到日，再及时照数捐补，且上一年剩余的养廉银尚有五六千两，也可以充用于此项工程。[③]

从以上史料仿佛可以得出结论，雍正七年（1729）滇粤河道已经开通，即使尚未开通，也已是问题不大。然而，事实并非如此。据雍正朝的另一份奏折史料记载，雍正九年（1731）七月，鄂尔泰离任回京，无人继续负责滇粤河道的开修事宜，以致"粤西属员怠顽因循，多称难于开浚，遂至彼此益生疑沮，委勘数年竟无定见"[④]。从这份奏折可以明确知道，鄂尔泰在任期间，滇粤河道并未开通，究竟是"粤西属员怠顽因循"，还是另有别情，实在是令人疑窦丛生。

后尹继善继任云贵广西总督，开修滇粤河道一事方得以继续。尹继善到

---

① 《云南总督鄂尔泰奏报滇省水利事宜折》（雍正七年二月二十四日），张书才主编：《雍正朝汉文朱批奏折汇编》第 14 辑，南京：江苏古籍出版社，1989 年，第 675 页；《云贵广西总督鄂尔泰奏：为新开水道并兴修陆路事》（雍正七年六月十八日），《朱批谕旨》第 27 册，上海：点石斋，1887 年，第 58 页。

② "土黄"在清代西隆州境内，当地土人传述，志书无考。

③ 《云贵广西总督鄂尔泰奏：为新开水道并兴修陆路事》（雍正七年六月十八日），《朱批谕旨》第 27 册，上海：点石斋，1887 年，第 59 页。

④ 《云贵广西总督尹继善奏：为滇粤全河告成事》（雍正十二年七月二十三日），张书才主编：《雍正朝汉文朱批奏折汇编》第 26 册，南京：江苏古籍出版社，1989 年，第 722 页。

任后，“备考图籍，密访情形，稔知此河水源长远，易于施工，据实估修，所费有限。”并引述鄂尔泰的观点：“此河若得开通，滇粤两省呼吸联络，招徕商贾，转运粮糈，实为万世攸赖，因于汇陈全滇水利疏内并请勘修”。于是遴委王廷琓前往确勘总理，又委粤省之泗城府（今广西凌云）知府张任、滇省之原任昭通府知府陈克复督，率各地方官协力分办，又于滇省司库官田变价项下拨银六千余两赍往，招募夫匠分段兴工，疏浚开修。计自雍正十一年（1733）十二月起，至雍正十二年（1734）五月，已将全河740余里全部开通。之后尹继善命人按照贵州、湖广滩河驾驶的麻阳船、鳅船式样造船在滇粤河道试行，往返无阻，并云：“现在广东之三板船已有载货前来沿河交易，嗣后四方商贾闻风奔凑，财货可以流通，且运铅运钱可省数百里之旱路，滇粤两省受益实多。”尹继善又命在沿河安设塘汛、建盖店房，以方便商旅往来。又饬命承修各官，俟水落之后，再将新修各项工程收拾完备，委员确勘，酌定岁修之例，务期工程永远牢固。尹继善还查实用过的工料银两造册报销，并将滇粤全河开修告成之事奏报清世宗。尹继善对开修滇粤河道的功绩极尽奉承之能事：“自开工以至竣工，河流平稳，天气晴明，人力易施，事半功倍，且匠夫数万一无伤损，实有默助成功。倘蒙皇上敕建河神祠宇，获从报享之典，则皇仁优渥宣播遐方，山川均被光华，边氓益增庆慰矣。”清世宗听后十分欣慰：“此举可嘉之至！其建立祠宇并祭祀典仪，交该部议奏矣。候旨遵行。”[①]至此，滇粤河道正式竣工，应当再无疑义。

雍正朝开修的滇粤河道的路线在史料中记载十分清楚，即发源于云南广南府之分水岭，流至土黄，合师宗州诸山之水，汇集成川，自土黄起，经西隆、西林、土富州、土田州诸境，过剥隘而至百色，共计700余里，可以直达两粤，旁通黔楚。[②]从雍正朝奏折的描述来看，滇粤河道的作用是不可估量的，可以称为连接滇、粤、闽、楚、吴的南方水上走廊，但实际情况并非如此，一是在各种史籍中，有关滇粤河道的记载不很多见，如果此河道作用明显，相关史料不会如此之少。二是根据奏折中所描述，滇粤河道开通后，“是不特东西两粤片帆可至，将来通商并可达吴楚”[③]，而事实并非如此，清

① 《云贵广西总督尹继善奏：为滇粤全河告成事》（雍正十二年七月二十三日），张书才主编：《雍正朝汉文朱批奏折汇编》第26册，南京：江苏古籍出版社，1989年，第723页。
② 《云贵广西总督尹继善奏：为滇粤全河告成事》（雍正十二年七月二十三日），张书才主编：《雍正朝汉文朱批奏折汇编》第26册，南京：江苏古籍出版社，1989年，第722页。
③ 《云贵广西总督鄂尔泰奏：为新开水道并兴修陆路事》（雍正七年六月十八日），《朱批谕旨》第27册，上海：点石斋，1887年，第59页。

代滇粤河道沿线的经济并未得到很大发展，即使有所发展，也绝非如奏折中所述之夸张。这项规模如此宏大的水利工程为何在史籍中少有记载，着实令人迷惑不解。

查阅各种史学典籍，笔者在《正续云南备征志》中发现这样一段史料：

总督鄂尔泰请拨帑开水路达粤西。时以云南之水可达黔、粤、江、楚，而人不加功，遂失舟楫之利，以是庶司百职事群起而言疏凿矣。上穷碧落，下及黄泉，人人以为禹、益之功可以立就，于是当事择其尤者先行之，拟自阿迷州盘江达罗平州八达河，逾陆一百六十里，至西隆州土黄地方，复登舟至剥隘，转百色，达粤西左江，奏请发帑开修，从之。数年，卒不克成。盖此水则牂牁，其间险滩四五十处，夷民之坝水而资灌者亦四五百处。又迂回曲折，虽千盘而行不数里，且平常水浅浅耳，枯枝犹胶。及时雨既至，百川灌河，则滔滔建翎，若万仞之源，自天而下，虽铁船亦碎矣。昔汉光武时，牂牁大姓龙、傅、董、尹氏奉贡京师，皆陆至广南，乃系水道入番禺江，此即今系剥隘、百色至广东之水路也。假令广南以上之水可以行，即当时已行之矣。往闻委员开修时，所费甚巨，而夫役之死于压者，死于瘴者，死于病者，殆以万计而不止，而死于溺者亦时有之。①

从上述史料可以看出，滇粤河道的开修其实是一场劳民伤财的无用工程，根本未起到云贵广西总督鄂尔泰与尹继善所吹捧的巨大作用。在滇粤河道方案提议之初，雍正朝主事官吏未经详细考察，便群起而附和，投入大量经费与精力去开修一条不可能开通的河道，一方面反映出雍正朝拓力改革的决心与当时改革氛围的浓厚；另一方面也反映出清代官场唯命是从、欺上瞒下、不切实际的浮躁风气。这也能说明在开修滇粤河道时，粤西属员并非是“怠顽因循”，而是河道确实“难于开浚”，以致工程进展缓慢，长达五年之久，过不在粤西属员，而在于云贵广西总督是也。云贵广西总督尹继善在给清世宗的奏折中还大言不惭地说：“随照贵州、湖广滩河驾驶之麻阳船、鳅船式样成造试行，往返无阻，现在广东之三板船已有载货前来沿河交易。”这些话实在是令人费解，从云南阿迷州南盘江至剥隘之间的路程，除一段陆路之外，水路很难通行，至今依然如此，何以麻阳船、鳅船能“往返无阻”，唯一的解释便是尹继善等渎职欺君，罪不可赦。但是，在滇粤河道开

① 李春龙、刘景毛主编：《正续云南备征志精选点校》，昆明：云南民族出版社，2000 年，第 152 页。

通的第二年，清世宗就与世长辞，滇粤河道一事再也无人追究。

滇粤河道竣工之后，清朝政府也曾试图通过此条河道运送京钱。雍正十二年（1734）七月二十四日，云南巡抚张允随奏报，拟通过滇粤河道运送京钱，大意如下：因云南省城、临安两处鼓铸局至永宁旱路的甚远，东川虽道路较近，但一切油、米、食物昂贵，止可分铸运陕钱文，难以加增炉座。而云南广西府至西隆州属之土黄水旱程途共计 580 里，内自府城旱程一日至师宗州之飞塘，由飞塘下船，顺水二日可至八达，由八达旱路，三日可至土黄，由土黄下船直达两粤，通行吴楚。所铸出钱文即可从此运送，且广西府与罗平州铅厂甚近，而运铜到彼亦与省城道路相等，油、米、物料采办皆易，若于广府建局鼓铸，帑项既可节省，而运送亦甚便捷。[①]可见滇粤河道竣工之初，清朝政府对这条线路是十分重视的，且通过这条线路运送京钱应该有过几年时间，只是时间不长，发现滇粤河道实在无法通行，便废弃不用。

至乾隆三年（1738）时，云南督抚还拟通过滇粤河道运送京钱，即自广西府陆运，历师宗州属飞塘河道至广所属之八达，陆路至土黄新开河道以至汉口。然而，从云南广西府之南盘江至剥隘的河道根本无法通行，虽然“改由广西府城陆运到广南府属板蚌[②]地方下船，出西洋江口，与土黄大河会合，直达粤西之百色”。但自板蚌至百色水路山溪曲折，难容大舟，“止用本地小船，每船止装钱一百余串，轮流运送，共需三千余只，且招募夷民驾驶”，一旦遇到山水涨发，只有船毁钱沉。而广西府城至板蚌的陆路，俱系崇山峻岭、鸟道羊肠，交通同样十分不便，“以遐方荒僻之区，骤用牛、马、人夫、船只至千万之多，雇募已难，且遇山水陡发、农忙瘴盛之时，既不便停滞中途，又不能克期运竣，病故、逃亡均所不免”[③]，无奈之下，清朝政府只好在乾隆四年（1739）三月将云南省广西府钱局关闭。[④]滇粤河道

① 《云南巡抚臣张允随谨奏：为奏明委勘鼓铸，地方运道便捷，以节国帑事》（雍正十二年七月二十四日），张书才主编：《雍正朝汉文朱批奏折汇编》第 26 册，南京：江苏古籍出版社，1989 年，第 729 页。

② 板蚌，今云南广南县板蚌乡。

③ 《署理云南总督云南巡抚臣张允随谨奏：为京钱初运已竣，据实奏明，仰请圣恩敕停鼓铸事》（乾隆三年二月十二日），方国瑜主编：《云南史料丛刊》第 8 卷《张允随奏稿》，昆明：云南大学出版社，2001 年，第 570 页。

④ 《署理云南总督云南巡抚臣张允随谨奏：为京钱初运已竣，据实奏明，仰请圣恩敕停鼓铸事》（乾隆三年二月十二日），方国瑜主编：《云南史料丛刊》第 8 卷《张允随奏稿》，昆明：云南大学出版社，2001 年，第 571 页。

自阿迷州到剥隘这一段也因此彻底废弃，而从云南剥隘至广西左江这一段水路却一直在使用。乾隆五十四年（1789）时，清朝仍然将京铜“运抵宝宁县属剥隘地方扫帮出境”①。

清朝对云南交通的开发是远超元明两代的，而雍正朝的改土归流可以说是国家对西南边疆交通开发的一个历史转折点，滇粤河道便是在这种背景下开修的。然而，雍正朝对开修滇粤河道之事过于乐观，忽视西南地区特殊的地理因素，不经详虑便投入大量财力、物力、人力，惹出一场劳民伤财的闹剧，以致正史中讳于记载。若非清朝奏折遗留至今，真相很难大白于世。雍正朝拓力改革的魄力是非常值得褒奖的，但以云贵广西总督为首的官吏的不务实态度却给国家和百姓带来了重大损失，同样非常值得引以为戒。那么对开修滇粤河道一事进行深入分析，不难发现，这场历史闹剧产生的最终原因不得不归根于中国封建社会落后的缺乏民主思想的君主专制制度，如果封建王朝能够充分发扬民主，听从并调查粤西属员“难于开浚”的言论，而不是斥骂其“怠顽因循”，这场历史闹剧或许可以避免。

三、云南其他交通路线的开发

雍正朝先后尝试开修了云南至广西、贵州、四川的道路，除上述的滇粤河道外，还开修了其他交通道路。

清代云南交通线路的开修顺序不但与改土归流地域的先后有密切关系，还受西南地利的影响。鄂尔泰在奏折中说：“临安属之个旧、金钗坡等铜厂离燕磁硐不过百里余，自省城水路抵晋宁起岸至彼，亦不过三百里余，既与厂地相近，运发铜斤甚易，又离铸局不远，盘运钱文复可省，脚价似此便宜，水道所应急为开修者也。”②因此，雍正朝为把西南的铜、铅、钱币等尽快运至内地，重点开修了水路，即劳而无功的“滇粤河道”，而乾隆朝则重点开修金沙江水路。清朝虽然对陆路交通也进行了开修，但主要是对旧路进行疏通或扩建。

雍正十二年（1734），雍正朝开修了自云南省城至四川高县的陆路交通。雍正四年（1726）三月，清世宗就已有对昭通地区土司改土归流的想

---

①《云贵总督臣富纲、云南巡抚臣谭尚忠：奏报广西采买铜斤出境事》（乾隆五十四年八月二十六日），《宫中档乾隆朝奏折》第73辑，台北：“故宫博物院”，1982年，第306页。

②《云贵广西总督臣鄂尔泰谨奏：为奏明事》（雍正七年二月二十四日），张书才主编：《雍正朝汉文朱批奏折汇编》第14辑，第673页。

法，只是为了避免引起该地区动荡而不敢妄动。①随着事态发展，雍正发现对乌蒙、镇雄土司只能动用武力，鄂尔泰遂于雍正四年（1726）十二月命刘起元率军赴昭通地区改土归流，于雍正八年（1730）底基本结束，雍正九年（1731）改乌蒙府为昭通府。昭通地区改土归流三年之后，因生齿日繁，兵马众多，云南巡抚张允随认为："通商裕食实为要图，臣日切筹思，必道路便捷，水利通畅，始足以招商贾而兴农功"，于是开修了自云南省城至四川高县安宁桥之间的道路。当时四川高县安宁桥一带，"商贾辐辏，米价平减，盐布货物贸易颇多，"可缓解昭通物价昂贵之急。据史书记载，这条路线从云南省城出发，经沾益、宣威、威宁至昭通，再从昭通至镇雄州属之牛街，进而到达四川高县之安宁桥。开修此路之前，"自省至沾益路皆平坦，牛马车行无阻，惟沾益州属之松林驿起，历宣威、威宁以至昭通，道途险窄，商贾难行……而自安宁桥至昭通计程二十站，脚价甚重，是以百物至昭腾贵"，而且据昭通府属之镇雄州知州李至详称："自安宁桥至镇雄州属之牛街小路六站，自牛街到昭通小路七站，仅共一十三站，因年远废塞不通，若开修此路，较大路捷近七站。"②张允随闻之，当即拨银兴修，并于沿途设立塘汛、店房，拨兵招民住坐，以保行旅。使商贾贩运各物络绎赴昭，一切物价较之往年已减十分之二，而该州采办兵米亦即由此挽运，脚价亦较前节省。

此前，鄂尔泰拟开修从"嵩明州之河口，经寻甸、东川由牛栏江达金沙江，周环川江，复抵昭通"的水道，鄂尔泰说："虽工程不易，亦人力所能。现委试用知县以下赵世纶等备细估勘，绘图覆夺，若得川粤江河舟通滇会，则片帆可达吴楚，又不止寻常水利事矣。"③鄂尔泰的雄心壮志是值得嘉许的，且受到了清世宗的高度赞扬，但其忽略现实而过于乐观的臆想行为注定了"川粤江河舟通滇会"的想法成为泡影。后鄂尔泰调离云贵，张允随任云南巡抚，又奏请开修自嵩明杨林经河口、牛栏江、东川抵金沙江，最后至昭通的通川河道，并云："如此开浚，庶将来商旅得免跋涉之劳，货物省驼

---

① 《云南巡抚管云贵总督事臣鄂尔泰谨奏：为敬陈东川事宜，仰祈圣裁事》（雍正四年三月二十日），张书才主编：《雍正朝汉文朱批奏折汇编》第 7 辑，南京：江苏古籍出版社，1989 年，第 13 页。

② 《云南巡抚张允随奏：为恭奏开修昭郡道路工竣，再请疏开水利，以便商农，以益兵民事》（雍正十二年五月二十七日），张书才主编：《雍正朝汉文朱批奏折汇编》第 26 册，南京：江苏古籍出版社，1989 年，第 440—441 页。

③ 《少保、兵部尚书兼都察院右副督御史、总督云南、贵州、广西三省等处地方军务兼理粮饷、世袭三等阿思哈尼哈番加十二级、纪录二次臣鄂尔泰谨奏：为全滇水利已未兴修，汇叙陈明，仰祈睿鉴事》，《皇清奏议》"汇叙全滇水利情形疏"，日期不详；雍正《云南通志》以"兴修水利疏"名。

运之费，米粮通行，安澜致庆，实万世永赖之利。”清世宗阅之，远不如支持鄂尔泰那般态度，朱批曰：“好。但此等事，若非深知灼见，不可草率举行，恐徒浪费，复恐为地方年年开浚之累，勉强遮掩粉饰，则无益也。若鄂尔泰之慎重才识，朕实信得。及至于汝等，朕实不敢言其必可行之举也，详慎为之。”[①]清世宗对鄂尔泰之宠信可见一斑。据《张允随奏稿》记载，通川河道有两条，系鄂尔泰与张允随陆续兴修，并投入使用，“一自昭通府北境大关之盐井渡以抵川江，一自永善县之黄草坪以抵副官村，与川省之马湖府川江会合”[②]。

雍正朝不但重视水路交通的开发，还着力开发陆路交通，开修了昭通至四川的道路。昭通在改土归流之后，安定日久，人口繁盛，兵马众多，为加强昭通与腹地之联系，通商裕食实为要图，张允随认为：“必道路便捷，水利通畅，始足以招商贾而兴农功。”经查勘，得知从云南省城至沾益路皆很平坦，牛马车行无阻。惟自沾益州属之松林驿起，历宣威、威宁以至昭通，道途险窄，商贾难行，张允随当即拨款，将松林至昭通的道路修通。又查四川高县之安宁桥一带，商贾辐辏，米价平减，盐布货物贸易颇多。而自安宁桥至昭通计程二十站，因年远废塞不通，运费甚重，是以货物至昭通后腾贵。张允随亦立刻着手开修此路，使得从安宁桥至昭通的道路省去七站；道路开通之后，又于沿途设立塘汛、店房，拨兵招民驻坐，以保行旅安全。此举收效甚好，四川商贾贩运各物络绎赴至昭通，一切物价较之往年降低十分之二，而昭通州采办兵米亦由此运送，脚价亦较先前节省许多。[③]

雍正朝存在时间虽短，却开启了一个承上启下的时代，其在西南地区的主要精力用于改土归流，然后才是开发交通、兴办矿业等事，不难看出，交通开发同样是一项承上启下的治边大业，既以改土归流为前提，又为以后云南及至整个西南边疆与内地在政治、经济、文化等领域的交流提供了便利。雍正朝是一个魄力十足、勇于改革的王朝，不但在改土归流中表现得非常明显，在西南边疆交通的开发过程中也多有体现，这一点使得雍正朝在开发西

① 《云南巡抚臣张允随谨奏：为奏明开浚通川河道事》（雍正九年十一月十二日），方国瑜主编：《云南史料丛刊》第 8 卷《张允随奏稿》，昆明：云南大学出版社，2001 年，第 531 页。

② 《署理云南总督云南巡抚臣张允随谨奏：为备陈滇省水利情形，请定官民疏浚之例，以重岁修事》（乾隆二年闰九月十九日），方国瑜主编：《云南史料丛刊》第 8 卷《张允随奏稿》，昆明：云南大学出版社，2001 年，第 563 页。

③ 《云南巡抚张允随奏：为恭奏开修昭郡道路工竣，再请疏开水利，以便商农，以益兵民事》（雍正十二年五月二十七日），张书才主编：《雍正朝汉文朱批奏折汇编》第 26 册，南京：江苏古籍出版社，1989 年，第 440—441 页。

南边疆的交通中成功与失败并存。此外，雍正朝的大部分时间是通过改土归流对云南社会尤其是边疆民族地区进行重大的社会变革，使边疆与内地一体化，因此用于对云南交通开发的时间并不太多。当雍正朝在云南大规模的改土归流趋于尾声，开始对集中全力治理云南社会、开发交通之时，清世宗突然离世，使得雍正朝的存在过于短命，其诸多社会治理思想无法施展，在云南进行的各项改革完成得并不彻底，于是便有了乾隆朝对云南开发和治理政策的继续深化与完善。

四、乾隆朝开修云南边疆交通的承续

西南边疆交通的开发促进了云南矿业的迅速发展，云南的各种矿产通过新开发的交通线路运至全国各地。比如云南至四川的交通线使东川鼓铸业迅速兴起，所铸运陕钱文，可沿云南至四川交通线运送，节省不少工本和运费。[①]鉴于“滇粤河道”的“开通”，云南督抚又“于广西府城建局，设炉九十四座，每年鼓铸钱三十四万四千余串，由广南一带新开河道，经历粤西、湖南、湖北等省转运至京。”[②]类似的记载在清朝奏折中是很多的。由于云南给清朝政府带来的巨大利益，清高宗继位后，很大程度上沿袭了雍正朝治理西南边疆的思想和政策，其中之一就是继续大力开发云南的交通线路。

乾隆朝同样注重云南的交通开发，着重开修了自云南东川府至四川泸州的滇川河道，这条河道其实也包括一部分旱路。乾隆二年（1737）四月，清高宗令云南总督尹继善“悉心筹划通粤、通川水利，及时兴修，要须因地制宜，事可谋成，断不应惜费。如难奏效，亦不必强作。”云南督抚亦考虑将四川盐米运至云南，将云南铜铅等物运至四川，实现滇川两省舟楫相通，食货转运，于是派昭通镇标游击韩杰招募谙练水手，打造小船，并编木筏，雇带石匠、画工，选领弁目，酌给盘费，查勘通川河道。乾隆五年（1740）闰六月云南督抚将查勘情况上报。[③]

① 《云南巡抚臣张允随谨奏：为奏闻事》（雍正十二年七月二十四日），张书才主编：《雍正朝汉文朱批奏折汇编》第26册，南京：江苏古籍出版社，1989年，第730—731页；方国瑜主编：《云南史料丛刊》第8卷《张允随奏稿》，昆明：云南大学出版社，2001年，第541—542页。

② 《署理云南总督云南巡抚臣张允随谨奏：为京钱初运已竣，据实奏明，仰请圣恩敕停鼓铸事》（乾隆三年二月十二日），方国瑜主编：《云南史料丛刊》第8卷，昆明：云南大学出版社，2001年，第569页。

③ 《奏为详陈酌筹开修通川河道水利情形事》，档号：30-0341-002，缩微号：30-021-2713，中国第一历史档案馆藏。

滇川河道的其中一段便是金沙江水路。关于金沙江水路的开修，已有学者做过研究，但对具体的开修过程依然多有叙述不详之处。云南督抚自乾隆五年（1740）十一月起，先将金沙厂以上至小江口一带水势滩形一面查勘，一面试修。因上游各滩查勘需时，而各处夫匠亦难克期调集，始于当年二月兴工，计陆续试修蜈蚣岭、安吉等十滩，旋因水涨瘴发，于是停工。张允随悉心筹酌，将开修金沙江水路分上、下两游办理，以节省时日。自小江口至金沙厂六百七十三里为上游，自金沙厂至新开滩六百四十六里为下游。上游一带工程饬交原委查勘之道府宋寿图、陈克复总理承修，曲靖府知府董廷扬，同原勘之游击韩杰总理下游承修事务。清高宗对此还是比较支持的，朱批："虽费帑金，将来必收其利。"[①]乾隆六年（1741）十月十九日，水路上游图册已经绘制完成，张允随已派专员前往上游一带按图逐加核对，俟下游勘毕，再将全江滩形、工费一并造册，恭呈清高宗。[②]至乾隆七年（1742）二月，金沙水路"惟大关所属之黄角槽、龙门石、大石、新滩、离梯埂、打扒沱新滩、碛石、灶孔、大白龙及川省之九龙滩、马三挡、串龙门等十一滩，水势陡险"外，其余河段已基本修通。[③]然而金沙江滩险水急，开修一事远非云南督抚所想象之容易，清高宗于是"著川陕督臣尹继善与臣（张允随）会同都统臣新柱"三人觌面会商。[④]会商结果是"上游蜈蚣岭等各险滩非人力所能开凿"，只得"改修旱路"[⑤]。据署云南总督云南巡抚张允随的奏疏记载，乾隆七年（1742）十一月十七日"试运京铜既已全数运抵泸州，则是河道通顺著有成效"[⑥]。但这并不能说明金沙江通川河道已然完成，"乾隆

① 《署云南总督云南巡抚臣张允随谨奏：为奏明筹办开凿金沙江上、下两游工程事宜，仰祈睿鉴事》（乾隆六年八月初六日），方国瑜主编：《云南史料丛刊》第8卷《张允随奏稿》，昆明：云南大学出版社，2001年，第609页。

② 《署云南总督云南巡抚臣张允随谨奏：为奏明事》（乾隆六年十月十九日），方国瑜主编：《云南史料丛刊》第8卷《张允随奏稿》，昆明：云南大学出版社，2001年，第617页。

③ 《署云南总督云南巡抚臣张允随谨奏：为奏明增修新疆河道、陆路，以通商旅，以裕兵民事》（乾隆七年二月十七日），方国瑜主编：《云南史料丛刊》第8卷，昆明：云南大学出版社，2001年，第621页。

④ 《署云南总督云南巡抚张允随谨奏：为恭报微臣遵旨起程前赴金江，会同相度机宜事》（乾隆七年七月十五日），方国瑜主编：《云南史料丛刊》第8卷《张允随奏稿》，昆明：云南大学出版社，2001年，第637页。

⑤ 《署云南总督云南巡抚张允随谨奏：为奏明遵旨会勘，酌议具奏事》（乾隆七年十月初二日），方国瑜主编：《云南史料丛刊》第8卷《张允随奏稿》，昆明：云南大学出版社，2001年，第640页。

⑥ 《署云南总督云南巡抚张允随谨奏：为奏明试修大关河道，京铜运行无阻，请借项兴修，以利新疆事》（乾隆七年十一月十七日），方国瑜：《云南史料丛刊》第8卷《张允随奏稿》，昆明：云南大学出版社，2001年，第643页。

八年三月止，上游各滩业已疏凿完竣，试运京铜安稳无虞，今冬即应开修下游。”至乾隆九年（1744）正月，下游六十四滩两岸高低纤路及各险滩盘路才开修完竣，“买运川米船只及客商贩运盐米货船沂流上运者源源不断，舟人牵挽得力，并无损失疏虞，莫不欢呼踊跃，感诵皇仁。”金沙江上游开修完成后，铜运“自上年冬季由汤丹厂小江口开运起，至本年正月底，水运至绿草滩者共六十六万一千余斤，又自横木滩开运起，水运至河口滩者共十万斤有零。”[①]乾隆十年（1745）五月，张允随才正式奏报金沙江下游工程完竣。[②]当然，金沙江水路开修工程到此远未结束，后续还有一系列的“滩身船路及纤路、盘路均需修浚开凿”[③]。为保铜运畅通，乾隆朝还在金沙江沿线安设水站。

金沙江水路的开修，貌似起到了显著效果，据记载，“疏凿以来，川省商船可抵上游之滥田坝等处，是以昭、东两府米、盐价值渐平，铜运亦多节省”[④]。事实上，这段水路下游用于航运尚可，而上游却难以行舟，“自新开滩以上至黄草坪，尚属有益，其余上游四十余滩，实系难行。”张允随将“停开之十五滩冒昧奏请开修，以致糜（靡）费帑项，咎实难辞”，受到了其他大臣的弹劾与清高宗的惩戒。[⑤]

云南其他通川道路的开修也在同时进行。从乾隆六年（1741）至乾隆九年（1744），乾隆朝还开修了自滇省昭通府境内由盐井渡以达四川叙州府安边塘的河道。[⑥]西南边疆的交通虽然经过了大力开发，依然不能满足滇铜、黔铅等物产往内地输送之需，乾隆朝又拟开修其他道路。张允随听闻威宁转运京铜之鲁甸通判金文宗称：“查得四川叙州府珙县所属地方，有罗星渡河

---

①《奏为恭报开修金江下游工程情形并上游运铜数目事》，档号：01-0114-040，缩微号：01-018-0689，中国第一历史档案馆藏。

②《云南总督兼管巡抚事臣张允随谨奏：为恭报金江下游工程完竣，仰祈睿鉴事》（乾隆十年五月二十七日），方国瑜主编：《云南史料丛刊》第8卷《张允随奏稿》，昆明：云南大学出版社，2001年，第670—671页。

③《奏为接修金江下游滩工事》，档号：01-0114-038，缩微号：01-018-0674，中国第一历史档案馆藏。

④《云南总督兼管巡抚事臣张允随谨奏：为陈明金江铜运安设水站缘由事》（乾隆十四年四月初三日），方国瑜主编：《云南史料丛刊》第8卷《张允随奏稿》，昆明：云南大学出版社，2001年，第750页。

⑤《云贵总督臣张允随谨奏：为臣咎难宽，天恩罔极，恭折奏谢，俯沥愚忱事》（乾隆十四年八月十二日），方国瑜主编：《云南史料丛刊》第8卷《张允随奏稿》，昆明：云南大学出版社，2001年，第758页。

⑥《云南总督兼管巡抚事臣张允随谨奏：为恭报开修盐井渡通川河道工程完竣，铜运坦行，商货骈集，克收成效事》（乾隆九年十一月十六日），方国瑜主编：《云南史料丛刊》第8卷《张允随奏稿》，昆明：云南大学出版社，2001年，第665—666页。

一道，直通叙州府之南广洞，计水程五站，与镇雄州接壤，居民常以小舟逐段盘运货物，因水急滩高，重载难于上下，若将滩石加工修凿，自威宁至水次，可省陆路三站。请查勘开修，将一半铜一百五十八万二千八百六十斤，由此路运抵罗星渡，雇船运至南广，盘上大船，转运泸州，其余一半仍由威宁运抵永宁，则马匹往返迅速，脚价亦可少省。”①于是立即委派粮储道宫尔劝办理威宁分雇驮脚事竣，前往罗星渡，将水陆道路逐一查勘。之后张允随认为此事可行，遂奏请开修。乾隆十年（1745）五月奏报开修完毕。②

交通开发是一项非常长久的工程，即使同一个方向的交通也是在不断开辟新的线路，同时维护和拓宽旧有的线路。如从东川至昭通的水陆交通早已开修使用，但至乾隆十六年（1751）闰五月时，云南巡抚爱必达又奏请“于东川至昭通一路开路修桥，设立牛站，以速铜运，以收实效。”③另外，在清朝奏折中也常有对云南的桥梁、陆路、水路等进行维修的记载。

乾隆三十三年（1768）六月，正是清缅战争期间，云南督抚阿里衮和明德奏请开修了自省城至永昌（今云南保山）的道路。云南省城至永昌，路途遥远，多系崇山峻岭，坡坎陡险，向来因非通衢大道，并未动项修理，年复一年，残缺甚多。乾隆三十一年（1766）虽经云南前督抚明瑞、鄂宁先后饬令地方官随时修整，也是旋修旋坏，后因兵事由此路运粮，至永昌时粮草已耗费近半。有鉴于此，阿里衮、明德奏请修缮，“于本省及邻省派赴滇省办差官员内，择其干练者，分段派委趱修，务期一两月内修治完竣，庶粮运不致迟误，而文报、差务亦多省马力矣。”清高宗朱批：“甚属应办之事，即速行妥办。”④十一月时，又奏请开修了永昌至腾越路段以及建造了腾越州的龙江铁索桥。⑤乾隆三十四年（1769）十月，明德又奏请增扩潞江渡口，此处

① 《云南总督兼管巡抚事臣张允随谨奏：为请开修川省接壤滇境河道，分运威宁铜斤事》（乾隆九年十一月十六日），方国瑜主编：《云南史料丛刊》第 8 卷《张允随奏稿》，昆明：云南大学出版社，2001 年，第 664 页。

② 《云南总督兼管巡抚事臣张允随谨奏：为恭报开修罗星渡通川河道工程完竣，分运京铜事》（乾隆十年五月二十七日），方国瑜主编：《云南史料丛刊》第 8 卷《张允随奏稿》，昆明：云南大学出版社，2001 年，第 671—672 页。

③ 《奏请于东川至昭通开路建桥、设立牛站，以速铜运事》，档号：04-01-35-1248-006，缩微号：04-01-35-060-3138，中国第一历史档案馆。

④ 《阿里衮、臣明德：奏为运粮道路倾颓难行请动项修理折》（乾隆三十三年六月十九日），《宫中档乾隆朝奏折》第 31 辑，台北：“故宫博物院”，1982 年，第 77 页。

⑤ 《阿里衮、明德：奏请修云南省城至永昌一路重要之桥道以利兵行折》（乾隆三十三年十一月初一日），《宫中档乾隆朝奏折》第 32 辑，台北：“故宫博物院”，1982 年，第 77 页。

系永昌通腾越、龙陵及各土司地方之要津。[①]

雍正朝改土归流后，于雍正八年（1730）在云南设置了迤东、迤西两道，因而交通开发的主要区域也是云南的东西方向。云南南部相对而言土司众多，乾隆朝前期，南部地区改土归流依然继续，有许多土司尚未改土归流，所以清朝对该地区交通的开发要较其他地区晚些。由于改土归流后滇省流官管辖的地区南扩，乾隆三十一年（1766）八月初十，大学士管云贵总督杨应琚与云南巡抚汤聘疏请在云南添设迤南道[②]，清朝才开始了对滇南地区的大规模开发，滇南方向后来出现一条迤南大道。

五、余论

雍乾两朝对云南交通的进一步开发有以下特点：首先，开发交通必先改土归流，否则交通沿线多为土司、生夷阻隔，无法进一步开修。其次，雍乾两朝开发交通的主要目的是尽西南之"地利"，以通商旅，以裕兵民[③]，缓解交通沿线的物价，节省铜、铅、盐等运送内地的费用，但滇缅道路的开修主要是因为乾隆朝的征缅之役，而迤南大道的形成则是由于清朝在滇南的改土归流及治理的深入所致。再次，雍乾两朝的交通开发是水陆并举，但重点是水路，主要是滇粤河道和金沙江通川河道。雍乾两朝通过交通开发加强了云南与内地的联系，不但把滇铜等矿产运至内地，还把内地的治理模式输送到西南边疆，使其政治、军事、经济、文化各个领域日益等同于内地。最后，雍正朝的改土归流是西南边疆发展史上的一个分水岭，此后清朝对云南的交通开发达到鼎盛时期，大致以昆明为中心，向四周呈全方位辐射态势，随着交通线的进一步开发，云南的政治、经济、文化等也进入了快速发展时期。

---

① 《奏请将闲款置买田地取租，以为潞江渡岁修及工食之用事》（乾隆三十四年十月十三日），档号：36-0025-030；缩微号：36-001-2664，中国第一历史档案馆。

② 《滇省版图愈扩，奏请添设迤南道，裁改永北府事》（乾隆三十一年八月初十日），档号：01-0263-015，缩微号：01-036-2619，中国第一历史档案馆藏。

③ 《署云南总督云南巡抚臣张允随谨奏：为奏明增修新疆河道、陆路，以通商旅，以裕兵民事》（乾隆七年二月十七日），方国瑜主编：《云南史料丛刊》第 8 卷《张允随奏稿》，昆明：云南大学出版社，2001 年，第 620—622 页。

第四章　乾隆朝对云南的开发和治理

云南社会经历了康熙朝的休养生息与雍正朝的大力改革，在乾隆时期达于盛世。云南社会总的趋势是秩序稳定、经济发展，各项社会治理措施日益完善。乾隆朝关注民生，从政治、经济、刑名、军事与社会公共设施的维护等领域入手，对云南社会进行了全面而深入的治理。

第一节　乾隆时期云南的农业开发

乾隆时期为中国封建社会发展之顶峰，云南的农业开发亦在此时远超前朝。究其原因，固然有元明两代之初步经营和清代康雍两朝进行社会治理与鼓励农耕等政策之施行，但乾隆朝能够在云南因地制宜，采取与内陆不同的农业思想和开发措施，是云南农业于乾隆时期远超前朝之直接原因。除此之外，乾隆朝开发云南农业最重要的客观动机则是为了缓解云南日益增长的人口压力。因云南社会承平日久，一方面云南本省人口数量得到大幅增长；另一方面外省人口亦大量流入，面对如此严峻的人口压力，为保持社会稳定，对云南农业的开发成为乾隆朝当务之急。

一、欲重农功，先兴水利

乾隆朝为了加强对云南农业的开发力度，缓解人口增长的压力，大力加强云南的农业水利兴修。乾隆御极之初，便“晓谕督抚大吏讲求水利，而以农桑本务倡课百姓为先”[①]。对于云南农业之水利兴修，乾隆是这样认为的：

---

①《署理云南总督云南巡抚张允随奏：为请定考课将劝补助之规，以裨农政事》（乾隆二年闰九月十九日），方国瑜主编：《云南史料丛刊》第 8 卷《张允随奏稿》，昆明：云南大学出版社，2001 年，第 565 页。

“云南跬步皆山，不通舟楫，田号雷鸣，民无积储，一遇荒歉，米价腾贵。凡系水利，有关民食者，皆及时兴修，不时疏濬，总期有备无患，须要因地制宜，可谋成断，不应惜费。如难奏效，亦不必强作。”①意思是说农业事关民生，应根据云南实际情形，只要是有利于民生之水利，皆应兴修，不怕耗费钱财。当然，如兴修水利实在困难，也不必强求。时任云贵总督的张允随同样认为云南发展农业，兴修水利十分重要，曰：“欲重农功，必先兴水利。”②又云：“民食恒虑不敷，全在水利兴修，方可灌溉无缺。”③云南巡抚明德说：“兴修水利，灌溉田亩，乃民生之要务。”④后任云南巡抚刘秉恬亦曰：“水利为农田之本，全在修浚得宜。”⑤清朝政府对云南发展农业必须兴修水利的认识是一致的。

乾隆朝进行农业水利兴修，能够因地制宜，具有云南特色。云南水利与别省不同，其水多由山出，从高处流下，而田在低处，针对此种情况，最“宜疏浚沟渠，使之盘旋曲折，再加以木枧、石槽引令飞渡，间有田高水低之处，则宜车戽，倘遇雨水涨发，迅水直下，不能停潴，则宜浚塘筑坝，或开涵洞，蓄泄得宜，两岸田地均沾灌溉矣”。因此，张允随与云贵总督便每于农隙之时，必谆饬各属，凡境内有应修之水利，无论巨细，皆令查明，报勘兴修，务使泉源皆归有用，地利不致抛荒。张允随还上疏清高宗，请求制定水利兴修章程，“庶章程既定，修治有方，已兴之水利既得永远保固，未兴之水利亦可次第查修。如此，则旱潦兼资，有利无患矣”⑥。为了保障云南的农业生产，乾隆有了制定农业水利章程的想法。

乾隆朝认为兴修水利攸关省计民生，而在云南一省，水利尤为滇南之要

---

①《署云贵总督爱必达：奏为循例借帑开渠引水以利民生折》（乾隆二十一年二月初九日），《宫中档乾隆朝奏折》第13辑，台北：“故宫博物院”，1982年，第659页。

②《署理云南总督兼云南巡抚张允随奏：为备陈滇省水利情形，请定官民疏浚之例，以重岁修事》（乾隆二年闰九月十九日），《张允随奏稿》，方国瑜主编：《云南史料丛刊》第8卷，昆明：云南大学出版社，2001年，第562页。

③《署云南总督云南巡抚张允随奏：为奏明疏浚洱海淤沙，以除榆郡水患事》（乾隆八年闰四月初七日），方国瑜主编：《云南史料丛刊》第8卷《张允随奏稿》，昆明：云南大学出版社，2001年，第645页。

④《云南巡抚明德：奏为循例借项开沟以资灌溉折》（乾隆三十三年七月十八日），《宫中档乾隆朝奏折》第31辑，台北：“故宫博物院”，1982年，第358页。

⑤《署理云南巡抚刘秉恬：奏为修睿邓川州水利涸出粮田万亩以裨民生而甦积困折》（乾隆四十六年十二月二十四日），《宫中档乾隆朝奏折》第50辑，台北：“故宫博物院”，1982年，第377页。

⑥《署理云南总督兼云南巡抚张允随奏：为备陈滇省水利情形，请定官民疏浚之例，以重岁修事》（乾隆二年闰九月十九日），方国瑜主编：《云南史料丛刊》第8卷《张允随奏稿》，昆明：云南大学出版社，2001年，第564—565页。

务。因安宁州境内多为汉民，太平日久，生齿日繁，续垦之地多系依山傍岭，水源稀少，必得雨泽及时方能栽插，稍有延迟，仅可撒种杂粮，再上缴赋税之后，百姓几无余粮。安宁州知州为使上述田地可尽变为膏腴，计划开渠引水，全州士民闻之，咸皆踊跃。因工程繁巨，安宁州知州恳请“于官庄变价项下借给，令各业户出具领状，开造花户清册，如数借领，乘时兴工，分作两年还款”。张允随深晓安宁情形，不但临近省会，路达迤西，且产有盐井，“口繁盛，米粮常虑不敷”，如在“施家庄等处修筑渠堰，可使瘠地变为膏腴著者约计一万三千余亩，于民生实属有益”，经试修，所开渠之处，“渠水畅流，灌溉田地可成膏腴”①。乾隆朝对云南农业水利之重视由此可见一斑。

乾隆朝通过水利兴修，在云南开发出万顷良田，养育了百万滇民。乾隆八年（1743），因洱海出海口天生桥一带深阔俱不及一丈，长七里有余，泥沙易于停滞，自雍正四年（1726）动项疏浚，迄今十有余年，每当大雨水涨，海口及各子河流不无沙石冲塞，往往使洱海之水泛溢倒流，以致太和、赵州、邓川三州县及浪穹、宾川等处沿海田亩不免淹浸，而邓川之东湖、西湖两川低下田畴时被水患。张允随便派人于乾隆八年（1743）正月初九日兴工筑坝，将海口子河开宽二丈，河底浚深五六尺不等。又对关键排水路段节节挖深，或施人力，或用牛犁，垒石砌堤，外植柳树，以资保固，其最要之赵家园、拱沙龙二处，用犁水打坝，傍沟亦俱修浚，内垒石坝，外栽茨柳。将淤沙尽行挖去，水势骤变畅流，“不特五州县田地无漫溢之患，且涸出海田一万余亩”。为防水大之年，洱海海口不免复有淤塞之事，“饬令地方官将涸出田亩，即令附近民人认垦，照民堤民修之例，责成垦户五年大修，按田出夫，自备口粮，合力疏浚”②，以保不虞。

东川一府地处丛山，产米素少，兼因汤丹等厂铜矿旺盛，商民云集，是以米价常贵。张允随常饬东川府之“地方官以兴修水利、开垦田畴为急务”。据当地人赴衙门恳求：“请于披戛河筑坝引水，开缵山洞放注，那姑荒地可改成水田七八千亩。”张允随认为：“水利为农田之本，况在东川米贵之

---

①《奏为借项开修安宁州渠坝以利农田事》（乾隆八年闰四月初七日），档号：01-0099-008，缩微号01-015-1909，中国第一历史档案馆藏。

②《署云南总督云南巡抚张允随奏：为奏明疏浚洱海淤沙，以除榆郡水患事》（乾隆八年闰四月初七日），方国瑜主编：《云南史料丛刊》第8卷《张允随奏稿》，昆明：云南大学出版社，2001年，第646页。

地，尤为要务。”即饬布政司借给银两，责成东川府加紧督率修筑，工竣起限，催收还款。另东川府城西门外五龙募鱼洞一带田亩，一直依靠龙潭之水灌溉。今勘得龙潭水源甚大，可开渠，绕过东北两门引灌以舍、九泥各寨陆地，其五龙募鱼洞之田改用以里河之水，则城外满坝皆成水田，为利甚厚，张允随亦命东川府“劝谕农民乘时经理，凡有田之户，咸愿自备工力疏修”，此处田地遂成膏腴。[①]乾隆二十一年（1756）时，爱必达查得东川府城北，有地名曰蔓海，东西广二十余里，南北袤五六里八九里不等，素乏水源，不通河道，夏秋雨多，则一望汪洋，冬春水涸，则为沼泽，可开垦成田，以利民食。虽于乾隆八年（1743）经前督臣鄂尔泰略为垦辟，然其荒芜未垦者，仍复不少。因蔓海源头无水，且河尾处难通，每岁春夏之交，全倚甘霖时降，始得栽插无误。设雨泽稀少，恒苦浇灌不敷。爱必达晓谕东川知府义宁悉心勘查，发现府城西南有以濯一河，水源颇大，四时不竭。爱必达便引此水至蔓海，“匪特已垦成熟田亩可以永资利济，即荒芜旷土亦可开垦无遗，其于国计民生裨益实非浅鲜”[②]。对于此项重大工程，乾隆朝又按借帑之例，即时兴修。经过开发，东川遂为鱼米之乡，粮能自足。

然而从杨应琚之奏折中可以看出，至乾隆三十一年（1766）时，云南农业水利使用岁久，难免出现损坏堵塞，地方官却不按时兴修。杨应琚奏云：“现今凡旧有水利处所，地方官非不按时兴修，其余有可以开筑渠坝、引灌田亩之处，农民每因无力开修，因循未办，如欲请借公项办理，必须专折奏请，地方官因事属零星，动闻入告，未免慎重迟回，小民亦因此畏难，不敢具呈，是以兴修水利之处甚少。”张应琚建议嗣后凡有可以开筑河渠、闸坝，灌溉农田者，“如民力不继，听其具呈”，地方官亲自勘明并借项兴修，“统于年底造册汇题，定限三年还项”，以使水利日兴，复可化瘠为腴，生者既众，而民食可足。[③]乾隆朝通过改变兴修水利的政策来调动百姓的积极性，进而推动农业发展。

乾隆朝之水利工程亦惠及边疆土司辖地。乾隆四十七年（1782）五月，南甸、干崖两土司辖地遭遇水淹，乾隆朝不但给予赈恤，还疏浚被泥沙填塞

① 《奏报借帑兴修东川水利事》（乾隆十年三月二十日），档号：01-0122-050，缩微号01-019-1123，中国第一历史档案馆藏。
② 《署云贵总督爱必达：奏为循例借帑开渠引水以利民生折》（乾隆二十一年二月初九日），《宫中档乾隆朝奏折》第13辑，台北：“故宫博物院”，1982年，第659页。
③ 《奏请广为开垦，以裕民食事》（乾隆三十一年六月初四日），档号：23-0059-009，缩微号：23-004-1642，中国第一历史档案馆藏。

之河段“约长一百余里，濒河沙压地亩亦已垦复十之七八，播种禾苗极为长发，秋成大有可望”①。

水利对云南农业之重，事关民生与社会稳定。乾隆朝通过兴修水利，使贫瘠之地变为膏腴之乡，解决了云南三百余万人口的温饱问题，使百姓免受流离之苦，不得不说乾隆朝在云南的农业开发还是比较成功的。

二、劝课农桑，以裨农政

封建王朝历来有重农抑末之思想，清朝在云南亦是如此。因云南界在极边，农业远远落后于内地。为了保证云南社会稳定，百姓生活得到改善，乾隆朝积极发展农业。张允随于乾隆元年（1736）便建议“令各府州县卫查，果有勤于耕种、务本力作者，不时嘉奖，以示鼓励”②，使重农之道不废。张允随云：“足食为民生之本计，教稼为王政之先图。”③他上疏乾隆请求制定劝课农桑之规定，以裨农政，使“勤者奖赏之，惰者诫饬之，老农教导无效者，则另选以代之。如州县奉行不力，督、抚、司、道、府为之稽查而申儆之”④，如此一来，为政者既能尽心劝课，亦不致骚扰百姓，取得力半功倍之效。为使百姓专心务农，云南督抚甚至离开府邸，出郊劝农。乾隆三十一年（1766）六月，杨应琚便同司道等出郊劝农，视察稻禾长势，并询问农民当年雨水及收成情形。⑤

乾隆朝鼓励百姓广垦土地，并对开垦的零星弃土，免收赋税。张允随云：“惟有劝民广为垦辟，尽力耕耘，俾多垦尺寸之土，即多收升斗之储。”由于执行正确的农业政策，云南凡有可辟之土、可垦之荒，“遍行开挖播种，陆续题报升科，已鲜遗弃”，但在山头地角不无零星未耕之地，百姓之所以不愿意开垦者，一是怕升科缴税，二是怕土棍、汉奸等侵占争夺，因此

① 《云贵总督富纲：奏报滇省地方情形事》（乾隆四十八年五月初一日），《宫中档乾隆朝奏折》第 56 辑，台北：“故宫博物院”，1982 年，第 46 页。

② 《奏请停老农、总吏之例事》（乾隆元年三月二十七日），档号：01-0001-019，缩微号 01-001-0156，中国第一历史档案馆藏。

③ 《署理云南总督云南巡抚张允随奏：为请定考课将劝补助之规，以裨农政》（乾隆二年闰九月十九日），方国瑜主编：《云南史料丛刊》第 8 卷《张允随奏稿》，昆明：云南大学出版社，2001 年，第 565 页。

④ 《署理云南总督云南巡抚张允随奏：为请定考课将劝补助之规，以裨农政》（乾隆二年闰九月十九日），方国瑜主编：《云南史料丛刊》第 8 卷《张允随奏稿》，昆明：云南大学出版社，2001 年，第 566 页。

⑤ 《奏报将抚篆交新任抚汤聘接受日期并滇省近期雨水苗情事》（乾隆三十一年六月三十日），档号：25-0120-034，缩微号：25-010-1608，中国第一历史档案馆藏。

百姓宁可任其荒芜而莫敢垦辟。张允随特意请旨，嗣后滇省各府、州、县地方凡有未垦之土，如成段、成丘者仍照例报垦升科外，“其山头、地角、崎零弃土，令地方官出示，明白晓谕，听该地民夷用力开垦，免其升科，严禁豪强首争之弊”①，务使勤耕力作之平民百姓无所疑畏，尽力开垦，此举于边地民生不无裨益。然而，从以后对零星弃土的开发情况来看，收效甚微，至乾隆三十一年（1766）时，问题更加严重。因此等零星地亩，遇报垦时，地方官因有分别升免税科之例，必须严查，否则吏胥从中需索，不免滋累百姓，“则民夷报垦报升既多周折，迨垦后恐难保有收，倘无收，又恐难以告免，农民未受垦荒之益，先贻赔赋之虞”，以致百姓对开垦土地“畏缩不前，报垦者寥寥无几”。云贵总督杨应琚说：“此些微山麓水涯地土，科粮纳赋本属无几”，建议将“山头、地角、坡侧、旱坝、水滨、河尾零星地土，听民开垦，不必从中区别，概免升科。”②如若有闲旷之地，苦于无力开垦者，准其酌借公款，以资工本，俟开垦成田之后，亦分作三年还项。如此一来，百姓定会无所畏难，自必踊跃趋事，竭力开垦，野无闲旷之土。至乾隆中后期，云南土地的开垦面积可谓空前。

务民之本莫要于轻徭薄赋，重农积谷。乾隆朝亦尽其所能，减免云南百姓的各种役税之苦。乾隆元年（1736）三月，杨名时上疏乾隆，力陈公件之流弊，指出：“此项归公银两，本属昔所未有”“胥吏、头人因而借端科敛，指一派十”，百姓不勘其扰，杨名时特请求清高宗将公件宽免，以裕民生。③云贵总督硕色说：“查滇省山多田少，物产不丰，且在苗疆，夷多于汉，所有民苗天地既已按则输粮，而又另征公件，若再将一切工程按粮派费，不惟边氓力有难支，更恐夷情惊扰”。因此，除修城等必需民力者，其他事项皆不动用百姓。④一切以农业为本，以民生为重。

为使云南百姓之生活略显充裕，乾隆朝还修改云南征收地丁之日期。滇省处于极地边陲，舟车不通，商贾罕至，日用物品昂贵异常；又云南土性不宜种植桑麻，靠纺织获利极少，百姓衣食经常苦无着落。张允随考虑再三，

---

①《云南巡抚张允随奏：为请听滇民垦辟弃土，以资民食事》（乾隆五年闰六月二十二日），方国瑜主编：《云南史料丛刊》第8卷《张允随奏稿》，昆明：云南大学出版社，2001年，第592页。

②《奏请广为开垦，以裕民食事》（乾隆三十一年六月初四日），档号：23-0059-009，缩微号：23-004-1642，中国第一历史档案馆藏。

③《奏陈滇省公件流弊事》（乾隆元年三月二十七日），档号：01-0003-017，缩微号：01-001-0942，中国第一历史档案馆藏。

④《为遵议滇省墩台、塘房、城垣发修等仍循旧例办理事》（乾隆十五年十月初三日），档号：04-01-01-0192-019，缩微号：04-01-01-029-0129，中国第一历史档案馆藏。

认为二月开征之法在滇省实有不便于民者也，“惟有改定秋征一法，足以免称贷而裕仓箱，其为利于民甚溥，又惟独滇省能行”[①]。奏请把征税时间改为秋季。

为防止浪费粮食，乾隆朝还严禁云南百姓用粮食酿酒。乾隆六年（1741）时，云南庄稼长势良好，即将收获，张允随恐百姓不知节约粮食，将收获粮食或造酒以糜嘉谷，或浮费以耗盖藏，便“饬所属府、州、县各官谆切劝谕，并禁烧锅、赛会、聚饮一切糜（靡）费，以期边方黎庶克享盈宁”[②]。

三、心系民生，扶助农耕

气候与农业息息相关，影响农业收成之丰歉。乾隆即位之初，便表现出对云南气候与收成情形的重视。乾隆元年（1736）八月，清高宗听闻云南春雨短少，因不知确切信息，特颁圣谕：“滇省雨泽沾足与否，夏田收成如何，朕俱未闻知，甚为系念。似此关系民生切要之事，何得视为泛常？假若地方收成歉薄，亦当悉心筹画，速行奏闻，早为料理……今日则将应奏之事亦不陈奏，似此怠忽，将致懈驰，岂朕所望于封疆大吏者？”[③]此后，滇省每年都向乾隆上报云南气候与收成情形。如乾隆十六年（1751）闰五月十二日，云贵总督硕色便奏报滇省豆麦收成一事，对云南全省各地大麦、小麦、蚕豆等农作物之收成情况向乾隆进行了详细汇报[④]；再如乾隆三十九年（1774）三月二十五日，云南巡抚李湖亦上奏云南全省，包括土司辖地麦豆收成情形。[⑤]乾隆时期此种奏折不胜枚举。

为了云南风调雨顺，农业丰收，云南督抚甚至设坛祈祷，以求天遂人愿。乾隆十三年（1748）六月，云南府等地连日大雨，房屋倒塌，田地冲坏，百姓受灾甚重，云贵总督张允随与巡抚图尔炳阿率同在省各官“竭诚祈

---

① 《云南巡抚张允随奏：为请定滇省征收地丁之期，以裕民财事》（乾隆三年十二月二十一日），方国瑜主编：《云南史料丛刊》第 8 卷《张允随奏稿》，昆明：云南大学出版社，2001 年，第 581 页。

② 《署云南总督云南巡抚张允随奏：为恭报夏秋雨泽沾足、禾稼丰硕情形事》（乾隆六年八月初六日），方国瑜主编：《云南史料丛刊》第 8 卷《张允随奏稿》，昆明：云南大学出版社，2001 年，第 612 页。

③ 《奏为奉旨奏报滇省雨水情形并奏报稍迟缘由事》（乾隆元年十月初十日），档号：24-0002-004，缩微号：24-001-0421，中国第一历史档案馆藏。

④ 《奏报滇省豆麦收成分数事》（乾隆十六年闰五月十二日），档号：04-01-23-0019-028，缩微号：04-01-23-001-2696，中国第一历史档案馆藏。

⑤ 《云南巡抚李湖：奏报麦豆约收分数事》（乾隆三十九年三月二十五日），《宫中档乾隆朝奏折》第 35 辑，台北：“故宫博物院”，1982 年，第 92 页。

祷，并举行荣祭典礼”[①]，至二十日己亥，天气始晴。乾隆十八年（1753）五月下旬，云南、楚雄、姚安、大理等府“连晴不雨，农民望泽甚殷”，云贵总督硕色便于六月初，率同属员，在省城设坛祈祷，随后“于六月初八九及十七八、二十等日，省城连得时雨约计五六寸不等，并据大理、楚雄、姚安陆续报称，于六月初七八及十六、十七八等日，甘霖大沛”，已栽秋禾皆青郁繁茂，未栽高处之田亦俱纷纷补种。[②]可见祭天事件在当时应非个例。晴雨与否，与祈祷无关，然封疆大吏心系民生，关心滇省农业之情，实属可嘉。

乾隆以前，云南百姓的生活非常拮据，乾隆初期虽有改善，但农业生产依然十分落后，为减轻百姓负担，乾隆朝时常蠲免赋税。乾隆元年（1736），云南秋收欠薄，清高宗降旨：“将成灾地方地丁等项照例豁免，收成六分以下州、县秋米全行缓征。应赈恤者，即动项赈恤；应平粜者，即将存仓米谷减价平粜；或将邻近仓储，设法拨运接济；无力之民，借给籽种，以助春耕。”[③]自此终乾隆之世，云南每逢灾情，乾隆朝皆根据当年收成情况，或将地丁钱粮及火耗、公件俱行豁免，或将存仓米谷一体减价平粜，以资接济，并动项赈恤，对无力耕种之民，借给籽种。为了扶植云南农业，乾隆朝对并未受灾，但极其贫穷且没有籽种的百姓，也会“择仓内堪为籽种之新谷酌动借给，令其作种”，并严防富民及乡胥人等捏冒滥借，务使贫民得沾实惠。然后将所借籽种数目造册备案，等到秋收之时，命其照数交还，且不加利息，如遇水旱不齐之年，则缓至次年交还。这样“贫民既得乘时布种，复得免于重利借贷之苦”[④]。

滇民遇有灾情，乾隆朝同样减缓甚至蠲免赋税。乾隆二十年（1755）六月，鹤庆府属之剑川州因雨水过多，19 个村庄近湖的田地被淹，受灾田地有 32 顷之多，灾民 1420 余户，政府对灾区进行查明之后，“分别极贫、次贫，

① 《云贵总督张允随奏：为奏报滇黔两省田禾、雨水情形事》（乾隆十三年六月二十九日），方国瑜主编：《云南史料丛刊》第 8 卷《张允随奏稿》，昆明：云南大学出版社，2001 年，第 733 页。

② 《云贵总督硕色：奏报雨水栽插情形折》（乾隆十八年六月二十四日），《宫中档乾隆朝奏折》第 5 辑，台北：“故宫博物院”，1982 年，第 621 页。

③ 《云南巡抚张允随奏：为恭奏赈恤情形，仰祈睿鉴事》（乾隆二年正月二十一日），方国瑜主编：《云南史料丛刊》第 8 卷《张允随奏稿》，昆明：云南大学出版社，2001 年，第 556 页。

④ 《署理云南总督兼云南巡抚张允随奏：为请定考课将劝补助之规，以裨农政》（乾隆二年闰九月十九日），方国瑜主编：《云南史料丛刊》第 8 卷《张允随奏稿》，昆明：云南大学出版社，2001 年，第 566 页。

再行加赈”，同时“其钱粮照例蠲、缓”，以保证民情安稳。[①]乾隆朝还帮助灾民修复灾区耕地，并借给百姓农具，助其快速恢复生产。乾隆十年（1745），邓川州遇灾，村民房屋倒塌，田地被淹，张允随立即命布政使阿兰泰等官员“将被水人户查明，按照大小口逐加散赈，淹毙大小人口分别酌恤，其浸塌房屋照例赈银建盖，于修葺冲淹田亩，酌给工本，上紧垦复，栽种豆麦，以冀春收”[②]。乾隆十七年（1752），东川府属巧家汛地方遇有水灾，冲倒房屋18间，沙淤石压民田一顷96亩，官田5顷82亩零，淹毙男妇大小19口。云南督抚除对灾黎进行赈恤之外，所有因沙淤石压而损坏的田亩，“饬令按给工本银两，督率上紧开挖，其实难修复者，另垦抵补，俟来岁春耕，再行借给牛、种、口粮，以资接济”[③]。这在当时的云南并非个例。

只要是与云南农业发展有关的问题，乾隆朝无不鼎力解决。乾隆十九年（1754），普洱府属之宁洱县牛疫发作，已倒毙耕牛三百七十余头。因当时正值春种，急需牛耕，民生攸关，刻不容缓，云南巡抚爱必达飞饬有关部门，命照乾隆六年（1741）景东府牛疫之例，酌借买牛成本，“除有力之家毋庸借给外，其实在无力农民，照依田亩多寡，每牛一条，借给牛本银八两”，务必保证百姓能够及时买牛，免误农耕。[④]经查明，该县耕牛先后倒毙共四百五十二头，无力购买耕牛的家庭，共需耕牛三百二十二头，自四月十一日起，“令各头人率领缺牛花户亲身赴县，会同面取领状，按照田亩多寡，分别借给，共借给过牛本银二千五百七十六两”，宁洱百姓欢声载道。[⑤]乾隆朝对云南农业发展可谓是不遗余力。

乾隆朝还制定与国外的农业贸易制度，要求对外贸易时，有运米回国者，则给予一定的优惠政策。乾隆十二年（1747）议准：“暹罗国产米甚多，如有商民愿往该国买米造船运回者，给予牌照，以便验放无阻，仍严饬各兵役，毋得需索扰累。若商民无粮米载回，止载货而归者，倍罚船

①《署云贵总督爱必达、署云南巡抚郭一裕：奏报剑川州被水赈恤事宜折》（乾隆二十年九月十一日），《宫中档乾隆朝奏折》第12辑，台北："故宫博物院"，1982年，第468页。

②《奏报大理府邓川州大邑等村被水业已赈恤事》（乾隆十年九月二十日），档号：01-0124-051，缩微号01-019-1900，中国第一历史档案馆藏。

③《云贵总督硕色、云南巡抚必达：奏报巧家汛一隅被水及办理缘由折》（乾隆十七年七月二十八日），《宫中档乾隆朝奏折》第3辑，台北："故宫博物院"，1982年，第500页。

④《云南巡抚臣必达：奏报宁洱耕牛被疫并借给牛本缘由折》（乾隆十九年四月初六日），《宫中档乾隆朝奏折》第7辑，台北："故宫博物院"，1982年，第902页。

⑤《云南巡抚爱必达：奏宁洱借给牛本确数折》（乾隆十九年闰四月初一日），《宫中档乾隆朝奏折》第8辑，台北："故宫博物院"，1982年，第167页。

税，以示惩儆。”①

四、淘汰僧道，以充民力

因僧道不事稼穑，至乾隆时期人数越来越多，严重影响了农业生产。为保证农业劳动力的充足，乾隆朝开始淘汰僧道。清高宗云：“夫一夫不耕或受之饥，一女不织或受之寒，天下多一僧道，即少一力作之农民。若辈不耕而食，不织而衣，且甘实美衣，公然以为分所应得而不知愧耻，是以上农与二三肉袒深耕之所入，不足以供僧道一人之用，既耗民财，复溷民俗，在国家则为游民，在佛、老教中亦为败类，诚不可听其日引日多而无所底止也。”特命鄂尔泰、张廷玉等人秘密寄信于各省督抚，令其徐徐留心，使僧道日渐减少，并提出两点注意事项：一是要求假以岁月，不需急于一时。二是防止官吏奉行不善，滋生麻烦。张允随接到旨令后，对淘汰僧道之规定进行了详细分析，他认为：“嗣后僧道虽年逾四十，必其师既经身故，方许招受，并令地方官验看，将新招之徒法名、年貌填注牒内，凡其师现存而徒复招徒者概行禁止”，以防止僧道借机扩收门徒，而对于“伙居僧、道士内，有老迈残疾及深山僻壤，附近无戒坛受戒，俗家无可归者，始给度牒，仍注册，永不许其招受生徒”，并在其度牒内大书“不许招受生徒”字样，加盖官府印信。出家为僧道之人，除原有田地准其继续管理之外，“凡民间田业，永禁僧、道承买，庶农民力本养生之恒产，不致为僧、道招徒耗食之先资”。清高宗朱批：“汝省即照此行。”②由此，云南开始了淘汰僧道之举。

自乾隆三年（1738）五月至乾隆六年（1741）十二月底，云南等府转据昆明、嵩明等州县申报，“共减除过僧道、尼僧六百一十八名”“已减除十分之二”，由此每岁继续裁减，渐次减少，务使不耕不织之辈变为服田力织之人。③自乾隆七年（1742）正月至十二月底，云南“共减除过僧道、尼僧三十六名，实存三千九十六名”④。乾隆十六年（1751）时，云南共开除僧道

---

①《钦定大清会典事例·户部一百三十七·蠲恤·贩运》卷288，方国瑜主编：《云南史料丛刊》第8卷，昆明：云南大学出版社，2001年，第235页。

②《云南巡抚张允随奏：为遵旨奏复事》（乾隆四年十月初六日），方国瑜主编：《云南史料丛刊》第8卷《张允随奏稿》，昆明：云南大学出版社，2001年，第587页。

③《奏报乾隆三年五月至六月底滇省实在共减除过僧道、尼僧数目事》（乾隆七年十一月十七日），档号：01-0089-045，缩微号：01-014-1523，中国第一历史档案馆藏。

④《奏报滇省乾隆七年减除僧道数目事》（乾隆八年二月初十日），档号：01-0104-002，缩微号：01-016-1732，中国第一历史档案馆藏。

尼僧 89 名，内续收顶牒僧道 7 名，实止开除 82 名，尚存僧、道、尼 2413 名；又新收候顶师牒道士 2 名，合计乾隆十二、十三、十四、十五、十六年，实在共续收候顶师牒僧道 236 名，除已顶牒及开除外，实在候顶师牒僧道 232 名。[①]由上述可以看出，乾隆朝对云南僧道之淘汰在开始之时，力度还是很大的，后来淘汰速度渐缓，僧道数目一直保持在 2000 多名，对僧道的淘汰，略微增加了云南的农业劳动力。

张允随曰："国依于民，民依于岁，岁之丰歉，民生之休戚系焉。"[②]刘藻亦云："举凡兴水利、开荒芜、课农桑、教树畜，可以为民间谋生计者，随时随事为之劝导。"[③]农业发展不但关系民生，而且关系到云南社会之稳定与否。乾隆朝兴修水利，劝课农桑，轻徭酌赋，心系滇民，乾隆在位 60 年间，云南农业得到了很大开发，水利也得到了较大改善；一遇灾情，乾隆朝即刻动项赈恤；为扶助春耕，乾隆朝还借给百姓籽种；为保障农业劳动力数量，乾隆朝不惜淘汰僧道人数，认为其不事稼穑，影响农业生产。乾隆朝开发云南农业之举，效果显著，几十年来滇省收成丰稔，百姓不知有饥馑之苦。由于农业的发展，云南人口数量稳步提高，在乾隆十五年（1750）时，云南统计在册的人口（番界、苗疆向不入编审者无庸查造，又各厂商贩、贸易人等去来无定，亦无凭查造）为 196 万[④]，至乾隆五十八年（1793）时，云南统计在册的人口已增至 303 万之多[⑤]，人口增幅为 54.6%，这应该是对乾隆时期云南农业开发成效最好的评价。

第二节　乾隆时期云南的灾情赈恤

云南地理条件复杂，气候类型多样，与他省迥然不同，自古便灾害频发，尤以水灾、震灾为多，滇省百姓深受其苦，赈恤任务亦较他省更为繁

① 《云南巡抚爱必达：恭报僧道人数折》（乾隆十六年十二月初七日），《宫中档乾隆朝奏折》第 2 辑，台北："故宫博物院"，1982 年，第 146 页。

② 《署云南总督兼云南巡抚臣张允随奏：为据实密奏，仰祈睿鉴事》（乾隆七年五月二十四日），方国瑜主编：《云南史料丛刊》第 8 卷《张允随奏稿》，昆明：云南大学出版社，2001 年，第 625 页。

③ 《奏为敬陈滇省吏治等地方情形事》（乾隆二十二年十二月十一日），档号：13-0025-021，缩微号：13-01-1899，中国第一历史档案馆藏。

④ 《奏报乾隆十五年云南民数、谷数事》（乾隆十五年十二月十六日），档号：35-1150-028，缩微号：35-056-2389，中国第一历史档案馆藏。

⑤ 《奏报乾隆五十八年分滇省民数、谷数事》（乾隆五十八年十一月初三日），档号：35-1185-015，缩微号：35-062-3381，中国第一历史档案馆藏。

重，仅乾隆九年（1744）云南便多地发生水灾，如镇沅府威远同知报称："本年六月二十六日大雨，箐内起蛟，西萨等村一带近箐田地俱被冲淹"；又据元江府报称："六月二十七及七月初四等日，雨后山溪暴涨，将德化等里滨河田地冲淹"；又据楚雄府禀称："定远县地方七月二十六日大雨水涨，冲压不成片段田一百五十余亩，水淹田五百余亩，房屋、墙垣间被冲淹坍塌"；又据宜良县报："八月二十六日，雨后河水泛涨，漫过河埂，幸田间稻谷收获将毕，被淹无几，惟濒河草瓦房屋浸塌四十间""又嵩明州中和等里，七月二十日，雨中带雹，伤损禾苗"等[①]，可见云南灾情之重。清高宗在位期间，励精图治，对云南灾情甚为关切，制定和实施了一系列的赈恤政策。

一、乾隆朝的赈恤思想

清高宗十分重视云南的灾情赈恤，关心百姓疾苦，以民生为本。乾隆元年（1736），清高宗继位之初，闻知云南农业歉收，深为自责，曰："春雨不足，麦收既已平常，而秋冬又复如此，朕惟有自咎而已。"[②]又云："此皆朕用人行政或有所失，以致滇省有此洊至灾异也。"[③]清高宗所说固然有迷信思想，但其体恤民生之情更是溢于言表。因云南经济落后于内地，灾民生存维艰，乾隆二年（1737）时，清高宗再次降旨："著将乾隆元年分云南省所有分作三年带征之秋粮全行豁免"，云南汉土百姓闻之，"欢声雷动，感激非常"[④]。清高宗曾言："匿灾者使百姓受流离之苦，其害甚大，违道干誉，虽非正理，二者较之，究竟此善于彼。宁国家多费帑金，断不可令闾阎一夫失所，此朕之本念也。"[⑤]乾隆十一年（1746）初，昆明等十余州县偶遇大雪，于是"蚕豆被伤，米价骤长"，清高宗怕滇省赈恤不力，朱批："平粜出借，酌行抚恤而已，不尚有失所者乎？若有成灾景象，究以赈恤为要。滇南万

①《奏报办理镇沅府属等地被水赈恤情形事》（乾隆九年九月二十八日），档号：01-0107-037，缩微号：01-017-0708，中国第一历史档案馆藏。

②《奏报秋成歉薄，恳恩免征缓征事》（乾隆元年十月初十日，清高宗朱批），档号：22-0002-062，缩微号：22-001-0756，中国第一历史档案馆藏。

③《云南巡抚张允随奏：为查明秋禾情形，据实具奏，仰祈睿鉴事》（乾隆元年十月初十日），方国瑜主编：《云南史料丛刊》第8卷《张允随奏稿》，昆明：云南大学出版社，2001年，第552页。

④《署理云南总督兼云南巡抚张允随奏：为仰恳圣恩豁免带征夏税，以皇广仁事》（乾隆二年八月二十六日），方国瑜主编：《云南史料丛刊》第8卷《张允随奏稿》，昆明：云南大学出版社，2001年，第561页。

⑤《署云南总督兼云南巡抚张允随奏：为据实密奏，仰祈睿鉴事》（乾隆七年五月二十四日），方国瑜主编：《云南史料丛刊》第8卷《张允随奏稿》，昆明：云南大学出版社，2001年，第625页。

理，不可少稽恩泽，使朕悬念也。”[①]乾隆十三年（1748）六月至七月间，云南多地遭遇水灾，清高宗闻之，传谕云南督抚，“滇南远在边徼，朕所系念，著令速行饬查，赈恤接济，加意妥办，务使灾黎得所”，并着云南督抚遵谕速行。事后，张允随将赈恤事宜上报，乾隆再次朱批：“目今百姓安帖否？所奏殊欠明晰”，认为张允随所奏内容不够清楚，未报知灾民情形。[②]可见清高宗对云南灾情非常重视，不惜重金，广施恩泽。乾隆十六年（1751）五月，剑川等州地震，当时剑川州知州张泓正要调补黑盐井提举，清高宗曰：“剑川州值地震，被灾较重，亟需查办抚绥之时，正当委以抚恤，乃奏请调用，离其本任，可乎？”云南巡抚爱必达不胜惶恐，急忙回复“伏念盐务虽在得人，而赈灾尤关紧要”，一时疏忽，忘记了事情的“缓急轻重”，遂使张泓调补之事作罢。[③]清高宗体恤民生之心，着实可赞。

云南督抚对赈恤一事极为尽责，把民生放于一切事务之首。张允随云：“凡地方歉收，一切赈恤事宜，系臣专责，且民生攸系无有重于此者。”[④]又曰：“赈恤灾黎，民命攸关。”[⑤]把云南灾情赈恤的重要性提升到事关百姓生存的高度。因滇省僻处天末，舟楫不通，办赈一事，非他省可比，张允随久任南中，深悉滇民疾苦，力筹补救之方，对于自然灾害，“如沙冲、石压、雹损、虫伤之类，一经勘确，立饬动支公项，随时抚恤”[⑥]。乾隆十二年（1747）五月，曲靖、云南、临安（今建水）、姚安、永北（今永胜）、蒙化（今巍山）、楚雄、大理八府所属州县雨季来迟，秧苗不能全栽，影响农耕，张允随本拟前往贵州，便推迟离滇日期，派员先查勘农耕受灾情况，“俟查勘到日，酌核情形，倘至成灾，必须请旨赈恤”，要“竭尽人事挽回补救，不致成灾”[⑦]。乾隆十三年（1748）六月十六日至二十日，昆明等多个州县连日大雨

① 《云南总督兼管巡抚事张允随奏：为钦奉朱批，恭折复奏事》（乾隆十一年六月二十九日），方国瑜主编：《云南史料丛刊》第 8 卷《张允随奏稿》，昆明：云南大学出版社，2001 年，第 691 页。

② 《奏为遵旨奏报滇省昆明、晋宁、呈贡、安宁、景东州县被水赈恤接济事》（乾隆十三年九月十九日），档号：01-0158-017，缩微号 01-024-1426，中国第一历史档案馆藏。

③ 《云南巡抚爱必达：奏为敬聆圣训谢恩折》（乾隆十六年六月二十六日），《宫中档乾隆朝奏折》第 1 辑，台北：“故宫博物院”，1982 年，第 273 页。

④ 《云南巡抚张允随奏：为奏明办理赈务，仰祈圣训事》（乾隆元年十一月二十日），方国瑜主编：《云南史料丛刊》第 8 卷《张允随奏稿》，昆明：云南大学出版社，2001 年，第 554 页。

⑤ 《云南巡抚张允随奏：为恭奏赈务已竣，仰慰圣怀事》（乾隆二年三月二十五日），《张允随奏稿》，方国瑜主编：《云南史料丛刊》第 8 卷，昆明：云南大学出版社，2001 年，第 557 页。

⑥ 《署云南总督兼云南巡抚张允随奏：为据实密奏，仰祈睿鉴事》（乾隆七年五月二十四日），方国瑜主编：《云南史料丛刊》第 8 卷《张允随奏稿》，昆明：云南大学出版社，2001 年，第 626 页。

⑦ 《云南总督兼管巡抚事张允随奏：为奏明事》（乾隆十二年六月初九日），方国瑜主编：《云南史料丛刊》第 8 卷《张允随奏稿》，昆明：云南大学出版社，2001 年，第 714 页。

滂沱，云贵总督张允随与云南巡抚图尔炳阿率同在省各官竭诚祈祷，并举行荣祭典礼，以求雨住。①当时科技十分落后，云南督抚等人对降雨等自然现象尚无法解释，认为竭诚祈祷便能感动上天，雨停云开。此举现在看来极其可笑，然云南督抚对滇省百姓之关切同情，今人观之，实当佩然。

云南督抚办理赈务之时，“但能一秉公诚，视国事如家事”，既反对不顾经费亏空而滥施赈恤，又反对为了节省国家钱财而“不恤闾阎疾苦”②。乾隆十一年（1746）初，昆明等十余州县偶遇大雪，张允随经过查勘，认为当年已给滇省百姓蠲免钱粮，百姓既无赋税之输，小麦又是收成有望，“民食不致拮据，并无成灾景象，是以未敢议赈”，且降雪的各州县“春收，十分、九分、八分、七分、六分不等，即被雪之处，以小麦收成之数，除抵蚕豆歉收之数外，计算尚有七分”，百姓并无失所现象，无庸再为赈济。③若应该对灾情赈恤之时，云南督抚又决不吝惜钱粮。乾隆二十四年（1759）六月，云南建水、景东等地雨水过量而致水灾，云南督抚照例对灾民进行赈恤，保障灾民衣食无忧。④乾隆二十六年（1761）十月七日，云南江川、新兴（今玉溪）、河阳、河西、通海、宁州（今华宁）等州县地震，城垣、衙署、民房间有震塌之处，男妇大小人口亦有被压伤坏，云贵总督吴达善等火速命临安府知府费元龙前往各该处查勘，并派云南府知府龚士模酌带银两，于十月十日驰往地震各处，会同该道府及地方官照例赈恤，妥为查办。吴达善于十月十五日起程巡阅边疆，“当即顺道亲往新兴、江川被震地方详加查勘，逐一指示办赈各员妥协抚恤，务使穷黎咸各得所”⑤。乾隆五十四年（1789）五月十四日，临安府属之通海、宁州、河西，澂江府属之江川、河阳等五州县地震，灾情严重，云南督抚大力赈恤，“通共赈给银九千零九十五两”，给“谷一万九千三百五十一石五斗”⑥。

---

①《云贵总督张允随奏：为奏报滇、黔两省田禾、雨水情形事》（乾隆十三年六月二十九日），方国瑜主编：《云南史料丛刊》第8卷《张允随奏稿》，昆明：云南大学出版社，2001年，第733页。

②《署云南总督兼云南巡抚张允随奏：为据实密奏，仰祈睿鉴事》（乾隆七年五月二十四日），方国瑜主编：《云南史料丛刊》第8卷《张允随奏稿》，昆明：云南大学出版社，2001年，第626页。

③《云南总督兼管巡抚事张允随奏：为钦奉朱批，恭折复奏事》（乾隆十一年六月二十九日），方国瑜主编：《云南史料丛刊》第8卷《张允随奏稿》，昆明：云南大学出版社，2001年，第691页。

④《奏为六月二十二三等日建水、景东两府州被水漫溢照例赈恤事》（乾隆二十四年七月二十一日），档号：02-0048-013，缩微号：02-002-1206，中国第一历史档案馆藏。

⑤《奏为本年十月初七日省城及附近地方地震情形并查办赈恤事》（乾隆二十六年十月十五日），档号：13-0036-019，缩微号13-002-0951，中国第一历史档案馆藏。

⑥《云贵总督富纲：奏为查明通海等州县地震情形分别筹办折》（乾隆五十四年闰五月初七日），《宫中档乾隆朝奏折》第72辑，台北：“故宫博物院”，1982年，第149页。

云南督抚认为，灾情赈恤有利于民心稳定，维护社会治安，保障经济发展。据史料记载，乾隆十二年（1747）山东兰山的“奸民聚众之案”便是因“求赈”而起。[①]张允随曾对灾赈作如下陈议：“夫海内承平日久，生齿日繁，名为殷庶，实鲜盖藏，偶遇水旱为灾，人心即不免惶惧，惟一闻有赈恤之旨，群情立见帖然，所费虽多，所全实大。”[②]因此，乾隆朝遇灾即赈，从不拖延，“务使灾黎咸各得所”[③]，主张救灾“不特绸缪于未雨，尤必赈济于临时”[④]，否则后果惨重。康熙五十二年（1713）就出现过遇灾不赈的情况，当时云南全省农业欠收，粮价极贵，饿殍遍野。当时云贵督郭瑮、云南巡抚吴存礼“不行题请赈恤，虽经设厂煮粥，所全无多。滇民经此大祲，三十年来，元气未复，至今父老言之，犹有余痛”[⑤]。可见赈恤与否对社会与民生影响之大。

因云南离京甚远，为保障灾民及时得到赈恤，清高宗准许云南官吏一边奏闻，一边办理。云南钱粮按例应于每年二月开征，但逢上年庄稼歉收之后，次年二月之时又值青黄不接，若照常开征，百姓未免拮据，张允随建议因时变通，“俟豆、麦登场之后再行开征，以纾民力”，清高宗对此特地降旨，命“青黄不接之时，有应行办理之处，就近酌量，将实有稗益贫民者，一面奏闻，一面办理，毋致一夫失所”[⑥]。“是以每遇一村、一乡冰雹偏灾，俱立时动项发仓，加意赈恤，一面奏闻”[⑦]。乾隆九年（1744）十一月十六日，张允随于奏折中亦云：“倘值水旱偏灾，地方官立时申报，臣一面动项，委员勘明赈恤，一面奏闻，无敢隐匿”[⑧]。

乾隆朝赈恤也惠及边疆土司地区。乾隆四十七年（1782）五月，腾越州

---

①《奏为遵旨率属化导民夷，务期吏治整肃、民风驯谨事》（乾隆十四年十二月十六日），档号：03-01-01-0141-024，04-01-022-0147，中国第一历史档案馆藏。

②《署云南总督云南巡抚臣张允随谨奏：为据实密奏，仰祈睿鉴事》（乾隆七年五月二十四日），方国瑜主编：《云南史料丛刊》第8卷《张允随奏稿》，昆明：云南大学出版社，2001年，第625页。

③《奏为遵旨奏报滇省昆明、晋宁、呈贡、安宁、景东州县被水赈恤接济事》（乾隆十三年九月十九日），档号：01-0158-017，缩微号01-024-1426，中国第一历史档案馆藏。

④《署云南总督兼云南巡抚张允随奏：为据实密奏，仰祈睿鉴事》（乾隆七年五月二十四日），方国瑜主编：《云南史料丛刊》第8卷《张允随奏稿》，昆明：云南大学出版社，2001年，第625页。

⑤《署云南总督云南巡抚臣张允随谨奏：为据实密奏，仰祈睿鉴事》（乾隆七年五月二十四日），方国瑜主编：《云南史料丛刊》第8卷《张允随奏稿》，昆明：云南大学出版社，2001年，第626页。

⑥《云南巡抚张允随奏：为恭奏赈务已竣，仰慰圣怀事》（乾隆二年三月二十五日），方国瑜主编：《云南史料丛刊》第8卷《张允随奏稿》，昆明：云南大学出版社，2001年，第558页。

⑦《云南总督兼管巡抚事张允随奏：为钦奉朱批，恭折复奏事》（乾隆十一年六月二十九日），方国瑜主编：《云南史料丛刊》第8卷《张允随奏稿》，昆明：云南大学出版社，2001年，第691页。

⑧《为遵旨条对滇省教养成效事》（乾隆九年十一月十六日），档号：01-0106-021，缩微号：01-017-0129，中国第一历史档案馆藏。

之南甸、干崖两处土司地区遇有水灾，经查明“土司地面向无赈恤事例”，然乾隆认为“未便令土夷稍有失所，致露贫乏”，当即檄饬总兵许世亨、知州朱锦昌前往查勘，“各户先给口粮”，云贵总督富纲到达腾越后，又亲勘抚恤。清高宗朱批：“妥为，俾受实惠。”富纲率同臬司徐嗣曾、迤西道杨以湲，对受灾情形详细查验核实之后，按照从前昆明县被水事例，瓦房一间给银一两，草房一间给银五钱，共给南甸、干崖两处土司银九百三十九两。因土民田地向无顷亩名数，只好以所播籽种之箩数为算，每四箩合谷一石，则赈恤“南甸谷种二千六百七十四箩，合谷六百六十八石”；干崖“谷种一千八百二十一箩，合谷四百五十五石”，总共赈恤“籽种谷一千一百二十三石”。又因土司地方向无地丁钱粮，若照例借给，诚恐胥役人等将来按户催收，转滋烦扰，且为数亦属无多，富纲“即行照数赏给，俾资及时垦种之用”，来年不再秋季征收钱粮。为防止胥吏在赒恤时私吞钱粮，发生贪污行为，富纲对赈恤钱粮“俱亲自验明，当众散给，土民扶老携幼，叩头只领”。乾隆以前从未有政府对遇有灾情的土司地区进行过赈恤，“即别属土司头人，亦皆以为从来未有之事”。赈恤完毕，富纲又命腾越州朱锦昌，于冬季水涸之际，率同土司，将该处河身勘测，进行疏浚，以为善后之计，防止南甸、干崖两处土司地区再遇水灾。①

二、赈恤的实施

滇省官吏能够在最短的时间内前往灾区查看灾情，并迅速制定比较完善的赈恤措施。乾隆元年（1736）八月二十五日，省城昆明骤然天冷风寒，阴雨连日，致使云南、曲靖、徵江、临安、楚雄、广西（今泸西）、昭通、姚安等府在高处田地的晚稻多不结实，只有五六分收成，而呈贡、昆阳、安宁、鲁甸、恩安等处，俱在四分以下。云贵总督尹继善与云南巡抚张允随即刻派人前往灾区查看，并将“地丁等项钱粮照例分别请免、请缓”，又因秋米关系兵饷，例不豁免，如若令灾民照旧输粮，便无余米出粜，市价必昂，民艰买食，云南督抚经过详细会商，“将云南等府所属欠收州、县，查其收成在六分以下者，将本年秋米全行缓征，其缓征米石，自乾隆二年为始，分作三年带征，以纾民力”。除此之外，还对“无力耕种贫民，酌借籽种，其

① 《云贵总督臣富纲：奏为遵旨抚恤边地被水土司折》（乾隆四十七年九月初二日），《宫中档乾隆朝奏折》第52辑，台北：“故宫博物院”，1982年，第815—816页。

成灾数处，冬月严寒，及来春青黄不接之际，穷民无以糊口，应赈恤者，即行动项赈恤，竭力办理，务使欠收户口咸得其所”[①]。如此做法，张允随尤觉不足，怕歉收之年，米价腾贵，特派专员在受灾之地“分设米局，减价平粜，止许贫民零买，不容奸贩囤收”，以期有益民生。云南督抚又悉心筹画，给灾区“每大口一月赈银二钱，小口赈银一钱，听其就便买食，分别男妇，按月烎给，从腊底新正，即行廾赈，给以三个月口粮”[②]。据清朝档案记载，此次赈恤“统计十四属大小共七万六千余口。又各学贫生，每名月给银一两，亦给三个月，共赈贫生三百三十二名。以上大小口以及贫生，通共赈过银四万三千余两”[③]。张允随“犹恐各属被灾户口众多，赈恤未遍”，又命布政使将嵩明等应行修筑的12座城垣及时兴工，让“附近小民赴工觅食……均可藉工为赈”，以缓灾情。[④]乾隆朝不但赈恤灾民，对歉收之处驻扎的兵丁亦“借给一月饷银，以资度岁”，于第二年“分十个月扣还”[⑤]。可见此次赈恤范围之广，数额之巨。乾隆朝对云南的赈灾卓有成效，至乾隆二年（1737）初，灾区已是“市粮无缺，价值较前稍减，民间易于买食”的情形。张允随上疏说：“边省民夷，仰蒙皇上天恩，蠲赈兼施，借粜并行，莫不感戴，欢腾各井里，通省地方甚为宁谧。”[⑥]由于乾隆朝借给了百姓籽种，且示谕百姓广种豆麦，第二年夏收之时，“通省实为处处丰熟……较常年更多，故所收之数矣倍”[⑦]。

乾隆朝对云南灾民不但赈发谷粮，甚至缓征、减免税粮，借种助耕，还将官山分给灾民垦种，并拨款修葺房屋，使灾民免受流离之苦。乾隆六年（1741）六月底及七月初，滇省因雨水过大，山溪暴涨，元江、新兴、河

---

①《云南巡抚张允随奏：为查明秋禾情形，据实具奏，仰祈睿鉴事》（乾隆元年十月初十日），方国瑜主编：《云南史料丛刊》第8卷《张允随奏稿》，昆明：云南大学出版社，2001年，第551—552页；《奏报秋成歉薄，恳恩免征缓征事》（乾隆元年十月初十日），档号：22-0002-062，缩微号：22-001-0756，中国第一历史档案馆藏。

②《云南巡抚张允随奏：为奏明办理赈务，仰祈圣训事》（乾隆元年十一月二十日），方国瑜主编：《云南史料丛刊》第8卷《张允随奏稿》，昆明：云南大学出版社，2001年，第553页。

③《云南巡抚张允随奏：为恭奏赈务已竣，仰慰圣怀事》（乾隆二年三月二十五日），方国瑜主编：《云南史料丛刊》第8卷《张允随奏稿》，昆明：云南大学出版社，2001年，第557页。

④《云南巡抚张允随奏：为奏明办理赈务，仰祈圣训事》（乾隆元年十一月二十日），方国瑜主编：《云南史料丛刊》第8卷《张允随奏稿》，昆明：云南大学出版社，2001年，第554页。

⑤《云南巡抚张允随奏：为恭奏赈务已竣，仰慰圣怀事》（乾隆二年三月二十五日），方国瑜主编：《云南史料丛刊》第8卷《张允随奏稿》，昆明：云南大学出版社，2001年，第558页。

⑥《云南巡抚张允随奏：为恭奏赈恤情形，仰祈睿鉴事》（乾隆二年正月二十一日），方国瑜主编：《云南史料丛刊》第8卷《张允随奏稿》，昆明：云南大学出版社，2001年，第556页。

⑦《奏报滇省各属春收丰稔及得雨情形事》（乾隆二年五月二十七日），档号：24-0004-007，缩微号：24-001-1436，中国第一历史档案馆藏。

阳、易门、景东、安宁等地出现灾情。张允随获知后，“飞饬邻属印官确勘被淹亩数，酌动仓谷，按户赈恤，并借给籽粒，令其及时补种杂粮，并将坍塌房屋动支归公铜余银两赈给修葺，俾各得所”[①]。乾隆八年（1743）闰四月下旬，曲靖、沾益、马龙等地连遇大雨，河水涨发，圩堤冲决，附近“民居、田亩悉被水淹”。时值曲靖府知府董廷扬在省城筹办金沙江下游河道事宜，张允随立即将赈恤事宜详细告知，令其星夜回曲靖，悉心查勘，并饬布政使阿兰泰，会同粮储道宫尔劝动用储备银两，对灾黎“分别赈恤，俾无失所”。曲靖府知府董廷扬经过查勘，发现仅南宁（今曲靖）、沾益二属东南一隅受灾严重，时值青黄不接，积涝未消，米价昂贵，贫民难以觅食，有鉴于此，张允随除对受灾地方的房屋、墙垣进行修葺之外，还重金赈恤，“统计约共赈银九百余两，共赈谷六千四百余石”[②]。同年七月，昭通永善县连遇大雨，山水泛涨，将靠山临江地段的田地冲毁，沿江房屋亦被冲坍，因幸非一时倾塌，居民得以预为搬移，人口并无伤损。张允随于“闻报之顷”，即派人星夜兼程前往，会同该地官员查勘，分别赈恤，“坍塌房二十四间，草房七十一间，每瓦房一间赈银一两，草房一间赈银五钱，共赈银五十九两五钱”。然后又将“附近之分水岭、寺院冈、盐井溪三处官山，有地三段，每段可开地五六十亩、六七十亩不等，分给各户开垦耕种，并建盖房屋居住”[③]。乾隆十年（1745），大理府邓川州知州唐世梁报称：“七月二十八日，大雨竟夜，至二十九日寅刻，山水陡发，宣泄不及，冲倒上登村民人瓦房十间，新生村民人瓦房七十四间、草房十一间，大邑村民人瓦房一百八十四间、草房四十二间，淹毙大小男妇十余人，三村田地共冲淹三百余亩。”张允随立即命布政使阿兰泰等官员“将被水人户查明，按照大小口逐加散赈，淹毙大小人口分别酌恤，其浸塌房屋照例赈银建盖，于修葺冲淹田亩，酌给工本，上紧垦复，栽种豆麦，以冀春收”[④]。乾隆十六年（1751）五月一日，滇省之剑川、鹤庆、浪穹（今洱源）、丽江等府州县地震，民房倒

①《署云南总督云南巡抚张允随奏：为恭报夏秋雨泽沾足、禾稼丰硕情形事》（乾隆六年八月初六日），方国瑜主编：《云南史料丛刊》第8卷《张允随奏稿》，昆明：云南大学出版社，2001年，第612页。

②《奏为曲靖府南宁等县被水成灾赈恤情形事》（乾隆八年六月初七日），档号：01-0100-026，缩微号01-016-0246，中国第一历史档案馆藏。

③《云南总督兼管巡抚事臣张允随谨奏：为奏明事》（乾隆八年十一月十六日），方国瑜主编：《云南史料丛刊》第8卷《张允随奏稿》，昆明：云南大学出版社，2001年，第653页。

④《奏报大理府邓川州大邑等村被水业已赈恤事》（乾隆十年九月二十日），档号：01-0124-051，缩微号01-019-1900，中国第一历史档案馆藏。

塌，人口损伤，其中剑川受灾最重。云南巡抚爱必达立即派楚雄府知府陈克复，“先后酌发银二万两”，前往灾区，会同地方官“动放仓粮、银谷兼赈，加意抚恤，灾民俱口食有资，房屋亦得陆续修盖”。在对剑川湖水入河口进行疏浚之时，因百姓“获邀赈恤，感激天恩，俱各踊跃趋事”[①]。乾隆十七年（1752）五月，东川府属巧家汛风雨大作，冲倒房屋，毁坏田地，“淹毙男妇大小一十九名口”。云南督抚“飞饬知府夏昌速行赈恤，并委迤东道海全亲往，分别查办，银米兼赈，俾无遗滥”，修复房屋，使“人民俱经得所”；淹毙人口，除漂流入江无获外，余俱“赈银领埋”；所有冲坏田亩，“饬令按给工本银两，督率上紧开挖，其实难修复者，另垦抵补，俟来岁春耕，再行借给牛、种、口粮，以资接济”。同年七月，剑川连日大雨，湖水暴涨，“湖边田地尽被淹没，房屋墙垣亦多坍塌，秋收失望，栖止无地”，云南督抚当即饬令迅速妥办，并派员驰往，勘明受灾情形。[②]

清代云南地震灾害频发，乾隆朝同样重加赈恤，毫不迟延。乾隆十七年十二月六日（1753年1月9日）午未二时，澂江府江川县地震，云贵总督硕色、云南巡抚爱必达“恐被灾或重”，即刻派人查勘，共计损伤男女老幼十六人，瓦、草、土房三十五间，墙垣十余堵。对死亡人口，当即按户赈恤，“每大口赈银一两五钱，小口赈银五钱”，令其捞尸掩埋。其倒塌房屋，“每瓦房一间给银五钱，草房、土房每间各给银三钱”，令其迅速搭盖房屋。对损坏的田地，则“饬地方官另查可垦田地，按粮补给”。[③]乾隆十八年（1753）三月二十九日戌刻呈贡地震，四月一日、二日又复连震，云贵总督硕色“亲往该县被灾各村庄察视情形，督同抚绥办理”。经统计，各乡村共倒塌瓦房799间，草房725间；压毙成年人员29名，幼儿27名；压伤人员73名。硕色认为，“赈济均宜迅速”，照前例赈恤，通共赈银709.5两。[④]

云南除水灾、震灾频发之外，其他类型的灾害亦时有发生，乾隆朝亦尽其所能，赈恤灾情。乾隆九年（1744）二月，开化马白汛之地的客民杨逊达铺内灯煤燃草失火，汛兵立即前往扑救，因风狂火烈，延烧铺户、民居83

---

①《为剑川地震湖尾震高疏濬事》（乾隆十六年六月初四日），档号：04-01-40-0032-046，缩微号：04-01-40-005-1548，中国第一历史档案馆藏。

②《云贵总督硕色、云南巡抚爱必达：奏报剑川湖滨被水情形折》（乾隆十七年八月初十日），《宫中档乾隆朝奏折》第3辑，台北：“故宫博物院”，1982年，第573页。

③《云贵总督硕色、云南巡抚爱必达：奏报查办江川地震缘由及现在宁帖情形折》（乾隆十七年十二月十八日），《宫中档乾隆朝奏折》第4辑，台北：“故宫博物院”，1982年，第624—625页。

④《云贵总督硕色：奏报呈贡县地震被灾及抚绥办理宁帖缘由折》（乾隆十八年四月二十日），《宫中档乾隆朝奏折》第5辑，台北：“故宫博物院”，1982年，第147页。

户，内瓦房17间，草房185间，税房1所。开化府对遇到火灾的人口，“当即安顿铺户及附近亲友家居住，并量加资给”；同月，开化府军犯王一才，于草铺内煮饭起火，当即命游击、典史等官，带领兵役星往扑救，因草房遇火易燃，兼值大风，难于扑灭，延烧兵民528户，计瓦房266间，楼房39间，苫瓦草房790间，并千把衙署17间。开化府对这些遭受火灾的兵民，亦“量加捐给抚慰，并动常平仓米减价粜卖，以济灾黎”。张允随曰：“兵民被火，殊堪悯恻”，当即飞饬布政司动发备公银两，委令在省之署五嶆通判谢迪赍带前往，会同地方官，将被火人户、房屋查明，照例赈恤，毋致失所。[①]乾隆十五年（1750）正月二十一日二更时分，雷电光将小东门城内存储火药的五华山局轰毁，且附近之兵民房屋椽瓦亦被轰塌。云南巡抚图尔炳阿立即亲往查勘，见兵民“屋宇椽瓦卒然揭去，露处堪悯”，立刻命昆明县“查明兵民各户，令暂投亲戚依棲，或安于空闲寺庙，量捐口粮，不致失所”。灾情查明之后，图尔炳阿对房屋损坏的各户，“俱各量捐赏恤，至于民房，又复酌给修费”，以使受灾兵民安居乐业。[②]乾隆二十三年（1758），丽江府属地于四月十六、十七等日降有冰雹，许多村庄受灾严重，该府克尔图、马淇珣“立即动项，按照大小丁口，酌给一月口粮，每大口给谷三斗，小口给谷一斗五升，共给谷三百三十五石一斗，每谷一石折银一两，计银一百六十七两五钱五分，按名散给”[③]。

乾隆时期，清朝政府还在云南“恤孤贫、在养幼孤、收羁穷”，并制有相关制度。乾隆二年（1737）题准：云南省孤贫口粮，向在常平捐输项下每名日吉祥给谷1升，应照江南等省之例，每名日吉祥改给银1分，以资养赡。通共岁给银2761两2钱，在藩库地丁银内动支。乾隆三十六年（1771）又议准：云南省添设龙陵厅正额孤贫5名。乾隆三十一年（1766）又议准：云南省城育婴堂经费，动拨铜斤余息归公铜价银两。乾隆九年（1744）议准：云南省栖流所收养路过贫病之人，每名日给米1京升，盐菜柴薪钱12文，药饵每剂销银2分5厘。病愈起程，按原籍程途远近，每日给银1分，资送回籍。如或病故，该地方官一面申报，一面备棺掩埋，标其

---

①《奏为开化府属地方被火赈恤事》（乾隆九年四月初二日），档号：01-0107-016，缩微号01-017-0567，中国第一历史档案馆藏。

②《奏报滇省猝遇雷雨及五华山火药库、民房等项被灾情形，并分别修葺赈恤等事》（乾隆十五年二月二十八日），档号：04-01-10-0013-008，缩微号：04-01-10-001-0394，中国第一历史档案馆藏。

③《奏为丽江府被雹并抚恤情形事》（乾隆二十三年五月二十八日），档号：02-0047-012，缩微号：02-002-1021，中国第一历史档案馆藏。

姓名，俟其亲属认领，抬埋之费，每名给银1两，并给床席等项，于司库留办公件银内拨给。乾隆三十一年（1766）议准：云南省普济堂、育婴堂每年所需公费，动拨藩库铜斤余息并归公铜价银两。

乾隆朝对灾赈的实施一直持续到乾隆末年，有灾即赈为乾隆朝治理云南社会的一大举措，力度之大与范围之广，皆前所未有。几乎每一次赈灾行动都在乾隆朝档案中进行了详细记载，每一次记载都表现出乾隆对滇省灾黎的殷切同情。

三、平抑粮价与赈恤监督

为保障滇省灾民于灾荒时节能买到平价米粮，云南督抚竭尽所能，防止米价上涨。张允随于灾荒时节，委派官吏于灾区分设米局，减价平粜，“止许贫民零买，不容奸贩囤收，并禁止烧锅，严饬文武实力奉行”。除此之外，凡有可以资助民食者，张允随“无不刻刻留心，熟筹详虑，务期随时补救，有益民生”①。乾隆十一年（1746）初，昆明等十余州县偶遇大雪，蚕豆被伤，米价骤长。张允随经过详查，发现“所以米贵之故，实由有米之家观望遏粜而然”，当即飞饬遭受雪灾的各州县，“动发常平仓谷，减价出粜，并将社仓谷石多行出借，民间得有接济，富户不能居奇，米价旋即均平”②。乾隆十三年（1748）六月，昆明等府州县遭受水灾，因云南低田少而高田多，仍与秋收大局无损，全省米价只有受到水灾的昆明因乡米不能上市，价值稍昂，张允随立即“饬发仓米，减价平粜以济民食”③。云贵总督刘藻言：“即遇年岁丰收，亦属米粮不敷，其价长贵。偏僻州县，人少田多，粮价常平。在价贵之处，青黄不接，必需减价多粜，以济民食。”④

对灾情赈恤进行监督亦是很有必要的。乾隆四十六年（1781），甘肃省便有“捏灾冒赈”之事。⑤乾隆朝对云南赈恤一事严格办理，务使灾民得到

---

①《云南巡抚张允随奏：为奏明办理赈务，仰祈圣训事》（乾隆元年十一月二十日），方国瑜主编：《云南史料丛刊》第8卷《张允随奏稿》，昆明：云南大学出版社，2001年，第553页。

②《云南总督兼管巡抚事张允随奏：为钦奉朱批，恭折复奏事》（乾隆十一年六月二十九日），方国瑜主编：《云南史料丛刊》第8卷《张允随奏稿》，昆明：云南大学出版社，2001年，第691页。

③《云贵总督张允随奏：为奏报滇、黔两省田禾、雨水情形事》（乾隆十三年六月二十九日），方国瑜主编：《云南史料丛刊》第8卷《张允随奏稿》，昆明：云南大学出版社，2001年，第734页。

④《云贵总督刘藻、云南巡抚常钧：奏为酌筹拨抵仓谷以资储备折》（乾隆三十年十一月初十日），《宫中档乾隆朝奏折》第26辑，台北：“故宫博物院”，1982年，第558页。

⑤《署理云南巡抚刘秉恬：奏报查抄王凤仪等原籍家产事》（乾隆四十六年十月十五日），《宫中档乾隆朝奏折》第49辑，台北：“故宫博物院”，1982年，第245页。

实惠，防止克扣贪污、中饱私囊。张允随云："至于勘灾散赈，头绪纷繁，稍不详慎，则应蠲、应赈者不得均沾，而不应蠲、赈者反得冒滥，以致仓粮库项，动费不赀，而究之真正灾黎，仍有遗漏。"[①]为保证灾民真正受到救济，张允随着力加强对赈灾官吏的管理，"委各道并该管知府分地亲往，督率查察，务使真正灾黎均沾实惠，不容胥役头人冒滥中饱"[②]。为防止下属官吏"奉行不善，致生弊端"，张允随檄委各道、府分路督率受灾地方的官吏及委派人员"亲往各村寨逐户确查，将实在乏食穷民逐一入册，定期出示于适中地方，令本人如期赴领，当面按名给发，不令胥役、乡保经手"。清高宗朱批："赈民银两为数已少，若于其间更有官侵吏蚀，百姓不得实惠之弊，则滇省之灾黎无告矣"，特命云南督抚二人"悉心查察，务使百姓无一夫失所，方可为救荒良法也"。张允随阅之，"益加严谨查察"，坚决杜绝"官侵吏蚀以及遗漏冒滥情弊"[③]。乾隆八年（1743）闰四月，曲靖等地水灾，张允随命曲靖府董廷扬等相关官吏，"查照被灾人户，按户亲行散给"，同时将"存仓米谷减价平粜，以资接济"灾民。[④]同年七月，昭通永善县遭受雨灾，为保证灾民"均沾实惠"，"通共赈恤银三百六两七钱，俱系亲身散给"。乾隆十三年（1748），昆明等处连续遭遇严重水灾，张允随向灾民散赈银谷之时，"委令道、府大员，查照被灾户口，按户亲行散给，不令假手胥役头人，致滋冒滥、扣克、中饱"，清高宗云："督率属员，详妥为之，务使灾黎沾实惠可也。"[⑤]张允随亦不时查察，大张告示，并说赈恤乃"民瘼攸关，臣不敢隐饰、玩视，亦不敢虚糜帑项，有负职守"[⑥]。乾隆十八年（1753）三月二十九日呈贡地震，致使民房倒塌，百姓伤亡。赈恤之时，云贵总督硕色则亲自"在灾伤较重之归化村监赈，并令道府正印、佐杂等官分

①《云南巡抚张允随奏：为奏明办理赈务，仰祈圣训事》（乾隆元年十一月二十日），方国瑜主编：《云南史料丛刊》第8卷《张允随奏稿》，昆明：云南大学出版社，2001年，第553页。

②《云南巡抚张允随奏：为恭奏赈恤情形，仰祈睿鉴事》（乾隆二年正月二十一日），方国瑜主编：《云南史料丛刊》第8卷《张允随奏稿》，昆明：云南大学出版社，2001年，第556页。

③《云南巡抚张允随奏：为恭奏赈务已竣，仰慰圣怀事》（乾隆二年三月二十五日），方国瑜主编：《云南史料丛刊》第8卷《张允随奏稿》，昆明：云南大学出版社，2001年，第557页。

④《奏为曲靖府南宁等县被水成灾赈恤情形事》（乾隆八年六月初七日），档号：01-0100-026，缩微号：01-016-0246，中国第一历史档案馆藏。

⑤《云贵总督张允随奏：为奏明办理赈务，仰祈圣鉴事》（乾隆十三年闰七月三十日），方国瑜主编：《云南史料丛刊》第8卷《张允随奏稿》，昆明：云南大学出版社，2001年，第737页。

⑥《奏为昆明等处续被水淹，遵旨办理赈恤接济事》（乾隆十三年九月二十三日），档号：04-01-01-0158-003，缩微号：04-01-01-024-1434，中国第一历史档案馆藏。

头在各乡村散赈”[①]。乾隆十九年十二月十六日（1755年1月27日）丑刻，云南易门县地震，城垣、仓库、衙署、坛宇、塘房、民房多有倒塌，人口亦多损伤。硕色“在被灾较重之三会等村亲身监赈，并令道府正印、佐杂等官分头赴各乡村散赈”，务使“灾民均沾实惠”。临安府属之石屏州亦受到地震破坏，较易门为轻，硕色则“飞委迤东道施廷翰率同临安府知府张为璁酌带银两，亲往确勘，查照易门事例，一体赈恤”[②]。乾隆二十三年（1758）四月，丽江府属地方受到雹灾，爱必达等诚恐赈恤官员“办理草率，致有滥遗扣克情弊，又专委迤西道陈树著亲赴该府，按户亲身监放，总不许胥役、乡保、头人经手，务使贫民均沾实惠”[③]。乾隆二十六年（1761）四月，新兴州及江川县地震，受灾严重，云贵总督爱必达、云南巡抚刘藻起程前往督率稽查，“挨村按户亲散，并无假手胥役侵扣混冒，亦无遗漏，灾民俱已得所”[④]。乾隆五十四年（1789）五月十四日，临安府之通海、宁州、河西，澂江府之江川、河阳等五州县发生地震，受灾严重，赈恤之时，富纲命办赈官吏“按户亲往给散，俾沾实惠，不得假手吏胥，致有克减”[⑤]，富纲“不时严加查察，务使灾民均沾实惠。如有吏胥人等从中克扣侵蚀等弊，立即严参究办，不敢稍事姑容”[⑥]。为防止各地对赈恤落实不到位，云南督抚还会进行复查。乾隆十三年（1748）闰七月三十日，云南府等地雨灾严重，民间房屋多有倒塌，修葺之后，云南督抚命“由该管府道复查加结，移司转报在案”[⑦]。

诚然，乾隆朝以民生为重，心系灾黎，滇省每遇灾情，即动项赈济，务使百姓居有定所，食能果腹，免受流离之苦。乾隆朝对云南灾情赈恤不但迅速及时，且措施周密。散发钱粮、借给籽种、修盖房屋，以保证灾黎安居乐

①《云贵总督硕色：奏报呈贡县地震被灾及抚绥办理宁帖缘由折》（乾隆十八年四月二十日），《宫中档乾隆朝奏折》第5辑，台北：“故宫博物院”，1982年，第147页。

②《云贵总督硕色、云南巡抚爱必达：奏报易门等处地震及抚绥办理宁帖各缘由折》（乾隆二十年正月十一日），《宫中档乾隆朝奏折》第10辑，台北：“故宫博物院”，1982年，第497—498页。

③《奏为查办丽江府木保等处赈务情形事》（乾隆二十三年九月十一日），档号：02-0047-017，缩微号：02-002-1055，中国第一历史档案馆藏。

④《奏为查办四月十九、二十等日新兴州及江川县地震赈恤事》（乾隆二十六年五月初四日），档号：002-0050-003，缩微号：02-002-1445，中国第一历史档案馆藏。

⑤《云贵总督富纲：奏报膏泽频沾田禾畅茂情形折》（乾隆五十四年六月初十日），《宫中档乾隆朝奏折》第72辑，台北：“故宫博物院”，1982年，第477页。

⑥《云贵总督富纲、云南巡抚谭尚忠：奏为钦遵谕旨办理加赈情形折》（乾隆五十四年六月十九日），《宫中档乾隆朝奏折》第72辑，台北：“故宫博物院”，1982年，第621页。

⑦《奏为滇省秋禾情形并初次被淹田房事》（乾隆十三年闰七月三十日），档号：04-01-01-0164-020，缩微号：04-01-01-25-0882，中国第一历史档案馆藏。

业，同时缓征或减免税课、平抑粮价，乾隆朝尤恐赈恤不到位，还动项修筑城垣等，以工代赈，令附近百姓得以赴工觅食，其赈恤甚至惠及灾区的兵丁，可见受到赈恤的人员之多。在腾越州的南甸、干崖土司地区遇到水灾时，乾隆朝同样给予赈恤，并助其疏通河道，且借给的籽种、粮食等，不再令其偿还。当地的土司头人，认为这是从来未有之事。

乾隆朝为防止灾荒时节粮价暴涨，富户借机居奇，采取了一些措施平抑粮价，以保证灾民能买到平价食粮。乾隆朝还对赈恤一事严格监督，云南督抚与办赈官吏亲手散发钱粮，以防吏胥从中克扣侵蚀，并对赈恤结果进行复查。

总之，乾隆朝对云南灾情赈恤力度之大，可谓是前所未有，远超历代。根据目前所见到的清朝档案史料，笔者对乾隆年间云南发生的灾害作粗略统计，共有 42 起，其中水灾 28 起，震灾 8 起，其他灾害 6 起。此 42 起灾害，史料不但记载详细，且都采取了有效的赈恤措施。清高宗曾说："凡地方间有水旱偏灾、应行赈恤者，阅奏即行发帑，不稍稽延，亦从不知少有靳惜。"①可以这样说，乾隆时期云南社会和谐安定，经济稳步发展，不得不归功于乾隆朝对云南灾情的高度重视与勤加赈恤。

第三节　乾隆时期云南的官场员缺

清代云南地处极边，界连外域，乃西南国防之门户，历史以来时起纠纷，边患堪忧，有着极其重要的战略地位，因此谋固疆圉，治理云南，不能不倚畀于边疆官吏。然而，乾隆时期云南官场缺员现象十分严重，不但影响到清朝对云南的管辖与治理，且事关边疆安全与社会稳定。乾隆之前，历史文献很少有云南官场缺员现象之记载，那么乾隆时期云南官场是如何出现严重的缺员问题的；面对云南官场缺员问题，清朝政府采取了怎样的措施来保证对云南实施有效的行政管治。有关这一系列问题的研究在史学界尚未见到，甚有探讨必要。

① 《奏为遵旨查明失察呈贡县知县杨家驹、教谕沈錩藉端科派之历任上司职名，交部严议事》（乾隆三十四年十月二十八日，档号：01-0281-010，缩微号 01-039-0102，中国第一历史档案馆藏。

一、乾隆时期云南官场缺员现象十分严重

查阅诸多的历史文献，乾隆以前很少有云南官场缺员的文字，而若乾隆时期云南官场缺员现象如此严重者更为少见。虽然乾隆时期中国其他省份官场缺员之相关记载亦多见于史料，但属于正常范围的官吏选拔与调补，远无云南严重。目前发现最早关于清代云南官场缺员的记载见于清世宗谢世未久的雍正十三年十二月二十日（1736 年 2 月 1 日）云南巡抚张允随给初登大宝的清高宗的奏折之中，张允随在奏折中云："外省试用人员现在候缺委用者应不乏人，即如滇省现在员缺，经臣奏请，奉旨饬部拣选知县十二员、杂职二十员来滇酌量委办公试用。"①此时雍正朝在云南的改土归流已是尾声，急需大量流官来滇任职，仅知县级官吏便缺员 12 人之多。

随着乾隆朝对云南治理的深入，官场缺员现象日益严重。乾隆四年（1739）十月，滇省知府共缺 21 人，其中云南毗邻外域的地区占有相当比重，有临安、广西、开化、广南等府。②此四处界邻交趾，为滇省南防重地，却缺员若此，情形着实勘忧，而滇省知府缺员竟有 21 名，在云南地方史上实属罕见，在他省亦鲜有所闻。乾隆五年（1740）三月，云南巡抚张允随在奏折中记载，滇省州县官员居然高达"六十四缺，设有州同、州判、县丞者仅十一处，又多分防要地，另驻一方，其邻封相去窎远，并无佐贰者甚多"③。乾隆时期云南官场缺员事件并非是短期现象，且长期以来一直处于严重状态。乾隆十二年（1747）时，太子太保、云贵总督张允随，巡抚图尔炳阿上疏清高宗，云："计通省州县六十四缺，现今一人而兼两缺者已有一十二处"，请敕部于候补、候选州县内拣选 10 员，带领引见，恭候命往来滇，以供委遣，并可令习熟边情，遇有相当之缺，臣等酌量题补，于地方甚有裨益。④乾隆十七年（1752），镇沅府知府缺出，硕色与爱必达于全省现任候补知府及应升人员内详加考核，或现居要缺，或历俸年浅，或人地不甚相宜，一时难得合适人员调补；当时，黑盐井提举之职亦有空缺，因黑盐井额

① 《雍正十三年十二月二十日，云南巡抚张允随奏：为钦奉上谕事》，张书才主编：《雍正朝汉文朱批奏折汇编》第 30 辑，南京：江苏古籍出版社，1989 年，第 331—332 页。

② 《奏为未经引见之云南道府各员分班赴京引见事》（乾隆四年十月初六日），档号：12-0016-010，缩微号：12-003-2067，中国第一历史档案馆藏。

③ 《奏请酌定滇省命案尸伤相验之法事》（乾隆五年三月二十五日），档号：01-0058-035，缩微号：01-009-2271，中国第一历史档案馆藏。

④ 《奏请敕部于候选州县内拣员来滇事》（乾隆十二年六月二十九日），档号：04-01-12-0055-042，缩微号：04-01-12-010-0678，中国第一历史档案馆藏。

重课繁，灶户刁悍，关系紧要，爱必达与硕色再三筹酌、遴选，发现全省实无可以调补之员，而应该提升的通判、州同内，要么处于悬缺状态，要么到任未久，要么苗疆要地，要么不熟悉当地环境，无奈“提举一官惟有滇省三缺，难得驾轻就熟之员”①。因云南官场大量缺员，由此也导致了云南官场其他职务遇有缺出，只能从外省选调来滇。乾隆十八年（1753），云南普洱府知府一职空缺，因普洱系新辟疆域，例应在外拣选调补，硕色在云南现任知府中逐一详加考核，或现居要缺，未便再请更调；其余人员，要么到任未久，要么对当地情形不熟，实无可调之员。硕色不得不奏请从外省选调，以使空缺不致久悬。②同年，云南元江府知府张均，补授四川建昌道，所遗员缺，因元江地居边境，外控交趾，必得熟悉边情之人方可胜任。然纵观全省，一时实乏可调之员，亦不得不奏请从外省选调。③

官场缺员情形使乾隆朝在前期对云南的政治控制与经济开发大为减弱，严重影响了乾隆朝对云南的经营治理，这是不争的事实，虽然乾隆朝后期云南官场缺员现象已是大为缓解，但终乾隆之世都一直存在，实属罕见。据乾隆朝奏折记载，乾隆二十三年（1758）滇省知县竟然有 33 个职位空缺，或系初任，或居烟瘴夷疆，沿边要地一时难有合适之人补任。④乾隆二十七年（1762），云南通省知州共计 21 缺，倍于他省。⑤然而至乾隆后期，云南官场缺员的现象仍未得到彻底解决。乾隆四十五年（1780），云南每年办运京铜 8 起，需派丞卒、牧令，往回均须 2 年以上，兼有粤省铜盐互易等差事，且去京较远，凡部选推升之员到滇，动需岁月，“每遇升迁事故之缺，往往委署乏人”。署云贵总督舒常与署云南巡抚颜希深只得上疏请求于候补人员内拣发知府、同知、通判各 2 员，知州 4 员，知县 6 员来滇，以资委用。⑥乾隆五十年（1785）时，云贵总督富纲又奏请拣发同知、知州 8 员，全部陆续委

① 《云南巡抚爱必达：奏为要缺必需干员折》（乾隆十七年五月二十八日），《宫中档乾隆朝奏折》第 3 辑，台北：“故宫博物院”，1982 年，第 226 页。

② 《云贵总督硕色、云南巡抚爱必达：奏为调补知府折》（乾隆十八年十月二十八日），《宫中档乾隆朝奏折》第 6 辑，台北：“故宫博物院”，1982 年，第 586 页。

③ 《云贵总督硕色、云南巡抚爱必达：奏请捡补知府折》（乾隆十八年十二月十九日），《宫中档乾隆朝奏折》第 7 辑，台北：“故宫博物院”，1982 年，第 205 页。

④ 《奏闻昆明县缺紧要，请旨饬部于候补人员内拣选引见补放事》（乾隆二十三年正月二十日），档号：12-0089-024，缩微号：12-016-0121，中国第一历史档案馆藏。

⑤ 《奏请循例拣发知府、同知、通判等员来滇差委事》（乾隆二十七年四月初七日），档号：12-0112-125，缩微号：12-019-1459，中国第一历史档案馆藏。

⑥ 《奏为滇省府厅州县委用乏员，恳恩敕部拣发人员来滇委用事》（乾隆四十五年四月十二日），档号：12-0188-049，缩微号：12-032-1803，中国第一历史档案馆藏。

用以补官场空缺，然而两年后便已无空闲之员，遇有紧要差事以及缺员委署，往往缺乏人才替补，于是在乾隆五十二年（1787）时，富纲不得不再次奏请于候补人员内拣选同知4员、知州4员、通判2员，发来滇省以供差委。[①]

云南不但各级要职官吏缺员严重，官场佐杂人员在乾隆前期也同样大量缺编。从乾隆四年（1739）庆复、张允随的上疏中可以看出："云南远在极边，佐杂员缺，均关系紧要，一有缺出，咨部铨选，微员万里赴任，拮据资斧，动逾岁时，其中依限到任者十无一二。"为解决官场缺员危机，庆复、张允随请求清高宗敕命吏部，于候选州县佐贰及杂职人员内拣选20员，给照来滇，交云南督抚等酌量差遣委用，则边省要缺不致久悬，而一切公事亦可不至贻误。[②]虽然乾隆朝尽力解决云南官场的缺员危机，然而佐杂人员在一段时间内依旧处于严重缺编状态。乾隆十六年（1751），云南通省佐杂人员例应调补者，州同以下共44缺，均系沿边紧要。滇省距离京城遥远，与内地迥异，而应行调补之佐杂又较他省为多，云南巡抚爱必达只好上疏请求于候补人员内拣发州同2员，州判4员，府经3员，县丞2员，典史4员，共15员，星驰来滇，并言此"实于边疆吏治甚有裨益"，清高宗此时方才意识到边疆官场缺员的严重性与紧迫性，朱批"著照所请速行"[③]。虽然经云南历任总督、巡府上疏，请求解决佐杂人员的缺编问题，但收效甚微，始终未能得到彻底解决。乾隆十七年（1752），云南外题升调之府、厅、提举、州、县共34缺，佐杂共44缺，或系烟瘴，或新开夷疆，或地处极边，或兼而有之。[④]乾隆二十四年（1759）时，云南将解运京铜次数从每年6次改为4次，但每次运铜"往返约计二年，是以需员最多"。云南督抚特奏请于候补、候选人员内简发同知、通判各1员、知州、知县各4员，速令来滇，以供差委，遇有缺出，酌量补用。[⑤]

纵观中国历史，自古官场缺员严重者莫过于乾隆时期的云南一省，诸多

---

① 《云贵总督富纲、云南巡抚谭尚忠：奏为拣发丞倅州牧事》（乾隆五十二年八月二十六日），《宫中档乾隆朝奏折》第65辑，台北："故宫博物院"，1982年，第393页。

② 《奏为云南佐杂人员均关紧要，请旨敕部给照交臣等差委事》（乾隆四年十一月二十二日），档号：12-0017-003，缩微号：12-003-2444，中国第一历史档案馆。

③ 《奏请拣发候补佐杂人员事》（乾隆十六年十一月月十一日），档号：13-0017-002，缩微号：13-001-1161，中国第一历史档案馆藏。

④ 《云南巡抚爱必达：奏陈留滇升用干员以广边疆久任之实折》（乾隆十七年三月初五日），《宫中档乾隆朝奏折》第2辑，台北："故宫博物院"，1982年，第387页。

⑤ 《奏为请于候补候选人员内简发同知、通判、知州、知县十员来滇差委事》（乾隆二十四年三月二十六日），档号：12-0094-010，缩微号：12-016-2043，中国第一历史档案馆藏。

的知府、知州、州同、州判、县丞等职位缺员，佐杂人员亦不例外，此为云南与内地官场的最大不同之处。从乾隆在位60年的时间长度来看，至乾隆后期，官场缺员危机已经有所缓解，其缺员数量也大为降低，但并不能说明云南官场彻底解决了缺员问题。乾隆时期云南官场缺员数目之多，持续时间之长，遍及地域之广，令史家大为惊叹，究竟是何原因导致了云南官场于乾隆时期突然出现如此严重的缺员危机，这是一个当今史家亟待解决的问题。

二、乾隆时期云南官场严重缺员的原因

云南官场缺员最直接且最主要的原因当为雍正朝的改土归流所致。自元朝设土司制度始，改土归流便已有之。至清代雍正时期，改土归流之规模空前宏大，遍及中国整个西南地区，而云南一省为改土归流的重点地区。云南改土归流的地域遍及全省，有丽江、广西、镇沅、临安、东川、曲靖、鹤庆、乌蒙（昭通）、大理、普洱、开化、元江、广南、永昌、姚安等府，在面积上占滇省绝大部分的地区被改土归流之后，云南对流官的需求数量急剧增加，同时受其他因素影响，云南官场不可避免地出现缺员危机。又因雍正朝存在时间很短，仅有13年，其诸多时间用于改土归流，在大规模的改土归流接近尾声时，雍正朝将要对云南进行经营治理之时便突然结束，解决云南官场缺员危机的难题自然落到了乾隆朝的头上。

前已述明，只是因云南大规模的改土归流还不足以导致云南官场出现缺员危机，而是同时受其他因素影响，多种因素相辅相成的结果。因此，云南官场出现缺员危机还有其他几种因素的作用。首先，云南地处极边，文化教育相对落后，人才十分匮乏，使云南官场没有充足的人才储备。乾隆元年（1736），云南科考，尹继善“取所中硃卷，逐一细看，边省人才原少，求其全璧者不能多得，闱中看文，亦不得不将就节取。”从中可以看出，边省云南的人才十分缺乏，所录取的考生文化素质也相对较低，往往是“将就”节取，甚至“所取解元，文字过于平庸”[①]。尹继善归之为乡试主考眼力平常所致，但亦反映出云南文化教育之落后，与内地有很大差异。乾隆六年（1741），张允随检查全省属员，发现云南“知府之中，才具可观者尚不乏

①《奏为今可云南乡试主考王峻、钟衡俱能公慎，但眼力甚属平常事》（乾隆元年十月初十日），档号：39-0101-016，缩微号：39-016-1512，中国第一历史档案馆藏。

人，而州县各官，求其识见明敏、晓畅事机者，什无一二”①，不但杰出人才不多，且普通人才之见识不广，眼界浅狭。滇省本来就是极边之地，因文化教育的落后，各州县官吏中出色之员甚少，遇到题补之缺时，实难得到胜任之人。从这个角度来看，云南教育的落后可以说是导致云南官场缺员现象的一个重要原因，否则即使官场缺员，也不至如此严重。

为加强对云南的政治控制，增进云南与内地的密切联系，雍正朝开始开拓云南的水陆交通，主要有三个方向：一是投入巨资开修滇粤河道；二是修缮云南至贵州的陆路；三是开通自沾益州属之松林驿起，历宣威、威宁、昭通最终至四川的道路。雍正朝对云南交通的开拓，无疑促进了云南与内地的经济往来，大量的云南矿产通过新开拓的交通路线被运至内地，而这些矿产需要官场的众多佐杂人员监送，因而导致了云南官场对佐杂人员的需求大量增加。据雍正四年（1726）的奏折记载，云南办运京局铜斤事务繁重，佐杂人员监运滇铜至京，常常“前运未归，后运即应续发，犹不免缺员之虑”②。佐杂人员还负责云南沿边关隘的稽查，矿厂事务的办理，科举考试的筹办等事宜，这些无一不是导致云南官场佐杂人员严重缺编的相关因素。乾隆三十四年（1769），因沿边各关隘税口派委佐杂分路稽查，并整饬铜务，委员踩勘新厂，兼有一切委办之事，加之“现任杂职人员内，有年力衰颓、才具平庸者”，且“逢恩科文武乡场”，以致所需杂职人员甚多。彰宝与明德特奏请“拣发吏目五员、从九品五员、未入流十员，速令来滇，以供差遣”③。

云南交通虽然得到了一定程度的开发，但同内地相比，还是往来不便，因此内地官员大都不愿远赴云南，即使万里赴任，由于路途遥远，甚至要花上一年多的时间，结果能够按时“到任者十无一二”，从而造成佐杂人员“以一人而兼两缺者”非常多，难免顾此失彼，贻误公事。为解决官场缺员危机，庆复、张允随请求清高宗敕命吏部，于候选州县佐贰及杂职人员内拣选 20 员，给照来滇，交云南督抚等酌量差遣委用，则边省要缺不致久悬，而一切公事亦可不至贻误。④乾隆十六年（1751）时，云南巡抚爱必达亦云：

---

①《署云南总督云南巡抚张允随奏：为仰恳圣恩，以裨吏治事》（乾隆六年八月初六日），方国瑜主编：《云南史料丛刊》第 8 卷《张允随奏稿》，昆明：云南大学出版社，2001 年，第 610 页。

②《奏为云南佐杂人员均关紧要，请旨敕部给照交臣等差委事》（乾隆四年十一月二十二日），档号：12-0017-003，缩微号：12-003-2444，中国第一历史档案馆藏。

③《奏请拣发杂职人员来滇委用事》（乾隆三十四年十二月二十二日），档号：12-0136-064，缩微号：12-023-2602，中国第一历史档案馆藏。

④《奏为云南佐杂人员均关紧要，请旨敕部给照交臣等差委事》（乾隆四年十一月二十二日），档号：12-0017-003，缩微号：12-003-2444，中国第一历史档案馆藏。

“滇省距京最远，与内地迥异，而应行调补之佐杂又较他省为多，遇有升迁事故及参劾离任员缺需人，一时难得人地相宜、合例升调咨署之员，势不得不咨部奏闻，拣选引见补授，往返经年累月，虽暂署有人，而现任者未免顾此失彼，试用者又恐初仕未谙，每当缺出之时，辄至周章拮据。”[①]乾隆三十四年（1769），云南佐杂人员缺编，因“云南地方距京窎远，凡部选之员，非半载有余不能到任，是以遇有缺出，委署甚久，需员较多”，云贵总督明德、云南巡抚喀宁阿特奏请于在部候补、候选人员内拣发县丞六员、从九品四员、未入流四员来滇，以资委用。[②]乾隆四十七年（1782），滇省武职需员，但“滇省地处极边，离京较远，推升部选之员到任不能迅速”，只好奏请于应补人员内拣选副将一员、参将二员、游击二员、都司四员、守备四员饬令迅速赴滇，以资差委。[③]可见云南交通不便、路途遥远也是导致云南官场缺员的一个原因。

因云南特殊的地理与人文环境，要求云南官吏不但熟悉边情、夷情，且能耐烟瘴，即做到“人地相宜”，但是从外省选调官吏初到云南，短时间内是不可能做到“人地相宜”的，而本省人才又少，远远不能满足官场对人才的需要。从这个角度来看，云南特殊的地理与人文环境也是导致云南官场在乾隆时期出现缺员危机的一个因素。雍正十三年（1735），云南巡抚张允随在给清高宗的奏折中对外省来滇的候补官吏作如是评价：“臣思此人员固供差委办公之用，如果奋勉出力，似当照伊应选之缺陆续委署题补。但查沿边冲、繁、疲难要缺应于内地现任各员内择其熟谙风土、有为有守、历著成效者题请调补，非试用初任之员所能胜此缺也。再要缺之外间有应请调补之缺，亦应于现任内察其平日临民治政、人地相宜者拣选调补，又非试用者所得与其缺也。”[④]张允随对外省来滇官吏的评价是很中肯的，而且乾隆时期云南历任督抚都持有相同观点。乾隆十六年（1751），腾越州知州缺员，按例应在外拣选调补，云贵总督硕色认为：“通省知州内虽有俸满三年之员，非

① 《奏请拣发候补佐杂人员事》（乾隆十六年十一月月十一日），档号：13-0017-002，缩微号：13-001-1161，中国第一历史档案馆藏。

② 《奏请拣发佐杂人员来滇以资差委事》（乾隆三十四年三月初四日），档号：12-0128-036，缩微号：12-022-1116，中国第一历史档案馆藏。

③ 《云贵总督富纲：奏秘滇省武职需员请旨简发以资差委折》（乾隆四十七年九月二十四日），《宫中档乾隆朝奏折》第53辑，台北：“故宫博物院”，1982年，第138页。

④ 《雍正十三年十二月二十日，云南巡抚张允随奏：为钦奉上谕事》，张书才主编：《雍正朝汉文朱批奏折汇编》第30辑，南京：江苏古籍出版社，1989年，第331—332页。

现任夷疆，即人地不宜。”[①]乾隆二十六年（1761），丽江府分驻维西通判缺出，因其地界连川藏，甚为紧要，必得明白干练、熟悉风土夷情之员方克胜任。云贵总督爱必达与云南巡抚刘藻查滇省通判内，“非现居要缺，即人地不宜，实无可以调补之员”[②]。再如乾隆五十三年（1788），云贵总督富纲、云南巡抚谭尚忠奏请为烟瘴边要之地调补同知时亦指出：“现任同知内，或到任未久，或人地不宜，实无堪以调补之员。”[③]在乾隆朝的奏折中，相关记载非常之多，实难全部列举，反映出云南特殊的地理与人文环境对官吏的任职要求亦与他省不同，云南官场缺员便在所难免。

从云南所处的历史时期与人文地理环境来看，云南官场于乾隆时期出现如此严重的缺员危机实为历史发展之结果，是中国西南疆域在形成和巩固过程中的一个必经阶段和重要表现。当各种致使云南官场缺员的因素同时聚集到一起之时，云南官场自然便会出现普遍且持久性的缺员危机，由于雍正朝存在时间的短暂，乾隆朝顺应历史而承担了解决云南官场缺员危机的角色，并通过解决云南官场缺员的危机加强了对云南的经营，从而保障了乾隆朝在云南的政治统治，巩固了中国的西南疆域。

三、乾隆朝解决云南官场缺员问题的措施

为政难，为边政更难，而尤以得治边人才为不易。云南作为边疆省份，其官场有着如此严重的缺员问题对乾隆朝来说是一个严峻挑战。为保证对云南地域的有效政治控制和云南社会的顺利治理，乾隆朝必须首先解决好官场的缺员问题。从历史档案资料来看，乾隆朝主要采取了以下一些积极的应对措施。

第一，着力发展云南的文化教育，为云南官场培养人才。乾隆元年（1736），清高宗便降旨阐明封建王朝发展教育之目的：“书院之制，所以导进人才，广学校所不及。居讲席者固宜老成宿望，而从游之士亦必立品勤学，争自濯磨，俾相观而善，庶人材成就，足备朝廷任使，不负教育之意。”因此，云南督抚与云南学政聘请浙江湖州乌程县人、原任翰林院庶吉

① 《云贵总督硕色：奏请调补要员以裨地方折》（乾隆十六年九月初四日），《宫中档乾隆朝奏折》第1辑，台北：“故宫博物院”，1982年，第562页。

② 《奏请以张准升署维西通判，以唐扆衡借署蒙自县知县事》（乾隆二十六年四月初八日），档号：12-0107-009，缩微号：12-018-1627，中国第一历史档案馆藏。

③ 《云贵总督富纲、云南巡抚谭尚忠：奏升用同知折》（乾隆五十三年九月初十日），《宫中档乾隆朝奏折》第69辑，台北：“故宫博物院”，1982年，第455页。

士孙见龙来五华书院主讲席，长达十二年之久。[①]此后历任书院主讲席者皆为学识渊博之士。乾隆朝还对在云南教育行业做出杰出贡献的人员给予留任。乾隆三年（1738），云南学政孙人龙在夷人之地“新设学校，尤留心整饬”，云南督抚专门奏请将其再行留任三年[②]，以保证云南教育的良性发展与官场缺员之需。

第二，放宽云南等六省的考生科举取士政策，降低录取标准，为云南官场提供足够的人才储备。这项政策在雍正末年就已经开始执行，当时雍正朝已经注意到云南人才的匮乏，清世宗于雍正十一年（1733）谕命在云南等六省来京会试的举人之中，除“择其文尚可观而人材可用者，添取数人，候旨录用”外，其次等可取之卷应不拘数目，秉公选出，俟发榜后再加遴选。对于云南等六省的落第举子，其愿于下科会试者，不必再次报名，直接参加考试，且其“若有情愿小就，以图即行录用者，著在礼部报名，一并交与派出之大臣主考官，拣选奏闻请旨”。乾隆元年（1736），清高宗再一次重申雍正十一年（1733）的谕旨：“云南、贵州、广东、广西、四川、福建六省举人，赴京应试未经中试者，著照雍正十一年之例，拣选奏闻请旨。”[③]在此之后，乾隆又多次给云南的考生提供诸多优惠政策，如多次对云南年老的考生“赏给举人”[④]，以示对云南文化教育的鼓励。雍乾两朝在云南等六省实行的这种宽松的科举取士政策，无疑对培养官场人才，缓解云南官场的缺员危机起到了重要作用。

第三，从外省拣调官吏来云南任职也是缓解官场缺员危机的一个重要举措。云南教育虽然经过康雍乾三朝的大力发展，但人才终究过少，远不能满足云南官场的需求。正如张允随所云：“虽造物生才原不择地，然特出之姿未易多得，而中材之士未免拘于风气，囿于方隅，见闻既已不充，智识因之浅隘。滇省边方要地，州县各官出色之员甚少，每值应行题补之缺，不得不于各员内选择题补，究难得胜任之员。”有鉴于此，张允随不得不上疏清高宗，指出“人才一事实为要务”，在从外省挑选赴滇官吏的时候，请求清高

①《为五华书院主讲孙见龙品学醇正，奏请鼓励事》（乾隆十四年十月初九日），档号：04-01-01-0181-032，缩微号：04-01-01-027-1704，中国第一历史档案馆藏。

②《奏为据实密奏云南学政孙人龙留心整饬学校，请再留任事》（乾隆三年五月三十日），档号：12-0011-090，缩微号：12-002-2575，中国第一历史档案馆藏。

③《钦定大清会典事例·礼部六十四·贡举·明通榜》卷353，方国瑜主编：《云南史料丛刊》第8卷，昆明：云南大学出版社，2001年，第244页。

④《钦定大清会典事例·礼部六十五·贡举·恩赐》卷354，方国瑜主编：《云南史料丛刊》第8卷，昆明：云南大学出版社，2001年，第244页。

宗“俯念边地需才，圣鉴调换，俾得收臂指之效，实于边方吏治大有裨益”[①]。从外省拣调人员来滇任职的资料在乾隆朝奏折中记载非常之多，试列举一二。乾隆三十七年（1772），云南丽江知府缺员，云南督抚查滇省知府或系沿边及冲繁要缺，或甫经补放，尚未到任，或来滇未久，仅堪本任供职，实无堪以调补之员，亦无可升用之人，只得奏请从外省调补。[②]乾隆三十九年（1774），迤南道缺出，云南督抚于云南通省道府内逐加拣选，非现膺繁剧，即人地不宜，实无堪以升调之员，也奏请简放人员来滇。[③]官场佐杂人员亦多从外省拣调。乾隆三十四年（1769），云南佐杂缺员，云南督抚便上疏奏请在部候补、候选人员内拣发县丞六员、从九品四员、未入流四员来滇，以资委用。[④]

第四，将熟悉边情、夷情，习服水土的人员留在云南，确保云南官场要缺不致久悬。云南地处天末，界连外域，处处夷疆，所辖苗夷言语悬殊，性情迥异，且烟瘴较多，水土与内地不同。不只是要缺之府、厅、提举、州、县亟须人才，即要缺之佐杂等官亦各有分责，刑名钱财等事务，非干练之员不能胜任，因此云南尤与内地不同，更应亟为筹画。许多从外地调入云南的官吏“迨至俸满候升，已于苗情熟谙”，习服水土，此时若调至外省为官，便使云南“失一谙练之贤员，而在他省仍仅增一生手，转觉用违其才，殊为可惜”。因此爱必达奏请，以后滇省要缺，凡俸满之同知、通判、提举、知州、知县及佐杂各官内，遇有才守兼优、政绩卓著、熟悉夷情、民心爱戴、不可多得之员，云南督抚应“于保题疏内声明留滇，以相当之缺升补；其例应引见者，题升后仍送部引见，恭候钦定”，于边方吏治民生甚有裨益。[⑤]乾隆十七年（1752），云南巡抚爱必达曾如是说：“若遵例奏请拣发，又恐甫经来滇之人，才识虽优，而于边疆风土人情、盐务一切利弊未能周悉，转于要缺无益。”可知云南官吏熟悉边情、夷情、习服水土之重要。

---

① 《署云南总督云南巡抚张允随奏：为仰恳圣恩，以裨吏治事》（乾隆六年八月初六日），方国瑜主编：《云南史料丛刊》第8卷《张允随奏稿》，昆明：云南大学出版社，2001年，第610页。

② 《奏为丽江府悬缺现无合例之人调补，奏请简放一人来滇补用事》（乾隆三十七年九月初七日），档号：12-0152-027，缩微号12-026-1788，中国第一历史档案馆藏。

③ 《奏为迤南道缺出，请旨简员来滇，以资治理事》（乾隆三十九年十一月十一日），档号：12-0161-060，缩微号12-028-0714，中国第一历史档案馆藏。

④ 《奏请拣发佐杂人员来滇以资差委事》（乾隆三十四年三月初四日），档号：12-0128-036，缩微号：12-022-1116，中国第一历史档案馆藏。

⑤ 《云南巡抚爱必达：奏陈留滇升用干员以广边疆久任之实折》（乾隆十七年三月初五日），《宫中档乾隆朝奏折》第辑，台北：“故宫博物院”，1982年，第387页。

第五，从佐杂人员中选拔优秀官吏担任要职。佐杂人员虽然亦多有缺编，但与官场要职的缺员却有所不同。官场要职缺员现象在整个乾隆时期都一直存在，而佐杂人员只是在乾隆前期缺编，至乾隆后期佐杂人员缺编问题已经有所缓解，甚至遇有官场要职缺员之时，便从佐杂出色之员中选拔。乾隆五十四年（1789），保山县知县缺员，云南督抚经过考察，认为威信州判赵煜宗才具明敏，办事实心，“实为佐杂中出色之员”，特奏请将其升任保山县知县。乾隆五十七年（1792），云南平彝县知县缺员，云南督抚同样认为丽江井盐大使卢峋才具明晰，办事勤慎，“实为佐杂中出色之员”，也奏请将其调补彝县知县。①

第六，裁撤云南冗员，以补官场缺出。乾隆三十六年（1771），鹤庆州属观音山巡检，地居腹里，事务简少，距州亦不甚远，署理云贵总督印务、署湖南巡抚德福认为此职“实属闲曹冗缺，可以裁汰”，正逢龙陵巡检缺员，德福建议将观音山巡检改驻龙陵，作为厅属，令其专司监狱及巡防捕务，如此一来，“闲曹可收协助之益，于地方实属有裨”②。乾隆四十二年（1777），李侍尧与裴宗锡云：“设官分职，全在名实相符，难容冗滥”。查滇省白盐井所属之白石谷井，系雍正九年（1731）开设，“所有该井卤水由白井大使经管之观音井添补煎额，为数亦甚无几，本井大使并无经手专办之事，此一员者，实属冗设”；又黑盐井所属之复隆井，开自前明，向系黑井提举兼管，此井大使“亦属闲曹”，李裴二人经过酌商，奏请“将白石谷井大使、复隆井大使二缺均行裁汰”，现任二井之大使董元、席世荣“俱请仍留滇省，遇有相当之缺补用”③。

乾隆朝面对云南非常严重的官场缺员危机，主要通过以上几种途径进行了缓解，可以说这些措施起到了很大作用。虽然在乾隆末期云南官场还有缺员现象，但同乾隆初期相比，已是大为减轻，且多数缺员不再从外省大量拣调，而是从云南本省现职或候补官吏中选升，反映出乾隆朝对云南官场治理的重视与成功。

云南官场缺员现象的发生绝非偶然，是云南历史上必须经历的一个过

---

①《奏请以丽江井盐大使卢峋升补平彝县知县事》（乾隆五十七年十一月二十五日），档号：12-0241-014，缩微号 12-042-0078，中国第一历史档案馆藏。

②《奏为龙陵地方紧要，请以观音山巡检移驻其地，以资佐理事》（乾隆三十六年五月十一日），档号：12-0143-967，缩微号：12-025-0779，中国第一历史档案馆藏。

③《大学士仍管云贵总督昭信伯李侍尧、云南巡抚裴宗锡：奏请裁盐井冗员以归实效折》（乾隆四十二年七月十九日），《宫中档乾隆朝奏折》第 39 辑，台北：“故宫博物院”，1982 年，第 428 页。

程，而历史将其定位在乾隆时期。雍正朝在云南大规模的改土归流成为云南官场缺员现象发生的一个直接诱因，辅以其他多种因素，最终缺员危机在乾隆时期出现在历史的舞台。云南远离京师，官场又缺员严重，必定会影响乾隆朝对云南的有效治理，但乾隆时期云南社会稳定，经济持续发展，百姓安居乐业，并未出现过大型的社会动乱与政局动荡之事，即使在出征安南与缅甸期间，云南社会依然保持着和谐稳定，并未因官场缺员而失控，不但其原因值得深思，其做法亦有一定的借鉴意义。

第四节　乾隆时期云南的吏治整饬

乾隆时期，云南地处极边，民族杂居，情形与内地迥异，云南的边备夷情等事，皆依赖于当地官吏。自雍正改土归流之后，乾隆朝开始了对云南的大规模治理，其治边政策既有和内地相同之处，又具有边省特色。因此，乾隆朝对云南官吏的选拔与调补不但具有全国通行标准，还根据云南情况规定了一系列的具体要求。

一、乾隆朝对云南官吏的选拔与调补

乾隆朝非常重视对云南官吏的选拔，将品行作为官吏选拔的首要因素。乾隆元年（1736），云南总督尹继善到任之初便上疏清高宗，指出："治天下之道，莫重于用人行政，而用人行政之法，务在崇实，学勤实行"，即治理国家之关键在于人才，而人才之关键务在崇实，并说："迩来科甲取士之法，多系有名无实"，积弊很深，提倡"夫取士固在于文章，而求贤尤贵夫品行"，把品行作为选拔官吏的最重要标准，应"择德行才识俱优者"[①]。云南巡抚张允随亦云："为守令者，必得心胸开阔，才具通达，始能料理无误。"[②]如果州县各官中，有能"时历乡村，问民疾苦，能然以兴利防患、移风易俗为己任者"，张允随皆随时给予奖励，并将优秀官吏的事迹"风示通省，俾交相效法"；对于耽逸偷安、玩视民事，以及质地凡庸，不能振兴的

① 《奏为停止捐纳、整顿科目，敬陈管见事》（乾隆元年二月十三日），档号：38-0059-019，缩微号：38-003-1506，中国第一历史档案馆藏。

② 《署云南总督云南巡抚臣张允随谨奏：为仰恳圣恩，以裨吏治事》（乾隆六年八月初六日），方国瑜主编：《云南史料丛刊》第8卷《张允随奏稿》，昆明：云南大学出版社，2001年，第610页。

官员，张允随皆特疏参劾，断不令其尸位旷官。[①]乾隆三十四年（1769）时，署呈贡县事云南府经历杨家驹在承办军需牛马以及承运军粮等事务时，制定种种科派累民，并派用夫役少发工价，其借买牛马，科派钱数达千串之多，实属天良丧尽，罪无可逭。云南巡抚喀宁阿为严饬云南吏治，特将杨家驹等贪污营私之官员题参革审，严加监禁。[②]

乾隆朝把对业务的熟悉程度作为官吏选拔的一个重要标准。如官吏主治民，则必熟悉边情、夷情；如官吏主治军，则必熟悉营伍、弓马；如官吏主矿业，则必熟谙钱局、鼓铸等事务。乾隆元年（1736），代理云南迤东道王廷琬在管理铜厂时营私舞弊，被革职在案。因迤东道系分巡十三府地方，并管理运京钱局、鼓铸事务，任务重大，必须有老成谨慎、熟谙情形之人始能胜任。经观察，云南府知府储之盘，“操守廉谨，才具明练……现委署迤东道印务，该员署事以来，一切事宜俱能尽心料理”，因此选拔储之盘继任迤东道。[③]乾隆八年（1743）时，张允随身兼云南督抚两职，政务殷繁，意将刑名一事交于熟精律例而又能办事谨慎公正者。当时有官员朱象贤对刑名之事非常熟悉，特请求清高宗将朱象贤留滇办理幕务，负责刑名之事。[④]乾隆十六年（1751），云南按察使员缺，此职为刑名总汇，滇省僻处边隅，统辖23府，地方辽阔，事务殷繁，非才干敏练、熟悉风土之员不克胜任，时有迤西道沈嘉征，“识见晓畅，政务练达，所辖十府，董率属吏，绥戢疆圉实心实力，诸事整饬”。此人曾办理布政使印务，井井有条，委署按察使印务之时，公事公正，人民敬仰，实属巡道中杰出之员”，且于云南地方情形素所稔悉，因此硕色与爱必达上疏奏请以迤西道沈嘉征升补云南按察使，以收驾轻就熟之效，实于吏治有裨。[⑤]乾隆十七年（1752），广南府知府方廷英病故。因广南府外连交趾，内接粤西，管辖之地皆系沙侬，且多有瘴疠，而稽查奸匪，保固边防，甚关紧要，非才猷干练、熟悉风土之员不能胜任。硕色

① 《为遵旨条对滇省教养成效事》（乾隆九年十一月十六日），档号：01-0106-021，缩微号 01-017-0129，中国第一历史档案馆藏。

② 《奏为特参藉端科派、营私不职之呈贡县知县杨家驹、教谕沈錩，请旨革职审究事》（乾隆三十四年七月二十八日），档号：01-0281-030，缩微号：01-039-0267，中国第一历史档案馆藏。

③ 《奏请以云南巡抚储之盘补授迤东道事》（乾隆元年正月二十日），档号：12-0006-001，缩微号：12-001-2224，中国第一历史档案馆藏。

④ 《云南总督兼管巡抚事臣张允随谨奏：为请旨事》（乾隆八年十二月二十日），方国瑜主编：《云南史料丛刊》第 8 卷《张允随奏稿》，昆明：云南大学出版社，2001 年，第 653—654 页。

⑤ 《奏请以周琬补授四川按察使，并沈嘉征升补云南按察使事》（乾隆十六年十一月十二日），档号：04-01-13-0017-022，缩微号：04-01-13-001-1265，中国第一历史档案馆藏。

与爱必达对云南官员详加遴选，认为武定府知府蒋衡，由监生历任湖南衡州府通判，升授今职，年富力强，才具干练，且于彝情亦甚熟悉，堪以调补广南府要缺，委属人地相需。① 同年，云南普洱镇总兵员缺。因普洱一镇系新辟夷疆，地处极边，外连挝、缅生番，内而控制各猛土司，员缺甚为紧要，且地多烟瘴，即暂署亦须得人。经查标中军副将巴哈那曾经委署普洱镇篆，诸事办理妥协，熟悉风土，特暂委巴哈那前往署理普洱镇总兵之职。②乾隆二十年（1755），云南提督吕翰因病谢世，因云南为极边要地，所遗印务甚关紧要，最后拣选历任八年，老成持重，晓畅边情的鹤丽镇总兵官谭五格暂署提督印务。③乾隆三十年（1765），开化镇（今文山）总兵员缺，因开化一镇壤接交址，汉夷杂处，必得老成练达之员方能弹压抚绥。刘藻于通省总兵内详加拣选，查有楚姚镇总兵书敏，熟谙营伍，老成镇静，兵民辑睦，训练有方，奏请以其调辅开化镇总兵，实堪胜任。④乾隆五十四年（1789），云南丽江府分防中甸同知员缺，该处接连西藏，远在极边，一切抚驭番夷，稽查商贩，必得老成明干之员方克资其整治，查有南宁县（今曲靖）知县刘垲，其才情明练，办事安详，且在滇年久，熟悉风土夷情，历俸已逾五年，其罚俸各案续据完解外，现在未完只有六案，已在十案以内，除刘垲之外，无合例堪以胜任之员，为使滇省要缺不致久悬，特奏请准以刘垲升补中甸同知。⑤乾隆五十五年（1790），云南黑盐井提举悬缺，因黑盐井提举责任綦重，非精明干练者不足以资担任，查晋宁州知州叶道治，才具明白，办事敏练，以之调补黑盐斤提举，实属人地相宜。⑥

乾隆朝在选拔云南官吏之时，除要求官吏熟悉业务之外，还必须服习水土。乾隆二十一年（1756），云南广南府知府蒋衡提升江西粮道，所遗员缺。因广南府系极边烟瘴之区，外连交趾，内接粤西，边情紧要，必得老成

① 《云贵总督硕色、云南巡抚爱必达：奏请调补广南府知府折》（乾隆十七年五月二十日），《宫中档乾隆朝奏折》第 3 辑，台北："故宫博物院"，1982 年，第 130 页。

② 《云贵总督硕色：奏报暂为员署理普洱镇总兵官折》（乾隆十七年八月初一日），《宫中档乾隆朝奏折》第 3 辑，台北："故宫博物院"，1982 年，第 516 页。

③ 《署云贵总督爱必达谨：奏报云南提督吕瀚病故折》（乾隆二十年十二月二十八日），《宫中档乾隆朝奏折》第 13 辑，台北："故宫博物院"，1982 年，第 389 页。

④ 《云贵总督臣刘藻谨：奏为遵旨拣调总兵折》（乾隆三十年九月初九日），《宫中档乾隆朝奏折》第 26 辑，台北："故宫博物院"，1982 年，第 52 页。

⑤ 《云贵总督臣富纲、云南巡抚臣谭尚忠：奏请准以刘垲升任中甸同知折》（乾隆五十四年二月二十一日），《宫中档乾隆朝奏折》第 71 辑，台北："故宫博物院"，1982 年，第 303 页。

⑥ 《奏请以晋宁州知州叶道治调补黑盐井提举事》（乾隆五十五年二月二十七日），档号：12-0223-103，缩微号：12-038-1930，中国第一历史档案馆藏。

干练、熟悉风土之员，方能胜任。然广南一府烟瘴尤甚，“必须服习水土之人，始足以资治理”，查开化府知府王筠在开化二载有余，“水土已经服习，委系其人其地实在相需”，因此奏请将广南府知府一缺，俯准以开化府知府王筠调补，而开化府一缺，则另行遴员请补。①乾隆四十三年（1778），镇沅直隶州悬缺已久，查有宁州（今华宁）刘钟芳年例相符，“能耐烟瘴”，奏请以刘钟芳升授镇沅直隶州知州，实属人地相宜。②乾隆四十五年（1780），迤南兵备道员缺，查有捐复留滇候补道汤雄业，其不但精明干练，才守兼优，历任繁难府缺，均能措置得宜，且于边境夷情皆很熟悉，“能耐烟瘴”，若补迤南之缺，甚属相宜。③乾隆五十二年（1787），龙陵协副将富连升染瘴身故，所遗员缺。副将不但有管辖全营，有表率训练之责，且龙陵地处极边，兼有烟瘴，每年官兵出汛及平时守卡、防查皆需副将调拨，往来巡查实为紧要，“必得精明强干、熟谙夷情而又能耐瘴者方克资其经理”。查有顺云营参将苏尔相，老成谙练，办事勤谨，其于龙陵夷情“更所熟悉，亦能耐习烟瘴”。云贵总督富纲因此推荐苏尔相升署龙陵协副将，实于边圉、营伍均有裨益。④

官吏如患重病，应调离解任，所遗员缺及时调补。乾隆十七年（1752），云南永顺镇兵官刘问政老成练达，在任两载，一切边疆营伍事宜俱办理妥协。然其于上年十二月间染患中风之症，病势甚重，虽经延医调理，渐有好转，但起居、言语犹有健忘之失，恐难即时全好，硕色便将其解任，命其回籍调理，俟病愈之日，再另行安排。因永顺镇员缺甚属紧要，特简贤能补授，庶边疆可早收得人之效。⑤乾隆二十一年（1756），云南普洱镇总兵李如柏得染寒湿之症，不时发作，以致步履维艰，自觉精神恍惚，事多遗忘，特“题请休致回籍调理”。然所遗普洱镇一缺，系极边重地，未便仍令刘问政带病料理，恒文便委员前往接署。⑥然而，至乾隆二十四年（1759）

① 《云贵总督恒文、云南巡抚郭一裕：奏调补知府折》（乾隆二十一年闰九月十九日），《宫中档乾隆朝奏折》第15辑，台北：“故宫博物院”，1982年，第573页。

② 《署云贵总督兼云南抚裴宗锡：奏请刘钟芳升授云南镇沅直隶州知州事》（乾隆四十三年闰六月初八日），《宫中档乾隆朝奏折》第43辑，台北：“故宫博物院”，1982年，第707页。

③ 《奏请以候补道汤雄业补授迤南兵备道缺事》（乾隆四十五年四月二十六日），档号：12-0188-075，缩微号：12-032-1937，中国第一历史档案馆藏。

④ 《云贵总督臣富纲：奏为边要副将亟需干员请准升署折》（乾隆五十二年三月十二日），《宫中档乾隆朝奏折》第63辑，台北：“故宫博物院”，1982年，第603—604页。

⑤ 《云贵总督硕色：奏报镇臣患病请旨解任调理折》（乾隆十七年三月二十四日），《宫中档乾隆朝奏折》第2辑，台北：“故宫博物院”，1982年，第503页。

⑥ 《云贵总督恒文：奏报云南普洱镇总兵老病请休致回籍调理折》（乾隆二十一年十二月二十四日），《宫中档乾隆朝奏折》第16辑，台北：“故宫博物院”，1982年，第438页。

时，常有官员以告病为由，“以行其便安趋巧之私，或不堪繁苦，冀免差徭，或上官旧有猜嫌，虑干指摘，同官意见参差，恐致吹求，借罢官以掩疚慝，藉离任以轻处分，验看之员，扶同捏饰，上司概不求备，匪惟有玷官箴”。因此，乾隆朝规定，凡告病之员如果锢病属实，即令休致，易痊者给假调养，逾期亦命休致，若非以上原由，将严加追究。云南督抚对于官员告病解任一事，以前多按如下办理：如平日居官平常，勒令休致；唯才堪办事者，方准解任调理，病痊送部引见，仍以原缺补用，以杜规避。若无病捏称有病，将本官革职，验看保结各官降一级调用，代题督抚罚俸一年。其有承缉盗案等事，参限届迫，先期告病，冀避降革处分者，仍照本例议降议革，不得照离任官例以罚俸议结。嗣后遇有告病事件，即申明定例，遴委诚实之员确验结报，该管道府详细察核，加具切实印结，由司查明，转详督抚，核实具题。如有扶同捏报，即将本员及验看保结各官照例参处，不得稍为宽假，则捏饰之弊可杜，而人材亦不至于屈抑。[①]乾隆三十二年（1767），晋宁州知州冯杰英，两耳重听，勉强支撑；原护大理府事、嵩明州知州张足法，人已龙钟，精神疲散；镇南州知州张大森，才本平庸，神志昏惰，及访以政事，亦俱不能明晓。“似此衰庸废弛之员，不便姑容，致滋贻误”，云南巡抚鄂宁遂请旨将冯杰英、张足法、张大森俱勒令休致，以肃吏治。[②]乾隆四十二年（1777），迤西兵备道唐扆衡染患风痰病症，手足麻木，步履维艰，难以供职，云南督抚批准其“解任回籍调理”，所遗该道员缺，则选调办事练达之楚雄府知府孔继炘继任。[③]

位于极边要地的官场员缺，可以破例调补干练之员继任。清高宗云：“向来各省边缺人员定有三年俸满即升之例，其中或因地系烟瘴，势难久居，故于体恤之中兼寓鼓舞之意。”[④]然而乾隆时期云南官吏奇缺，为保证对云南的有效治理，乾隆朝又有定例：“员缺果系紧要，非干练之员不能胜任，而年例不符，实有不得不为变通者，准将其人其地实在相需，或应调

① 《奏为酌定官员告病条例，敕部核议事》（乾隆二十五年正月十九日），档号：12-0099-057，缩微号：12-017-1838，中国第一历史档案馆藏。

② 《奏为晋宁州知州冯杰英等员衰庸废弛，请旨俱勒令休致事》（乾隆三十二年五月十三日），档号：12-0125-095，缩微号：12-022-0106，中国第一历史档案馆藏。

③ 《大学士仍管云贵总督昭信伯李侍尧、云南巡抚裴宗锡：奏报委署道篆折》（乾隆四十二年九月二十五日），《宫中档乾隆朝奏折》第 40 辑，台北：“故宫博物院”，1982 年，第 220 页。

④ 《奏为遵旨议奏边缺守令外任分晰定例及本省情形事》（乾隆二十五年六月初二日），档号：12-0102-046，缩微号：12-017-2611，中国第一历史档案馆藏。

补，或应升署人员，详晰声明，专折奏闻。”[①]乾隆十六年（1751）三月，因云南普洱府知府员缺，因普洱界连缅老，且管理江外八猛十二版纳，系新辟夷疆最要边缺，必须干练有为之员方克胜任，特推荐为人诚实，谙练夷情的永北府（今永胜）知府岳安调补普洱府知府。岳安于乾隆十四年（1749）十一月到任，至乾隆十六年（1751）三月时尚不足一年半时间，不符合调补年限。云贵总督硕色、云南巡抚爱必达认为：“永北系部选中缺，不比普洱紧要”，在此情形之下，可以进行变通，破例调补。岳安到任虽未满三年，但察其政绩，诸事俱能整饬，系才猷出色之员，若以之调补普洱府知府，实与普洱要缺相宜，与边方大有裨益。[②]同年九月，腾越州知州员缺，云南布政使彭家屏等举荐历俸未满三年，但老成干练、熟谙夷情的云州知州葛庆曾调补腾越州（今腾冲）知州，云贵总督硕色亦云，虽年例不符，然实有不得不可以变通者，因腾越州界连缅蟒，环绕苗夷，为滇省极边要缺，非老成干练之员实难胜任，最终调补葛庆曾前任腾越州知州。[③]乾隆十七年（1752）时，腾越州知州葛庆曾患病身故，所遗员缺。查有昆明知县陈秋元，才守兼优，人品端谨，历任平彝（今富源）、昆明，“循声素著，且在滇日久，熟谙边地情形，以之升署腾越州知州，实才称其地，边方可获得人之效”。然该员系乾隆十四年（1749）八月内实授，历俸未满五年，硕色认为：“员缺果系紧要，非干练之员不能胜任，而年例不符，实有不得不为变通者”，奏请俯念要缺一时不得合例可调之员，准将昆明县知县陈秋元升署腾越州知州，但“仍照例接算前后俸次，俟扣足五年之限，另请实授”。而所缺昆明县知县，则奏请以楚雄县知县弓椿调补。弓椿虽历俸未满三年，然昆明实需其人，“俾边疆剧邑人地均得相宜，庶与吏治有裨”。清高宗朱批：“著照所请行。”[④]陈秋元与弓椿之官职调动，皆为破例升补。

乾隆朝对于知州、知县中的才猷杰出者，可以保举知府，逾格升用。乾隆十八年（1753），清高宗降旨：“令各省督抚将同知、直隶州知州能胜知府之任者秉公保荐……如荐贤为国之义，何或因前旨有在任三年之语，难得合

① 《云贵总督硕色：奏报边地要缺需员请旨升补折》（乾隆十七年三月二十四日），《宫中档乾隆朝奏折》第 2 辑，台北：“故宫博物院”，1982 年，第 503 页。
② 《奏请以永北府知府岳安调补普洱府知府事》（乾隆十六年三月二十一日），档号：12-0081-044，缩微号：12-014-1403，中国第一历史档案馆藏。
③ 《云贵总督臣硕色：奏请调补要员以裨地方折》（乾隆十六年九月初四日），《宫中档乾隆朝奏折》第 1 辑，台北：“故宫博物院”，1982 年，第 562 页。
④ 《云贵总督硕色：奏报边地要缺需员请旨升补折》（乾隆十七年三月二十四日），《宫中档乾隆朝奏折》第 2 辑，台北：“故宫博物院”，1982 年，第 503 页。

例人员，不妨稍宽其途……如同知、直隶州内果有可胜知府者，不妨不拘年限，设又不得人，即于所属知州、知县内择其才猷出众、能胜知府之任者，据实秉公保举，送部引见，以广储用。”其意即在知府员缺，而又无合例可调之员的情况下，可以于全省知州、知县内据实秉公保举，以补知府员缺。硕色便于云南全省知州、知县内逐加拣选，查有鹤庆府属之剑川知州张泓，才具明敏，办事强干；又昆明知县弓椿，才具优长，办事实心，由楚雄调任省会首邑，诸事办理很是妥当；又昭通府属之永善县知县王曰仁，守洁才优，老成练达。硕色认为以上三员均系有猷有为之员，堪胜知府表率之任，皆据实秉公保举。[①]乾隆二十年（1755），清高宗再次降旨，命“其各督抚亦仍照前例，于同知以下、知县以上，堪胜知府之任者，具折奏闻”。硕色与爱必达在全省通判、知州、知县内逐加拣选，查有鹤庆府维西通判段宏深，操守廉谨，才具干练，努力办公，不辞劳瘁；又安宁州知州李仙洲，才猷干练，品度恢宏，办事实心稳妥；署腾越州知州陈秋元，才情练达，人品端方，办事安详，循声素著；昆阳知州方桂，操守清慎，才具明敏，兴修水利，实心爱民。云南督抚认为以上四员均系有猷有为之员，堪胜知府表率，亦据实秉公保举。[②]乾隆二十二年（1757），清高宗又饬命各省督抚保举知府，爱必达与刘藻仔细参酌，查镇沅府威远同知卢元，老成历练，才守兼优，久任边疆，循声懋著，表率有方。师宗州知州龙廷栋，才优识练，强干有为，曾署理临安府印务，一切事件办理裕如。富民县知县孙于磐，为人诚实无伪，实心办事，不涉粉饰。特保举以上三员，认为其“均堪胜知府之任”[③]。

乾隆朝对军事官吏中副将、参将以下各官，如有才具出众者，亦可保举总兵。乾隆二十八年（1763），清高宗宣谕：“其现任副、参以下各官，或尚有才具出众、可膺专阃之寄者，着各省总督、提督及兼管提督之巡抚等，各就所知，据实保奏，送部引见”。云贵总督吴达善细查云南通省现任副、参以下各官，有元江营参将李经世，职练才优，熟谙营伍，操防勤慎，历委署理总兵印务，督率有方；云南抚标中军参将华封，才识明敏，训练弁兵严肃整齐，气度开展。吴达善认为以上二员，“均属才具出众，堪膺专阃之寄”

① 《云贵总督硕色：奏为知州能胜任知府之任折》（乾隆十八年四月二十日），《宫中档乾隆朝奏折》第5辑，台北：“故宫博物院”，1982年，第143页。

② 《云贵总督硕色、云南巡抚爱必达：奏荐同知以下以胜知府之任折》（乾隆二十年五月二十五日），《宫中档乾隆朝奏折》第11辑，台北：“故宫博物院”，1982年，第507页。

③ 《奏为遵旨保举镇沅府威远同知卢元等三员堪胜知府之任事》（乾隆二十二年十二月十一日），档号：12-0088-058，缩微号：12-015-2245，中国第一历史档案馆藏。

者，特此保举其任总兵之职。①乾隆五十三年（1788），云南永昌协副将孝顺阿“才具明白，熟悉营伍，办事、操防均能勤奋”，堪胜总兵之任，富纲对其出具考语并保举总兵之职。②

所有被调补、提拔或保举之官员，皆以其任期内是否有参罚之事为重要衡量指标。乾隆二十二年（1757），云南普洱府知府高光祖于署理南笼任内，因普安县知县任宣锡亏空仓粮，含糊率转，业经会疏题参，一并革审在案，因此普洱府知府员缺。云南督抚于通省知府内详加拣选，查有顺宁府知府耀安，于乾隆二十一年（1756）到任，“任内并无参罚事件”，且该员才猷干练，办事实心，虽到任未满三年，但很适合普洱府知府之职，特奏请以耀安调补普洱府知府。③乾隆二十三年（1758），顺宁府缅宁通判员缺，爱必达与刘藻奏请现署大理府弥渡通判张鎾署理缅宁通判，因张鎾“为人勤干，办事稳妥，任内并无参罚案件”，而所遗弥渡通判员缺则让通判周世棨署理。④同年，东川府知府义宁参革遗缺，查景东府掌印同知陈秋元服官滇省十有余年，实心任事，很有才干，熟悉风土、夷情，且“任内并无参罚事件”，建议将其升任东川府知府。⑤乾隆二十四年（1759）保山县员缺，爱必达与刘藻保举陈廷献署理保山县知县，但陈廷献于前署罗平州任内，有州民胡敦家被盗一案，已参疏防，除此之外，“别无参罚事件”，因陈廷献参罚较轻，所以并不影响其调补保山知县一事。⑥

乾隆朝对于不谙吏治之官员，则据其所长，改补教职。乾隆朝定例：举人如年力衰迈者，咨部，以教职注册。⑦乾隆三十二年（1767），广通知县李象奎被委署剑川州印务，然尚未到任。云南巡抚鄂宁经过调查，发现该员署理州篆、办理地方案件及差委事务，“皆形竭蹷”，查其才具，听其言论，

①《云贵总督吴达善：奏报遵旨保举副将以下堪任总兵之任折》（乾隆二十八年三月初三日），《宫中档乾隆朝奏折》第17辑，台北：“故宫博物院”，1982年，第122页。

②《云贵总督臣富纲：奏为遵旨保举堪胜总兵之副将折》（乾隆五十三年十月二十四日），《宫中档乾隆朝奏折》第69辑，台北：“故宫博物院”，1982年，第864—865页。

③《奏请以耀安调补普洱府知府，所遗顺宁府缺应归部选事》（乾隆二十二年十二月十一日），档号：12-0088-125，缩微号：12-015-2580，中国第一历史档案馆藏。

④《奏请以署弥渡通判张鎾署理缅宁通判，以试用之员周世棨署理弥渡通判事》（乾隆二十三年二月二十日），档号：12-0089-034，缩微号：12-016-0178，中国第一历史档案馆藏。

⑤《奏请以陈秋元升署东川府知府事》（乾隆二十三年十月初十日），档号：12-0091-007，缩微号：12-016-0825，中国第一历史档案馆藏。

⑥《奏请以龙廷栋升补镇沅同知，陈廷献署理保山县知县事》（乾隆二十四年二月十六日），档号：12-0093-034，缩微号：12-016-1732，中国第一历史档案馆藏。

⑦《奏为验看奉文截取建水县举人台宸辅，人才平庸，难膺民社之任，请改补教职事》（乾隆三十七年正月二十日），档号：12-0148-012，缩微号：12-026-0068，中国第一历史档案馆藏。

“于吏治全然未谙”，实难称知县之任。云南广通为连接永昌（今保山）冲衢，办理军务，差繁事剧，如令李象奎赴任，治理剑川难免出现问题。然鄂宁认为“吏治非其所长，学问犹堪秉铎”，因此请旨将李象奎改补教职。[①]乾隆三十六年（1771），署元谋县知县事、试用知县杜履泰“人本拘迂，性复迟钝……办理一切时形竭蹷”，“实难胜民社之任”，查该员居官尚无劣迹，且系举人出身，文理优通，若以改补教职，尚可胜任，署理云南巡抚诺穆亲便请旨将杜履泰改补教职，以重吏治。[②]同年，清高宗发现多有年力衰弱，难膺民社之举人改补教职一事，便“传谕各省督抚，嗣后验看截取举人时，务遵照前旨，察其年力，悉心分别，如有应行改教之员，即循例奏闻，毋得概予给咨赴选，具文塞责”。署理云南巡抚诺穆亲闻之，言其一定遵循训示，察其年力，悉心分别，如有应行改教之员，即循例奏闻，不敢稍事姑息。[③]此后，云南年力衰退之举人，更是多有从官场退身而改补教职之事。乾隆三十七年（1772），建水县知县台宸辅年力虽未就衰，才质实属平庸，且询以语言，所答多非所问，据称幼年患病，两耳重听，实难膺民社之任，但年力尚属强健，诺穆亲便奏请将其“若以改补教职，犹堪秉铎”[④]。乾隆三十八年（1773），嶍峨（今峨山）试用知县钟远煓人本拘迂，性复迟钝，“莅任以来，听断无能，遇事茸阘，屡经训饬，无如限于才识，难望造就有为，实难膺民社之寄”，该员系举人出身，居官尚无劣迹，若以之改补教职，犹堪胜任，李湖特奏请按照定例将其改补教职。[⑤]乾隆四十二年（1777），宜良知县陈滏办理政务，行动迟缓，不能振作有为，难胜知县之任，李侍尧与裴宗锡奏请将其“改补教职，以重地方”。[⑥]乾隆五十二年（1787），云南县壬午科举人任佺“年力未衰，而视听迟钝，语言蹇涩，讯以

①《云南巡抚鄂宁：奏为知县才不胜任请改教职折》（乾隆三十二年八月十八日），《宫中档乾隆朝奏折》第27辑，台北：“故宫博物院”，1982年，第822页。

②《奏为署理元谋县知县杜履泰才不胜任，请改补教职事》（乾隆三十六年二月十六日），档号：12-0141-063，缩微号：12-024-2535，中国第一历史档案馆藏。

③《奏为奉旨验看截取举人内有应改教职，钦遵办理事》（乾隆三十七年正月二十日），档号：12-0148-023，缩微号：12-026-0302，中国第一历史档案馆藏。

④《奏为验看奉文截取建水县举人台宸辅，人才平庸，难膺民社之任，请改补教职事》（乾隆三十七年正月二十日），档号：12-0148-012，缩微号：12-026-0068，中国第一历史档案馆藏。

⑤《云南巡抚臣李湖：奏请署嶍峨知县钟远煓改补教职事》（乾隆三十八年十一月初四日），《宫中档乾隆朝奏折》第33辑，台北：“故宫博物院”，1982年，第265页。

⑥《大学士仍管云贵总督昭信伯李侍尧、云南巡抚裴宗锡：奏为知县才不胜任请旨改教折》（乾隆四十二年十一月十五日），《宫中档乾隆朝奏折》第40辑，台北：“故宫博物院”，1982年，第855页。

吏治，更茫无以对"，实不胜任知县之职，因此亦将其改为教职。[①]

综上可知，乾隆朝对云南官吏的选拔与调补可谓是有一套比较完善的制度，十分重视官吏的品行，要求务实，对品行不端者题参严惩；要求官吏必须熟悉其所管辖的业务，并把对业务的熟悉程度作为官吏选拔和调补的一个重要条件；对极边要地的员缺能够破例升用人才，并保举精明干练的官吏升任知府或总兵。对罹患重病的官吏调离解任，选派杰出官吏进行调补。所有选择与调补的官吏皆要进行考核，以其任职期间有无参罚之事为重要衡量指标。乾隆朝对云南官吏的选拔与调补还具有浓厚的云南特色，因云南多瘴疠之地，选拔与调补官吏多要求服习水土，能耐瘴疠，并深晓云南的边情、夷情；对于不能胜任云南事务的官吏，则改补教职。从乾隆时期云南官吏的选择与调补可以看出，乾隆朝对云南的政治控制与经济开发已远超前代，许多曾经的土司辖地已经等同于内地而设流官治理。乾隆朝能够因时而变、因地制宜，根据云南边情、夷情来选拔与调补官吏，具有一定的进步意义，对推动云南与内地的一体化进程起到了重要作用。

二、乾隆朝对云南官吏的考察和监督

乾隆时期，云南远在极边之地，界连交缅，对云南治理的重任便落在云南督抚及下属各级官吏的肩上。清高宗远在京师，为遥控云南的各级官吏，对云南官吏制定和实施了一系列考察和监督制度。

云南巡抚爱必达云："属员贤否，关吏治之振弛，系民生之休戚。滇省僻在天末，在在夷疆，宁楫绥怀，尤须得人而理。"因此，乾隆朝"首以察吏为重，多方整饬，凡大小各官政绩，平日逐加留心考核，并于因公接见时观其言论，察其心地，以验才情之优绌，内念之诚伪。"乾隆朝之督抚对"州县随事教导，量材任使，时加查察，据实纠举"，对知府、丞卒、提举等，或悬缺未补，或未经到任，或系告病，或系丁忧，或久出差，"均不开列外"，所有现任司道六员、知府十六员、丞卒九员、提举二员，其人材政声，"逐一列考"[②]。云贵总督爱必达曾说，其自抵任以来，每于因公接见属员之机，即以地方情形、百姓疾苦面加咨询，"听其应对言词，核其办理事

① 《云南巡抚臣谭尚忠：奏报将不胜民社之举人任佺改用教职事》（乾隆五十二年十月十八日），《宫中档乾隆朝奏折》第 65 辑，台北："故宫博物院"，1982 年，第 847 页。

② 《云南巡抚爱必达：奏陈滇属官箴折》（乾隆十七年八月初十日），《宫中档乾隆朝奏折》第 3 辑，台北："故宫博物院"，1982 年，第 571 页。

件，留心体察各员居心之诚伪、才质之优绌”，对丞卒、牧令等官“随时训勉，随事指示”，对云贵两省所有“藩臬以下知府以上各官，理合填注考语，分缮两折恭呈御览”①。清高宗曾降旨：“各省总督，每年将该省提督是否胜任及总兵能否整饬营伍、防范地方之处，据实密奏一次。其两司、道府贤否，亦著各该督抚每年陈奏一次等因。”②因此，云贵总督对滇黔两省藩臬道府等官员每年不定期“填注考语”，云南巡抚敬陈滇省属员贤否，已成为乾隆朝对云南官吏考察之惯例，此可谓是乾隆朝对云南官吏之考察思想、方法与范围的概括。

云南巡抚与总督等封疆大吏，利用属员进见之机，对云南各地官吏“询以地方事宜，观其材识”③，从“属员之才具、操守、办事、年齿”等方面进行考察，而且时加查访，不敢稍懈④，并把对边情、夷情的熟悉程度作为重要的考察条件。如乾隆十二年（1747）十一月十六日，云南巡抚图尔炳阿把云南各地官吏的考察情况上报清高宗，其中云南边疆的官吏占有很大比重，且多通晓边情、夷情，列举如下：

布政使永贵：人甚谨饬，才情明敏，办事安详，虽到任未久，颇能留心地方。

按察使张坦熊：谨慎和平，办理刑名亦俱明允，仕滇年久，兼悉风土。

迤西道朱凤英：留心边务，办理地方诸事不恤劳瘁。

普洱府知府谷确：历练老成，晓畅边情，人亦悃愊无华。

临安府知府邓士□：服官年久，政事历练，才能理剧，操守亦好，虽年逾六旬，精力颇健。本系曲靖府，甫经督臣张允随会同臣奏请调补临安府知府，蒙恩俞允，钦遵在案。

永昌府知府徐本□：才裕政勤，熟练边情，现委护粮储道，办理皆妥协。

丽江府知府樊好仁：办事勤敏，不辞劳瘁，委开金江工程，极为

①《为循例甄别滇黔两省藩臬以下知府以上各员考语等事》（乾隆二十二年十二月十五日），档号：12-0088-055，缩微号：12-015-2229，中国第一历史档案馆藏。

②《云贵总督臣富纲：奏陈提镇司道知府考语事》（乾隆五十二年十月初十日），《宫中档乾隆朝奏折》第65辑，台北：“故宫博物院”，1982年，第754页。

③《奏闻密陈司道以下各员考语事》（乾隆十二年十一月十六日），档号：04-01-12-0056-028，缩微号：04-01-12-010-1171，中国第一历史档案馆藏。

④《奏为密陈司道府厅州县各员考语事》（乾隆十四年十二月二十日），档号：04-01-12-0064-050，缩微号：04-01-12-012-2196，中国第一历史档案馆藏。

勇往。

开化府知府觉罗彰古礼：守洁政勤，颇能留心地方。

顺宁府缅宁通判王绎：和平谨慎，现办缅宁改土归流，俱能尽心。

腾越州知州唐世梁：敷政安和，慎固边防。

保山县知县顿权：熟悉夷情，办理妥协。[①]

乾隆十四年十二月二十日（1750 年 1 月 27 日），云南巡抚图尔炳阿谨向清高宗上报对云南官吏的考察情况时，边疆官吏不但占有相当数量，熟悉边情、夷情同样为对云南官吏的重要考察标准。[②]乾隆十五年（1750）正月二十四日，大学士张允随也曾上书清高宗，汇报对滇、黔两省文武属员进行考察之情况，其中除考察官吏的品德、才识之外，边情、夷情亦是一个重要的衡量指标。[③]

清高宗还饬命云南督抚对下级官吏进行考察，并分别具折呈奏。乾隆二十六年（1761），云贵总督爱必达与云南巡抚刘藻分别将对属员的考察情况上报，清高宗见此二人"所注属员考语大约相同，因复将伊等上次所奏两相比较，亦竟无参差之处，殊属可异"，不知"系两人会奏之事，抑系各人自奏之事"，因此特命爱必达与刘藻奏明，到底是何原因。[④]爱必达与刘藻闻之，又分别密折奏报原因。仅因两折所奏大约相同，"爱必达著降一级留任，刘藻著销去加一级，免其降级"[⑤]。清高宗为了保证对云南各级官吏考察之公正与准确，抓好当朝吏治，命云南督抚二人各自密折奏报其对下属的考察情况，可谓是煞费苦心。

乾隆三十七年（1772），因钱度贪赃营私一事，反映出乾隆中期云南吏治已是严重败坏，此时李湖奉命调署滇省巡抚，向清高宗敬陈滇省吏治情形，对"三司"官吏严格考察，如布政使王太岳厚重质实；按察使图桑阿折狱详慎；粮储道祝忻明白果敢，勇于任事；迤东道钱受谷端谨清勤，娴习边

① 《奏闻密陈司道以下各员考语事》（乾隆十二年十一月十六日），档号：04-01-12-0056-028，缩微号：04-01-12-010-1171，中国第一历史档案馆藏。

② 《奏为密陈司道府厅州县各员考语事》（乾隆十四年十二月二十日），档号：04-01-12-0064-050，缩微号：04-01-12-012-2196，中国第一历史档案馆藏。

③ 《大学士臣张允随：谨奏》（乾隆十五年正月二十四日），《张允随奏稿》，方国瑜主编：《云南史料丛刊》第 8 卷，昆明：云南大学出版社，2001 年，第 767—768 页。

④ 《奏为遵旨查明大计考语与督臣所出大约相同，明白回奏事》（乾隆二十六年二月十四日），档号：12-0106-002，12-018-1166，中国第一历史档案馆藏。

⑤ 《奏为甄别官员贤否一折与督臣相同，奉旨免予降级谢恩事》（乾隆二十六年六月初十日），档号：12-0108-083，缩微号 12-018-2449，中国第一历史档案馆藏。

务等，清高宗认为对上述官吏之“考语皆当”。李湖亦“随时体察，如有自甘暴弃、庸劣废弛之员，不敢以计典在即，稍为姑容，惟督同司道据实列参”①。

清高宗甚至亲命云南督抚对指定的个别官吏进行考察，以知其人品才识。乾隆四年（1739），云南总督庆复接到清高宗手谕，上云：“署理云南按察使张坦熊系李卫保荐之人，朕看来小有才具，而人不正路，其心佥邪不可信。俟庆复奏事之便，密寄信去，令其着实留心试看。”庆复则留心试看，见张坦熊“政事尚属明晰，语言多有不实”，因其到任刚过两月，庆复实难看透其底细，特上书清高宗请求继续试看，如不称职，庆复“即据实奏闻”。②乾隆五年（1740）时，庆复与张允随已与张坦熊共事将及一载，“见其人勤于办事，但心胸、性情拘滞多疑，每办刑名案件，情罪已经显白，每感于鬼神蒙寐之迹，辄为更翻，转辗提讯”，使属员、案犯多致经年累月，苦累不堪，且遇事无定见，度量狭窄，与同事之间多有猜嫌。庆复与张允随便如实将情况密折上奏清高宗。③由此可见乾隆朝对云南官吏考察之严密与严格。乾隆四十六年（1781），清高宗命各省总督“于各本省及前任省分副将内，秉公酌量，择其堪胜陆路、水师总兵者，各保举数员，分别出具切实考语，送部引见，候朕酌量简用”。因云南总督富纲尚未至滇，对滇黔两省之副将暂不能“出具切实考语”④。但能过此事，可知清高宗对各省官吏时常考察，并命各省督抚出具考语，以肃吏治。乾隆五十二年（1787），云贵总督富纲“密陈滇黔两省提镇、司道、知府贤否”。富纲云：“奉命回任以来，刻刻留心，随处体访，或核其所办事件，或察之营伍地方，其固有材具出众之员，余亦均能各尽职守，克称其任。”此后富纲仍“凛遵圣谕，不时留心”考察滇黔两省之员。⑤

学政一职与边省教化紧密相关，因此乾隆朝对云南学政之考察亦很严

---

① 《奏为敬陈滇省吏治情形事》（乾隆三十七年九月初十日），档号：12-0152-007，缩微号 12-026-1692，中国第一历史档案馆藏。

② 《奏为密奏署理云南按察使张坦熊任事尚属明晰事》（乾隆四年九月十八日），档号：12-0011-119，缩微号：12-002-2713，中国第一历史档案馆藏。

③ 《奏为遵旨密陈试看署理按察使张坦熊考语事》（乾隆五年闰六月十九日），档号：12-0019-003，缩微号：12-004-0471，中国第一历史档案馆藏。

④ 《云南总督富纲：奏报遵旨查报副将内堪胜总兵之人员事》（乾隆四十六年九月二十二日），《宫中档乾隆朝奏折》第 49 辑，台北：“故宫博物院”，1982 年，第 23 页。

⑤ 《云贵总督臣富纲：奏陈提镇司道知府考语事》（乾隆五十二年十月初十日），《宫中档乾隆朝奏折》第 65 辑，台北：“故宫博物院”，1982 年，第 754 页。

格。乾隆十二年（1747），张允随对云南学政沈慰祖留心访察，见其“操守清廉，品诣醇谨”，“能凛遵圣训，矢慎矢公，按试各棚，首议整饬学校为己任，一切考试鼻窦剔除净尽，士心悦服，痒序肃清”，特密奏清高宗知晓。[①]乾隆五十三年（1788），清高宗降旨曰：“学政按考各属地方，俱系督抚所辖，如果该学政有考试不公、贿卖生童等弊，各督抚耳目甚近，自无难访查得实。嗣后各督抚惟当益励廉隅，正已率属，遇学政有贪污实绩，指名纠参，并令于年终，将学政有无劣迹陈奏一次等因。”云贵总督富纲查云南学政臣汪如洋，于乾隆五十二年（1787）三月到任，年余以来，凡遇该学政考试生童，富纲“俱留心密查，不特关防严紧，场规整肃，即所取名次，众口同声，咸称平允”。富纲接到清高宗之旨后，“复又随处体访，加意稽查”，见该学政持躬端谨，考试勤慎，去取公当，毫无訾议之处，便将对滇省学政考察情形如实上报。[②]

对即将担任云贵总督与巡抚之职的官吏，清高宗更是详细考察和监督。乾隆十一年（1746），新任云南布政使图尔炳阿抵达云南，清高宗特传口谕，说云南系边远地方，尤为紧要，调图尔炳阿任云南布政使，是为了习练边情，并说云南总督张允随“老成历练，在滇年久，熟悉边情，近年办理苗疆，甚为妥协”[③]，特命图尔炳阿前往云南跟随学习，实际上是命张允随对图尔炳阿进行考察，以便为云南督抚的选拔储备人才。

总而言之，乾隆朝通过对云南官吏的考察与监督制度，把远在边陲的云南官吏牢牢地控制在中央王权之下，终清之世，云南再也没有出现过割据性的庞大势力，既保证了云南社会的稳定，又促进了经济的发展，使乾隆朝对云南的治理与经营远超前代。从这个角度来看，乾隆朝对云南实行的考察和监督制度不但是成功的，也具有一定的进步意义。

三、乾隆朝对云南渎职官吏的惩处

经历了康熙朝的休养生息与雍正朝的大力改革之后，云南走向了封建社会的盛世，即乾隆时期。然而历史以来，盛世总是社会危机开始滋生的土

① 《奏为密陈云南学政沈慰祖考语事》（乾隆十二年六月二十八日），档号：04-01-12-0055，缩微号：12-010-0913，中国第一历史档案馆藏。

② 《云贵总督臣富纲：奏为查明滇省学政并无考试劣迹折》（乾隆五十三年十月二十四日），《宫中档乾隆朝奏折》第69辑，台北：“故宫博物院”，1982年，第866页。

③ 《云南总督兼管巡抚事臣张允随谨奏：为钦承圣谕恭谢天恩事》（乾隆十一年五月初九日），方国瑜主编：《云南史料丛刊》第8卷《张允随奏稿》，昆明：云南大学出版社，2001年，第681页。

壤，乾隆朝亦不例外。这一时期云南社会稳定，经济发展，但社会危机亦在慢慢酝酿，而根源便在于云南吏治的渐趋腐败。为加强清王朝对云南社会的治理力度与效果，乾隆朝开始整饬云南吏治。

（一）对云南督抚渎职的惩处

雍正年间，清世宗将许多因贪赃被革职的官吏复职，对贪污案不予追究，放松对官吏的考绩，致使吏治大坏，贪风再起。“康熙年间有清官，雍正年间无清官”[①]，便是言此。因此，清高宗继位之初，便开始整顿吏治，对贪赃枉法者从严惩处，其中不乏身居云南要职之官吏。从乾隆二十年（1755）至乾隆四十年（1775），清高宗大约处死了十余名职位很高的巨贪，与云南相关者有云贵总督恒文、云南布政使钱度等人。云贵总督硕色曾这样评价官吏的职能，曰：“督、抚、藩司有表率属员、澄清吏治之责。”[②]可知云南历任总督与巡抚的廉政与否对云南吏治好坏与社会稳定起着至关重要的作用。

乾隆时期的云南督抚因吏治腐败而被拿下者，当首推图尔炳阿。乾隆十五年（1750），云贵总督硕色参奏云南巡抚图尔炳阿庇护原任永善县知县杨茂捏称办差亏空帑项，不但不严行参究，还与该司道等设法弥补，玩法行私。[③]图尔炳阿身任封疆，自应正己率属，无欺无隐，然其“竟以亏空为常事，弥补为当然”，致使下属“互相效尤，无所底止”，云南吏治由此变坏。[④]清高宗闻之，即刻将图尔炳阿降旨革职，拿交刑部定罪，并锁拿解京，将其任所内之资产查收封存。[⑤]与此案件有牵连之布政使宫尔劝、昭通府知府金文宗两位官员，亦因“一味迎合上司，取悦属员，竟将库仓存贮之杂项弥补劣员之亏空，徇私舞弊，目无法纪”而被题参革职。[⑥]

云贵总督恒文因涉嫌腐败而成为云南第二个被乾隆严惩不贷的封疆大

---

①《署云南总督云南巡抚张允随谨奏：为钦奉上谕事》（乾隆七年七月初五日），方国瑜主编：《云南史料丛刊》第8卷《张允随奏稿》，昆明：云南大学出版社，2001年，第631页。

②《奏报云南擅令州县那移库项，着落分赔事》（乾隆十五年十月初三日），档号：04-01-35-0715-055，缩微号：04-01-35-039-0346，中国第一历史档案馆藏。

③《奏为钦奉训诲谕旨谢恩事》（乾隆十五年十一月初四日），档号：04-01-01-0197-037，缩微号：04-01-01-029-1890，中国第一历史档案馆藏。

④《奏报云南亏空钱粮各案，请旨将布政使宫尔劝、昭通府知府金文宗革职审讯事》（乾隆十五年九月初三日），档号：04-01-35-0715-051，缩微号：04-01-35-039-0332，中国第一历史档案馆藏。

⑤《奏为钦奉训诲谕旨谢恩事》（乾隆十五年十一月初四日），档号：04-01-01-0197-037，缩微号：04-01-01-029-1890，中国第一历史档案馆藏。

⑥《奏报云南亏空钱粮各案，请旨将布政使宫尔劝、昭通府知府金文宗革职审讯事》（乾隆十五年九月初三日），档号：04-01-35-0715-051，缩微号：04-01-35-039-0332，中国第一历史档案馆藏。

吏。乾隆二十二年（1757），郭一裕参奏云贵总督恒文以权谋私，纵亲勒索等事，其言：“恒文每见属员，先示以风厉，后令代买金子，以致属员畏其威势，多出重价，四处购求。”恒文查阅营伍，向下属索要各种贵重物品，又纵容家人赵二，私收贿赂，到处勒索。恒文身任封疆大吏，不思廉洁奉公，以身作则，竟然以权谋私，“实为有玷官箴”①。清高宗责之曰：“为大臣，以进献为名，私饱已橐，簠簋不饬，负恩罪大”②，最终宣谕赐其自尽，恒文遂于荆门川北关旅店自缢。③乾隆二十二年（1757）时，定长参奏抚标参将鲁文德侵亏公款、守备樊英包庇隐瞒一案。此项侵亏在郭一裕任职期间，高达1300余两之多，清高宗认为郭一裕“此非有心容隐，即属任意纵驰”，命将此案严审追究，如若鲁文德等人犯无力赔缴，即著郭一裕照数加十倍赔偿，以儆效尤。④郭一裕曾参奏恒文贪污府败，而自己离任之后却因疏于政务，玩忽职守而同样受到了严惩。

乾隆三十七年（1772）时，云南布政使钱度亦因勒索贪赃而被革职查办。当时委管义都铜厂之宜良县知县朱一深自称亏空数万余两，其馈送上司大量礼物，如人参、金叶、金镯、玉器等物，加上被人索借的银两，“约计其数，不止万余”。署云贵总督彰宝认为此案牵连官员甚多，如不秉公严办，无以整饬官场吏治，其将亲自对此案进行查办，绝不稽延。⑤未曾想，在朱一深所列清单中记有云南布政使钱度及其下属粮储道彭理屡次贪赃的事情，他认为：“钱度非于事前知晓，即于事后纵容”，彰宝专门请旨“将钱度革任、彭理革职，以便督率秉公严审”，其他涉案人员，亦查明名号、住址，火速捉拿解审。⑥钱度外表看似朴素谨守，其实是利欲熏心，清高宗夹批：“恐似此者更多，应留心”，可见清高宗对当时吏治腐败情形还是有所警觉的。⑦钱度最终被逮送京师，由军机大臣会同刑部审判定罪，因其侵欺勒

① 《奏为遵旨查审云南巡抚郭一裕参奏云贵总督恒文婪赃纵亲勒索各款事》（乾隆二十二年五月十八日），档号：01-0217-013，缩微号01-031-2494，中国第一历史档案馆藏。

② 赵尔巽等：《清史稿》卷339，中华书局，1977年，第11070页。

③ 《奏报钦差三泰等宣旨赐帛革职总督恒文自缢身故，办理事竣回京日期事》（乾隆二十二年十月初四日），档号：01-0214-053，缩微号01-031-1636，中国第一历史档案馆藏。

④ 《奏闻遵查抚标参将鲁文德侵亏公项请旨追赔事》（乾隆二十二年十一月十二日），档号：01-0217-047，缩微号：01-031-2698，中国第一历史档案馆藏。

⑤ 《奏报委管义都厂之宜良县知县朱一深自禀亏空银两案情事》（乾隆三十七年二月初十日），档号：01-0315-009，缩微号01-042-2135，中国第一历史档案馆藏。

⑥ 《奏参纵亲婪赃之藩司钱度、云南府知府彭理，请旨将其革任、革职，以便严审事》（乾隆三十七年二月初十日），档号：01-0315-010，缩微号01-042-2145，中国第一历史档案馆藏。

⑦ 《奏报到省会审藩司钱度婪赃案事》（乾隆三十七年四月初九日），档号：01-0315-035，缩微号01-042-2326，中国第一历史档案馆藏。

索赃物属实，论罪当斩，应即行正法，钱度最终被执行死刑。[①]

署云贵总督彰宝于云南封疆任内严参贪污腐败之云南布政史钱度，然而，极具讽刺意味的是彰宝本人最终亦因渎职而被革。乾隆三十九年（1774），署云贵总督觉罗图思德弹劾彰宝勒索保山知县王锡供应银40 000余两，以致兵粮亏空[②]，清高宗极其震怒，命侍郎袁守侗前往查办，并敕责云南巡抚李湖与彰宝“同在滇省，岂竟漫无见闻，乃隐忍缄默，从无一字奏及，其心尚可问耶……今彰宝在滇狼籍若此，李湖不据实劾奏，实难辞其咎”。[③]不但将彰宝革职，拿交刑部，拟斩监候[④]，李湖亦因此而被革职，并赔补彰宝所亏欠之银40 360两。[⑤]

云南督抚因贪污而革职者可谓多矣，虽屡禁而不绝。乾隆四十五年（1780），云南粮储道海宁题参云贵总督李侍尧贪纵营私，清高宗命和珅赴滇调查，李侍尧“自承得道府以下馈赂”，清高宗谕曰：“侍尧身为大学士，历任总督，负恩婪索，朕梦想所不到！”最终将李侍尧革职，逮诣京师定罪。[⑥]

（二）对云南一般官吏渎职的惩处

对贪渎侵渔的一般官吏，乾隆朝更是严审追究。乾隆十四年（1749），云南永昌府（今保山）知府刘樵因“贪渎卑鄙、私税勒借”被题参，又查出其前在古州（今贵州榕江）同知任内侵帑误公之事，其子刘天任亦参与其中。清高宗认为：“外省劣员贪渎侵渔、肆无忌惮乃至于此，诚国法所难容”，命张允随速行究讯，按律定拟，毋得姑纵迟延，使此等劣员侥幸漏网。当时永昌距云南府有19站的路程，“星夜差提，往回即须月余”，即使如此，对刘樵之惩办，丝毫不予宽纵。[⑦]清高宗对此案非常重视，说：“向来外任审案，因曾经现任，多不加刑。刘樵父子情罪可恶，非寻常侵亏可比。著严行夹讯，倘稍有瞻狥遗漏之处，惟该督抚是问。”[⑧]清高宗对边疆官吏犯

---

① 赵尔巽等：《清史稿》卷339，中华书局，1977年，第11081页。

② 王钟翰点校：《清史列传》卷23，北京：中华书局，1987年，第1752页。

③《奏为奉旨革职谢恩事》（乾隆四十年三月初十日），档号：12-0164-050，缩微号12-028-2156，中国第一历史档案馆藏。

④ 王钟翰点校：《清史列传》卷23，北京：中华书局，1987年，第1752页。

⑤《奏报奉旨赔补前督臣彰宝名下应追银两已未完银数事》（乾隆四十年三月初十日），档号：12-0164-032，缩微号：12-028-2063，中国第一历史档案馆藏。

⑥ 赵尔巽等：《清史稿》卷323，中华书局，1977年，第10820页。

⑦《奏为遵旨迅速查办参劾永昌府知府刘樵私税勒借、侵帑误公事》（乾隆十四年五月二十一日），档号：01-0183-022，缩微号：01-027-1861，中国第一历史档案馆藏。

⑧《为俟携资潜逃人犯刘天任解到后，即行遵旨严讯事》（乾隆十四年九月二十五日），档号：04-01-01-0182—029，缩微号：04-01-01-027-1924，中国第一历史档案馆藏。

罪，惩罚很是严厉，最终“将刘樵绑赴市曹处决”①。乾隆五十二年（1787），查有临安府属通海知县许维城者，于城外大桥头私设税口，凡遇骡马经过，每匹收钱20文。云南督抚认为：“似此私设税口、肥己累民之劣员”，应从重处理，以肃吏治，最终将其革职查办。②

云南之铜厂、盐务实乃最易腐败之领域。署云南巡抚郭一裕认为：“至于铜厂、盐井，乃滇省钱粮最大最要之政务，上关国计，下系民生。”③因此，铜厂、盐井多易出现贪污侵亏之事。乾隆十五年（1750），武定府属禄劝州地方之多那铜厂因粮储道徐本僊由于漫不经心，任意滥发工本，以致铜厂亏欠累累，却又不亟为调剂料理，还推卸责任，致又亏欠银8780余两，硕色曰：“似此玩忽帑本、巧卸推诿之员，甚属溺职”，请旨将粮储道徐本僊革职，勒限一年清还亏欠，否则对其严参治罪。④乾隆十六年（1751），随着对多那铜厂案件的深入调查，发现该厂管事王士弘擅将铜价、帑本私自营运，或重利盘剥，虚编账目，或重秤浮收，轻出重入，上而侵渔公帑，下而剥削炉民，贪赃累累，而徐本僊“通同渔利，暗地分肥，大干功令”。在严三纲接管铜厂之后，徐本僊仍有总理稽查之责，乃亦任由严三纲之弟严三谟等营私舞弊，不加管束。此等贪劣不职之员，诚难一日姑容，云南督抚便对其进行了从重惩罚，以清吏治。⑤乾隆十五年（1750），因云贵总督硕色参奏原任驿盐道郭振仪亏欠银两，清高宗派爱必达前往滇省审讯此案，要求“务须秉公据实，严查办理，如郭振仪果有借端亏贪实迹，毋得稍为开脱，致蹈徇隐之咎，亦不得有意苛求，致有冤抑”⑥。经研讯，郭振仪亏缺盐斤成本，虽非侵欺，又不考虑赔银还库，其在任八载，任由脚户年年盗卖，政务实属废弛已极。⑦

①《为奉旨将本省侵亏人犯刘樵及戴朝冠正法事》（乾隆十四年十一月初八日），档号：04-01-01-0128-016，缩微号：04-01-01-027-1825，中国第一历史档案馆藏。

②《云贵总督臣富纲、云南巡抚臣谭尚忠：奏报将肥己累民之通海知县许维城革职事》（乾隆五十二年九月二十六日），《宫中档乾隆朝奏折》第65辑，台北：“故宫博物院”，1982年，第638页。

③《署云南巡抚、降三级留任郭一裕：奏陈滇省地方情形折》（乾隆二十年十月初三日），《宫中档乾隆朝奏折》第12辑，台北：“故宫博物院”，1982年，第590页。

④《奏为特参滇省粮储道徐本僊亏欠铜厂帑本银两，请革职勒还事》（乾隆十五年十一月十七日），档号：04-01-35-0087-003，缩微号：04-01-35-004-0567，中国第一历史档案馆藏。

⑤《奏报查出禄劝多那铜厂营私舞弊情事》（乾隆十六年正月二十二日），档号：04-01-35-1246-005，缩微号：04-01-35-060-3231，中国第一历史档案馆藏。

⑥《奏报遵旨赴滇查办原任驿盐道郭振仪亏缺盐斤银两一案事》（乾隆十五年九月二十五日），档号：04-01-35-0454-008，缩微号：35-025-2909，中国第一历史档案馆藏。

⑦《奏报将驿盐道郭振仪等按拟招解并清查积余银两事》（乾隆十六年正月三十日），档号：35-0454-025，缩微号：35-025-2962，中国第一历史档案馆藏。

腐败一事亦蔓延到清朝军队之中。乾隆二十四年（1759），爱必达参奏永顺总兵哈峻德贪赃勒索一案，清高宗说："哈峻德将移驻所遗守备衙署私卖得价，置买公馆，复勒令所属公捐，又令各兵自行制备黑铅，仍于公费内冒销银两，并将家人、内姪分派食粮，仍留内署使用，及与回民哈世杰认为兄弟，出入无忌"，认为其"冒占营私，罔知法纪"，"恣意妄行至于此极"，命将哈峻德革职拿问，因此案牵连多人，清高宗命将同案内钦犯一并提解至省城进行严审，定拟具奏。[①]乾隆二十七年（1762），永北镇总兵何灿斗因违例坐轿，卑鄙营私等事而被革职。[②]乾隆三十六年（1771），富民县知县陈英进因盗运仓谷，"营私蔑法"，被题参革职，照例治罪。[③]

对于滇省亏空之案，一旦发现虽能够严格办理，但亦反映出乾隆时期云南吏治腐败之严重。乾隆十八年（1753），因各省督抚于属员侵欺亏空之案，题参之后并不即为查办，致贪狡者得以多方寄顿，徒贻上司分赔之累，而本人转而置身事外，甚非国家惩贪之意，是以清高宗降旨，传谕各省督抚，命令加紧查办亏空之案。硕色与爱必达"查滇省亏空之案，均系一面题参，一面密咨原籍查封家产，以备追捕"，而当时"未完八案，或原籍田房尚可抵补，案经咨催查变，或家产全无著落，失察各上司分赔"[④]。从中可以看出，云南对于亏空之案，办理虽然及时到位，但也很难掩饰乾隆盛世之下的腐败危机。乾隆三十四年（1769），粮道罗源浩管理云南铜务，因"督办不善，以致厂员滥放，亏累工本"，清高宗命其赔银 68 000 两，至 2 月 3 日时，罗源浩已付赔银 40 000 余两，其余 20 000 余两。云贵总督明德亦被限期严追，不得拖延。[⑤]

乾隆朝对云南疏于政务之官吏，轻者罚俸，重者革职并严参治罪。乾隆十二年（1747），云州知州（今临沧市云县）施震因"废弛不职"被图尔炳

---

① 《奏为遵旨查明永顺镇总兵哈峻德婪赃勒索一案按律定拟事》（乾隆二十四年十二月二十一日），档号：16-0039-054，缩微号 16-006-1953，中国第一历史档案馆藏。

② 《奏为遵旨审明原永北镇总兵何灿斗被参各款，按律定拟事》（乾隆二十七年七月十二日），档号：13-0031-020，缩微号 13-002-0349，中国第一历史档案馆藏。

③ 《奏为特参富民县知县陈英进贪渎不职，请旨革职事》（乾隆三十六年六月二十八日），档号：01-0302-016，缩微号：01-041-1329，中国第一历史档案馆藏。

④ 《云贵总督硕色、云南巡抚爱必达：奏报查办属员亏空各案情形折》（乾隆十八年八月初六日），《宫中档乾隆朝奏折》第 6 辑，台北："故宫博物院"，1982 年，第 97 页。

⑤ 《奏报粮道罗源浩分赔积欠银两数目事》（乾隆三十四年二月初三日），档号：35-0727-023，缩微号：35-039-1922，中国第一历史档案馆藏。

阿题参在案，代之以谙练夷情、土俗之葛庆曾借署云州知州。[①]乾隆十八年（1753），云南开化府文山县知县郝璞，“因讳盗不报”，被题参革职究审。[②]乾隆二十年（1755），云南总兵项朝选曾因罪被革，后经复用，但并不痛改前非，“乃复贪逸恶劳，浮夸不职，此与寻常废弛者不同，仅与虢罢不足蔽辜”，清高宗特命将“项朝选著革职，拿交刑部治罪”。爱必达受命后，随即派人前赴曲靖，将项朝选锁拿，解赴刑部。[③]乾隆二十四年（1759），云南布政使傅靖性耽安逸，嗜酒成性，对一切政务漫不经心，爱必达与刘藻认为似此玩误公务、负恩溺职之员，很难姑容，遂请旨将其革职，以示警戒。[④]乾隆二十八年（1763），李履谦欲升补景东府同知，因要考察其任内有无参罚事件。经检查，发现其于署理广西太平府通判任内，因遣犯脱逃，被罚俸三个月；署左州任内，因流犯官盛、张明禄脱逃，又被罚俸三个月；后在云南弥勒州任内，因周绍濂母亲之坟冢被掘，盗犯无获，再次被罚俸一年。[⑤]乾隆朝认为此种事件皆为官吏之失职，疏于政务所致，因此官吏多被罚俸。乾隆三十二年（1767），署蒙化府掌印同知、昆明县知县魏成汉，永平县知县管叙“办理站务，每多贻误”，云贵总督明瑞与云南巡抚鄂宁特地请旨将魏成汉、管叙革职，并留于军营效力。[⑥]乾隆五十二年（1787），查署鹤庆州事恩安县知县韩培者，“貌似有才，心实懈怠”，自委署鹤庆州印务以来，于地方政务及民间词讼，多有稽延，兼之应解钱粮、盐课，无不稽延迟缓。云南督抚虽对其屡加训饬，仍不知悔改，以致公事日渐废弛，因此请旨将恩安县知县韩培革职。[⑦]乾隆五十四年（1789），开化府同知万廷石，性本迂缓，遇事庸钝，即询以应办事件，亦俱应对茫然，而其所辖之地，专管马白税口，

① 《奏请以葛庆曾借署云州知州事》（乾隆十二年八月初六日），档号：04-01-12-0055-072，微缩 04-01-12-010-0838，中国第一历史档案馆藏。

② 《云贵总督臣硕色：奏请调补文山县知县折》（乾隆十八年八月二十八日），《宫中档乾隆朝奏折》第 6 辑，台北：“故宫博物院”，1982 年，第 291 页。

③ 《署云贵总督爱必达：奏报遵旨拿解项朝选缘由折》（乾隆二十年九月十一日），《宫中档乾隆朝奏折》第 12 辑，台北：“故宫博物院”，1982 年，第 469 页。

④ 《奏为特参云南布政使傅靖玩误公务、负恩溺职，请革职处分事》（乾隆二十四年十二月二十七日），档号：12-0098-047，缩微号：12-017-1354，中国第一历史档案馆藏。

⑤ 《云贵总督吴达善：奏请升补同知折》（乾隆二十八年九月十五日），《宫中档乾隆朝奏折》第 19 辑，台北：“故宫博物院”，1982 年，第 126 页。

⑥ 《云贵总督臣明瑞、云南巡抚臣鄂宁：奏为特参玩误差务之丞令以肃吏治折》（乾隆三十二年八月二十五日），《宫中档乾隆朝奏折》第 28 辑，台北：“故宫博物院”，1982 年，第 22 页。

⑦ 《云贵总督臣富纲、云南巡抚臣谭尚忠：奏报将怠玩不职之知县韩培革职事》（乾隆五十二年七月十二日），《宫中档乾隆朝奏折》第 65 辑，台北：“故宫博物院”，1982 年，第 18 页。

尤关紧要，为肃吏治，奏请将开化府同知万廷石勒令停职。①

（三）整饬云南吏治的举措

乾隆朝为了严惩云南吏治的腐败，根据云南距京师甚远的特点，更改了题参官员的制度。云南历来办理参罚案件之成规如下：文武官员凡有贪赃枉法及种种不尽职等事，被题参者，定例以上级部门回复之日起，扣限四个月完结，或其中于题参后复又查出劣迹，具疏续参，即于续参后上级部门回复之日起。然而滇省僻在天末，距京甚远，自题参至上级部门回复已过数月，一旦续参，又须等候上级部门回复，以至于案件拖延时间甚长，多年悬而未结，不仅使“人犯拖累日久，且令不肖之员得以辗转迁延，不克早为定拟，亦非儆官方而肃功令本意”。乾隆十六年（1751），爱必达考虑再三，认为虽然涉案官员按照惯例应于奉旨后始行审讯，“但既于初参奉有谕旨，则该员已系革职听审之人，与在任被参者不同”，且云南远在西南边隅，迥非内地可比，如果于定限之外另行扣限，案件将会拖延过久。因此，“不若稍为变通，分别筹办，俾得早行审结，以速期限”。嗣后滇省凡续经查出被参罚的官员，劣迹有重于原参本案者，仍照例具疏题参，等候上级部门回复之日再行审拟。但“其续查劣迹与原参情罪较轻或相等者，查出后一面咨明部科，毋庸续参，一面即照原参限期一并审讯，按拟具题”，如此一来，可于边省参罚案件之中分别轻重之法，使贪劣官员之罪案早些查明，而凡待审之人亦不必拖累时间过久。②

为了澄清云南吏治，乾隆朝还制定了一系列的官吏管理制度，这些制度多涉及与经济相关的吏治。爱必达说：“滇省政务多事因循，铜、盐二项废弛尤甚。”因此，乾隆朝之吏治整顿首先从铜、盐二项开始。以前乾隆朝管理铜务粮储的官员往往在省城遥制，只是选派“杂职一员，同该道幕友、家人赴厂经理，以致诸弊丛生，厂欠累累”。为防止其幕友、家人染指铜务，爱必达云：“应请各委现任同知、通判，或试用丞倅等官前往驻厂，凡发厂收铜一切事物，就近秉公办理，痛洗积习，加意调剂，如有升迁事故，授受清楚，自必厂旺铜裕，日有起色。至于专设委员，必须给以养廉，始能足资日用，每月应各酌给银三十两”，如此一来，“于国帑不致有糜，而于铜务可

① 《云贵总督臣富纲、云南巡抚臣谭尚忠：奏请将开化同知万廷石勒令休致折》（乾隆五十四年三月十二日），《宫中档乾隆朝奏折》第 71 辑，台北：“故宫博物院”，1982 年，第 441 页。

② 《云南巡抚臣爱必达：奏陈边省参审之末议以杜稽延折》（乾隆十六年十二月十八日），《宫中档乾隆朝奏折》第 2 辑，台北：“故宫博物院”，1982 年，第 249 页。

收实效”[①]。随后，乾隆朝又制定了对渎职官吏的处罚章程，以重帑项，以肃铜政之事。硕色与爱必达曰：“司厂之员不从此严定责成，又恐势必仍以前任所欠无关己事，本任欠项冀卸后官，漫步精心，日就阘茸”，特奏请自乾隆十六年（1751）为始，滇省各铜厂，除产铜不多之小厂照旧办理外，余悉照盐课之例，按各厂一年须发炉户工本银数，扣作十分，无论本任、接任，将实欠分数，于奏销案内分别议叙处分，如果逃亡无着，或系赤贫无力，始许报明上司查实，照例请求豁免，不得稍有虚捏，庶各厂员自顾考成，加意设法催追，以使钱款不得拖欠。[②]乾隆二十三年（1758）六月十五日，爱必达与刘藻之奏折中提到“余庆长前于署平彝县任内有凶犯金连极脱逃未获，初参承缉不力，于现任内罚俸一年；陈天龙于运铜回滇缴照违限案内罚俸三个月”之事[③]，仅仅因为任期内不能抓获凶犯或运铜回滇超期便被罚俸，可见乾隆朝对云南官吏的管理制度还是起到了一定的作用。为了加强对茂隆银厂的管理，防止官吏出现渎职现象，硕色与爱必达亦酌定章程：佥点课长一人、协办一人，定期三年更换，俟三年期满，将课长撤回，即以协办之人顶充课长，另于内地殷实干练之人出厂协办，按期接管。因此，佥点课长与协办三年一换，期间云南督抚“不时查察，如有渔利营私、乖张滋事情弊，立即撤回惩治，另行选充”[④]。以保证银厂吏治清明，不致滋生腐败。自乾隆二十三年（1758）起至乾隆二十五年（1760）底，原佥课长海中正、协办熊既成承办已满三年，例应更换，于是将课长海中正年满撤回，以熊既成顶充课长，又挑选邱腾鹤充任协办，仍以三年为期更换。[⑤]

乾隆后期官场腐败更加严重，乾隆朝开始于各省严整官场风气，摒除仕途陋习。乾隆四十六年（1781），清高宗闻知外省督抚、两司等，遇有庆典、年节、宴会及钦差过境，往往开筵演习，俱令首府、首县承办，以致该府县等藉端要结，甚且赔累、滋扰民间，与吏治、官方大有关系。即命各省

---

① 《奏报旺厂请设专员缘由事》（乾隆十六年三月二十二日），档号：35-1246-018，缩微号：35-060-3081，中国第一历史档案馆藏。

② 《奏请定云南厂官处分、议叙章程事》（乾隆十六年闰五月十五日），档号：04-01-1247-011，缩微号：04-01-35-060-3083，中国第一历史档案馆藏。

③ 《奏请以余庆长调补太和县知县，陈天龙补授通海县知县事》（乾隆二十三年六月十五日），档号：12-0090-018，缩微号：12-016-0664，中国第一历史档案馆藏。

④ 《奏为茂隆银厂课长期满，循例更换课长、协办事》（乾隆二十三年二月二十七日），档号：12-0089-041，缩微号：12-016-021，中国第一历史档案馆藏。

⑤ 《奏为茂隆厂课长海中正期满撤回，以熊既成顶充课长事》（乾隆二十六年三月十八日），档号：13-0029-051，缩微号：13-001-2658，中国第一历史档案馆藏。

督抚等“务宜剪除积习，正己率属，将派委属员承值筵席等事概行禁革，以期大法小廉，使属员无所藉口”，倘不实力革除，必重治其罪。署理云南巡抚刘秉恬深以为然，督抚为封疆大吏，整饬官方是其专责，应持廉守正，以自身为吏治之表率；且每年养廉收入丰厚，用度宽裕，“间有酬酢宴会，理应出资自办，岂容派累属员，致得有所藉口，隐为吏治之害”。刘秉恬言其历任川陕及云南巡抚期间，“均无派委属员承值筵席等事，至两司中，虽偶有燕集，亦俱自出己资，并非取给属员”[①]。刘秉恬于云南通省属员内不时留心体察，“同官换帖，已无此风，而酬酢往来，势所不免。若上司、下属之间频相宴会，现在并无其事”。即使如此，刘秉恬仍“随时约束稽查，以期弊绝风清”。[②]乾隆五十二年（1787）时，云贵总督富纲与云南巡抚仍对官场风气“留心体察，刻刻防闲”，并云：“一有违反，即当参究，以期永绝弊端”，见滇黔两省官吏俱能恪遵功令，实无同官换帖、宴会及托故上省扣展公出日期之陋习。[③]乾隆朝虽然对云南官场严加整顿，但腐败已经深入其统治阶层内部，已是无力回天，而腐败往往是一个朝代由盛转衰的重要标志，最终导致了清朝政府逐渐转向没落，在1840年开始了中国社会风雨飘摇的动荡阶段。从这个角度来看，中国在清朝后期沦为半殖民地半封建社会的一个很重要的因素便是乾隆盛世时期种下了官场腐败的祸根。

乾隆朝惩处渎职官吏毫不手软，其中既有封疆大吏，又有一般官吏，而绝大多数都与贪污腐败密切相关。此举固然反映了乾隆朝整饬云南吏治的决心与魄力，取得了一定的成效，保证了中央王朝对远离京师的边省云南的有效控制与经营治理，但亦反映出乾隆时期云南官场的腐败风气已是相当严重，尤其是到乾隆后期全国官场的陋习更加严重，而云南由于地处偏远，情况相对稍好一些。为澄清云南吏治，乾隆朝先后采取了一些措施，更改云南的官吏题参制度，制定管理云南铜、盐等厂矿的规章，甚至在全国范围严厉整顿官场风气。即使如此，乾隆朝的渎职官吏依然层出不穷，很难挽救清王朝注定没落的颓势。官吏渎职现象对历代王朝而言，都是一个长期艰巨的任务；对百姓而言，更是一个万世唾弃的话题。云南的社会与经济在乾隆时期

---

① 《署理云南巡抚臣刘秉恬：奏报四十六年分本省无委派属员承办筵席事》（乾隆四十六年十一月初十日），《宫中档乾隆朝奏折》第49辑，台北：“故宫博物院”，1982年，第559页。

② 《署理云南巡抚臣刘秉恬：奏报四十六年份各属官员无换帖宴会等事》（乾隆四十六年十一月初十日），《宫中档乾隆朝奏折》第49辑，台北：“故宫博物院”，1982年，第559页。

③ 《云贵总督臣富纲：奏报各属官员无换帖宴会等情弊事》（乾隆五十二年十月二十六日），《宫中档乾隆朝奏折》第66辑，台北：“故宫博物院”，1982年，第68页。

走向封建社会发展的顶峰之时，却也成了云南官场腐败滋生的土壤，推动着云南社会的发展，以及清王朝的命运从如日中天走向日薄西山。

第五节　乾隆时期云南的刑名案件

战国时期以申不害为代表的学派，主张循名责实，慎赏明罚，后人称为“刑名之学”，亦省作“刑名”。以后的韩非子等法家代表，便崇尚“刑名”，古时指刑律，多称为刑名案件。直至清代乾隆时期，刑名一词亦常为使用，频繁见于乾隆朝之奏折。

刑名案件之多寡反映出社会安定指数的高低，刑名案件多发之地，社会稳定必然受到严重影响。古代社会的刑名案件远不如现代社会复杂，然仅以云南而论，最常见的刑名案件多为命、盗两种。云南巡抚张允随云：“查刑名案件，惟命、盗为最重，而命案之内，又惟斗殴杀为最多，大抵由愚民罔知法律，逞一时之忿所致。”①乾隆时期，云南为各民族聚居之地，文教虽然取得较大发展，但相比于内地，还是十分落后，百姓多因一时之愤发生斗殴命案；之所以盗案亦多有发生，主要是外省流民大量入滇，为生计起见所致。

一、乾隆朝对命案的处置

因云南各地广隘不同，气候炎凉各异，对办理命案有着严重影响，不得不斟酌办理，以期有益无弊，因此就云南而言，其办理命案颇有不同于内地之处。云南一省各府州县所辖境内，大者几及千里，小亦不下五六百里，其本地与邻邑壤地相距五六十里的府县甚少，且云南地处炎热之域，如果发生命案，尸身易于腐烂，影响检验结果。每遇人命，必先赴命案所在州县具报，如正遇上印官因公事外出，只能转请相邻府县代验，及至尸体现场，已逾多日，往往尸身腐烂，以致无法勘验，此为云南命案不同于内地之一也。再者云南边夷最易轻生，偶因口角微嫌，动辄萌生短见，自杀之事，在云南亦所常有；又有打厂煎矿之人，或因受炉烟病发，或深入夷方贸易、身染瘴疠而毙命者，一经报官，均当勘验，此为滇省命案不同于内地之二也。滇省

① 《奏为遵旨奏议刑部侍郎臣钟保条奏杜命盗之源及力行保甲等事》（乾隆四年七月二十六日），档号：01-0035-024，缩微号：01-006-1291，中国第一历史档案馆藏。

两州县接壤之处，多如犬牙相错，往往界限不清，加之州县交通极其不便，以致遇有命案则互相推诿，必俟查明停尸之地系在何州县境内，始行往验，多会导致查验命案迟误，此为滇省命案不同于内地之三也。①因此，“就边地情形而论，相验之例实有不得不稍为变通者”②，即应当根据云南的地形和气候情况，对云南命案的处置条款进行改革，以使命案得到及时办理，不致延误。张允随云：“刑法虽有一定，而因时制宜，亦有当酌为轻重者。”③由于云南与内地情形不同，为了提高滇省办理命案之效率，张允随因地制宜，奏请清高宗：“该管境内凡遇人命，俱令就近相验通报”，即“嗣后遇有此等人命，一经具报到官，无分此疆彼界，即往相验”。一切以办理命案为重，相邻两县官吏不得互相推诿。如果验尸之后，查出非该县管理的地方，即将原验图结、文案详请交给上司转发本地方官收审。“倘据报不即往验，移文推诿者，即照推诿相验例参处。”也就是说，不管命案发生地在任何州县，应按就近原则，先进行勘验，然后再将“原验图结、文案”转发至命案所属州县，否则边吏将会受到题参。如遇州县印官公出，“必令将公出日期移知邻邑，如遇人命，免其往请，或另请别邑正印，或径请佐贰，以免往返稽迟”④。张允随之做法，一者可以在尸身腐烂之前及时对命案进行勘验；二者解决了滇省边疆命案频发，而州县印官恰好外出以致延误勘验的困难；三者避免了滇省各州县因界限不清，交通极其不便而对命案互相推诿的现象。如此一来，使人命案件“得以速结，无辜不致拖累，其于重民命而慎刑狱之道不无裨益”⑤。

因人命关天，命案必须奏报皇帝，但云南离京甚远，往来颇费时日，清高宗特此规定，对于“蔑伦重犯”，可以一面奏闻，一面办理。乾隆三十一年（1766），邓川州有一民人饶宗正殴打其父致死，清高宗闻之，云：“蔑伦重犯，原属决不待时，该督抚等自应遵照原奉谕旨，一面奏闻，一面即行速

① 《奏为滇省地处窎远，相验稽迟，请定相验调理，以裨吏治民生事》（乾隆二年正月二十一日），档号：01-0022-042，缩微号：01-004-2078，中国第一历史档案馆藏。

② 《奏请酌定滇省命案尸伤相验之法事》（乾隆五年三月二十五日），档号：01-0058-035，缩微号：01-009-2271，中国第一历史档案馆藏。

③ 《奏请严窃盗再犯律例事》（乾隆五年九月二十八日），档号：01-0059-030，缩微号：01-010-0242，中国第一历史档案馆藏。

④ 《奏为滇省地处窎远，相验稽迟，请定相验调理，以裨吏治民生事》（乾隆二年正月二十一日），档号：01-0022-042，缩微号：01-004-2078，中国第一历史档案馆藏。

⑤ 《奏请酌定滇省命案尸伤相验之法事》（乾隆五年三月二十五日），档号：01-0058-035，缩微号：01-009-2271，中国第一历史档案馆藏。

办完结。”不必等到朱批至日方可办理。[①]然而对于误伤之案，乾隆朝仍按“蔑伦重犯”之定例裁决，不免显失公平。同年，文山县夷民王老寒同其父王布柳与民人农卜幸斗殴，王老寒殴打农卜幸，误伤其父王布柳身死。“查子孙过失杀父母，例应拟绞立决”。云南巡抚汤聘认为，王老寒见父被扭，一时情急，以致误伤其父，虽非有心杀父，但“似与定例相符，王老寒应拟绞立决”，最终王老寒被处以死刑。[②]

发配到云南的案犯亦会对云南社会稳定造成很大影响，其危害程度不可低估。乾隆四十三年（1778），有安插至云南弥渡的军犯张振奇开设歇店，每遇单身旅客投店，便将其杀害，埋尸于客店院中。云南总督李侍尧和云南巡抚裴宗锡闻之，“不胜骇异，当查军犯在配行凶，已属法无可贷，乃该犯张振奇藉开歇店，谋害多人，惨毒凶残，至此已极！”清高宗亦朱批：“既伤多人命，则为从者，不可以从论矣。可恶之极！”将张振奇凌迟处死，枭首示众，以儆凶顽。[③]弥渡对此案失察之历任官吏，亦被严加惩处。[④]内地案犯本来属犯罪之身被发配到边疆省份，有的案犯恶习难改，也会增加云南命盗案件的数量。

为了减少命案之发生，云南巡抚张允随提倡推行雍正帝的做法，“将律载殴杀人命等条摘出疏解，详明通行各省，令地方有司刊刻，散布于乡村张挂，风雨损坏，仍复再颁，俾知警戒”。并云：“慎刑止杀之要道，无有逾此，地方官能实力遵行，命案自然渐少。”[⑤]要求地方官吏恪尽职守，把有关命案的法律条文摘录出来，张挂于各乡村，进行普法宣传，如果因风雨等原因致条文损坏，要“仍复再颁”，认为这是防止命案发生的最好办法，可见雍正与乾隆时期中国的普法工作做得还是不错的。

乾隆朝对云南命案的处置规定可以说是比较合理的，能够因地制宜，制定适合云南具体情况的命案条款，既保证了命案的及时勘验与结案，又保障

---

① 《奏为蔑伦重犯未立正典刑，奉旨申饬，遵旨速办事》（乾隆三十一年正月二十二日），档号：26-0004-032，缩微号26-001-1587，中国第一历史档案馆藏。

② 《奏为审明文山侬夷王老寒与人打斗误伤其父身死一案按律定拟事》（乾隆三十一年九月二十四日），档号：26-0004-009，缩微号：26-001-1400，中国第一历史档案馆藏。

③ 《大学士仍管云贵总督昭信伯李侍尧、云南巡抚裴宗锡：奏为军犯谋害多人情罪重大提省从严究办折》（乾隆四十三年三月初十日），《宫中档乾隆朝奏折》第42辑，台北：“故宫博物院”，1982年，第318页。

④ 《署云贵总督、云南巡抚裴宗锡：奏为查明失察奸民之文职各官请旨交部核议折》（乾隆四十三年四月十三日），《宫中档乾隆朝奏折》第42辑，台北：“故宫博物院”，1982年，第632页。

⑤ 《奏为遵旨奏议刑部侍郎臣钟保条奏杜命盗之源及力行保甲等事》（乾隆四年七月二十六日），档号：01-0035-024，缩微号01-006-1291，中国第一历史档案馆藏。

了受害人的权益，维护了云南社会的稳定，尤其是将命案条款进行摘录并于云南各乡村张挂的举措，使普法工作深入到民间，对减少云南社会命案的发生起到了重要作用。但乾隆朝对命案条款的规定并非全部是公正合理的，有时不是根据命案发生的原因，而是根据命案发生的结果来做出判决，难免出现误杀无辜之例，从文山县夷民王老寒的命案事件便可看出，乾隆朝对云南命案规条的制度带有封建制度的特性，不但是为了维护社会秩序，更是为了维护封建伦理而制定的，具有时代局限性。

二、乾隆朝对盗案的处置

清代，云南百姓原本淳朴，而自外省流民入境后，云南骗钱盗窃之徒开始增多，盗案日益严重。这些流民遍布西南边疆各地，有些聚集于厂矿周围。走厂之民多来自外省，不但使云南盗案多发，更有甚者，采用迷药、丢包等恶劣手段，以图谋钱财。其中丢包恶贼，或二三人为一起，或四五人为一起，于道路上见到孤身行客，即将石块裹作银包，佯为坠失，以诱行人拾取，如行客堕其陷阱，即肆意进行搜抢；如行客对包裹不顾，此丢包恶贼即假作行人，将包捡拾，装作想与路过的行客共同分财，而其他丢包之贼立即追上来说是自己之包裹，对行客进行搜查，假扮行人先将自己行李任其检视，后将行客包裹共同打开验看，见有银两，仍佯言并非所失之物，即帮助行客把银两包裹好送其离开，而行客不知所有银两已在恶贼搜查并帮忙包裹银两时已被偷走。又或者行客并未拾取丢于路上之包裹，多个恶贼便伙同拦截，硬指行客为拾包之人，强行搜查行李，抢夺财物。云南巡抚张允随认为此等罪犯“立心之奸狡，设计之险毒，较诸白昼抢夺尤为奸恶”①。据乾隆三十年（1765）云南督抚奏折中记载，乾隆二十九年（1764）新报盗抢共4案，全获1案，获破1案，共已获盗犯11名；其未获2案，俱系宾川州署知州周作哲任内失事，该署州怠惰因循，盗劫频闻，不能实力缉拿，又复讳强为窃，已被题参在案；又查乾隆二十九年（1764）时，云南各地共报失窃70案，内全获25案，获破9案，共已获贼犯86名，未获36案。②仅乾隆二十九年（1764）云南盗窃案便达70余件之多，云南盗案之严重，可见一斑。

① 《云南巡抚张允随奏：为请严定丢包恶贼之例，以警奸匪事》，（乾隆五年三月二十五日），方国瑜主编：《云南史料丛刊》第8卷《张允随奏稿》，昆明：云南大学出版社，2001年，第589页。
② 《云贵总督刘藻、云南巡抚常钧：奏报查明盗窃各案已获未获总数折》（乾隆三十年二月十六日），《宫中档乾隆朝奏折》第24辑，台北：“故宫博物院”，1982年，第8页。

为了减少云南盗案的发生，云南督抚主张对盗窃案犯严惩，尤其是对二次以上盗窃之犯加重刑法。乾隆五年（1740），由于各省走厂之民络绎来滇，因而奸良混杂，有不法之徒勾结伙党，或用药迷人，或丢包攫财，张允随严饬地方文武员弁实力查拿，设法捕辑，勿令漏网。当时元江等府县先后详报：拿获以药迷人贼犯三起，丢包贼犯三起，俱人赃并获，供认确凿。当时律条规定明白：以药迷人与强盗同罪，但对于丢包之贼，因律条无相关规定，只能按照窃贼律条来断，其惩处很轻。这些丢包贼“立心之奸狡，设计之险毒，较诸白昼抢夺尤为奸恶。”因此建议全部按照抢夺罪律条，不管抢骗钱财多少，皆给予杖刑，“重者加窃盗罪二等，刺面；三犯满贯，亦照例拟绞；杀伤人者拟斩，均分别立决监候；店家知情容留者照为从减等治罪。”只有如此，才能让“狡黠匪类各知畏法矣”。但对于其他暗地偷窃之案，仍旧按“照掏摸办理”，并不加重刑法。[①]乾隆五年（1740）九月二十八日，署理贵州总督事务云南巡抚张允随再次上奏，请求严惩再次盗窃之案犯，对于盗窃三次以上者，应处以绞刑。乾隆朝对盗窃案犯一直实行的是雍正十一年（1733）七月制定的定例，即三犯计赃50两以上，罪应满徒者，依律问绞；计赃50两以下，罪止满杖者，照例拟遣。是怙恶不悛而赃数又多，加以重刑，赃物无多者全其生命。但雍正十一年（1733）所制定例对“再犯首从罪名与初犯同科，尚无区别”。初次盗窃，有人是因一念之差，有人则是被一时引诱，误蹈犯罪道路，情有可原。若再次盗窃，对盗犯刺字追赃之后盗犯还是没有改邪归正之心，被捉获后，依旧按照初犯律科处罚，会使盗犯无所畏惧，因为“诚以再犯之有心，与初犯之过误实有不同，不可不加区别也”。有鉴于此，张允随请求加重对再次盗窃案犯的处罚，“嗣后窃盗再犯笞罪以致杖罪，递加二等；徒罪以致流罪，本罪已重，递加一等，至于充军而止”，让这些偷盗之徒知道再次盗窃是要加重刑罚的，希望盗犯能改过自新，不致连犯三次盗案而被处绞刑。[②]

为了维护云南社会治安，减少盗窃案件的发生，乾隆还主张在滇省继续推行雍正年间的保甲制度。乾隆四年（1739），刑部侍郎钟保于办理刑名事务中发现，各省唯命、盗二案最多。命案除故意谋杀之外，其余多“因田

---

①《云南巡抚张允随奏：为请严定丢包恶贼之例，以警奸匪事》，（乾隆五年三月二十五日），方国瑜主编：《云南史料丛刊》第8卷《张允随奏稿》，昆明：云南大学出版社，2001年，第589页。

②《奏请严窃盗再犯律例事》（乾隆五年九月二十八日），档号：01-0059-030，缩微号01-010-0242，中国第一历史档案馆藏。

产、钱债微嫌起衅”，斗殴引起，向州县控告时，州县“不行准理，或拘审迟延不结，抑或词断未尽平允”，以致百姓心怀不平，一时冲动，酿成人命。因此，张允随言：“弭盗之法莫善于保甲，现在实力奉行，无敢懈弛。”这是强调保甲制度的重要性。张允随还认为：“审题盗案，必依律问拟。”早在雍正年间，就有按照定例来处罚盗案犯罪，“凡牌头知有为盗之人，瞻徇隐匿者，杖八十；若牌头已于甲长、保正处首告，而不转首者，甲长减一等，保正减二等发落。”从中可以看出，雍正朝对保甲制度中各级人员所犯盗案罪行的惩罚都进行了详细规定。但在乾隆初期，对于盗案的惩罚力度远胜于雍正时期。乾隆二年（1737）十一月，经户部会议讨论，复御史李贤经奏，又对保甲制度中各级人员所犯盗案罪行的惩罚进行了重新规定：“牌头虽不知情，坐以不应轻律，笞四十；其甲长、保正，仍照不应轻律递减科罪。”也就是说，除盗案主犯外，无论“地方保甲知情不知情者，俱有分别治罪之条，立法极为明备”①。虽然处罚有失合理之处，可以看出乾隆朝加重了对盗案的惩处，反映出清高宗继位初期励精图治的决心。

乾隆朝对云南盗案的惩处是十分严重的，盗窃三次者则被处死，即使实行保甲制度地区的牌头、甲长无论知情与否，皆受到牵连，具有浓厚的“连坐”性。考虑到当时大量流民进入云南，并给云南社会带来了诸多的不稳定因素，乾隆朝因此而加重对盗案的处罚可以说是很有必要的，否则很难以控制当时云南社会案件高发的态势。署理云南巡抚刘秉恬云：“为政莫要于安民，安民莫先于弭盗，而弭盗之法在乎缉捕认真。今年滇省盗案虽未能尽绝，而查缉加严，旋报旋获，或可望盗风渐息。”清高宗朱批：“实力为之，莫久而懈。②乾隆朝对云南社会盗案的查缉可谓是一项长期而艰巨的任务。

三、乾隆朝对刑名的改革

乾隆朝为加大对各省命、盗案犯的惩罚力度，从乾隆中期开始，把对命、盗案件的严打纳入各省地方官吏的考绩，并命各省督抚于每年年终将各县盗案情形上报。乾隆三十年（1765），云南督抚之奏折中记载：“嗣后各省督抚，于年终，将某县新旧盗案几件，能获几案，逐县开列清单，恭呈御

① 《奏为遵旨奏议刑部侍郎臣钟保条奏杜命盗之源及力行保甲等事》（乾隆四年七月二十六日），档号：01-0035-024，缩微号 01-006-1291，中国第一历史档案馆藏。

② 《署理云南巡抚刘秉恬：奏陈近年捕盗大概情形折》（乾隆四十七年十二月二十八日），《宫中档乾隆朝奏折》第 54 辑，台北：“故宫博物院”，1982 年，第 601 页。

览。有能实心缉捕，拿获新旧多盗要犯及拿获邻境盗犯者，责成该督抚确查核实，加具切实考语，将文武员弁声明请旨，可否送部引见，恭候钦定。其有强劫频闻，又不严缉捕获，亦即据实列入指参，请旨议处，以昭炯戒。再地方官承缉窃案，其记功过之最多者，亦于年底开具清单，恭候御览等因具奏。”又记载：“统于每年正月为始，至年终，将某州县一年内报缉若干，案获贼若干名，承缉文武官某，协缉文武官某，无论曾否记功记过，逐一声叙，无庸填注犯案事由，以归简易。致报缉无多之州县，既经以被窃报案，即应一体列入，以示劝惩等因。”①乾隆朝还规定：

> 州县等官统计一年内报窃之案，能拿获及半者，免其记过，亦无庸记功；其获不及半者，按未获案数，每五案记过一次；有能于拿获及半之外复有多获者，每五案记功一次，以次递加；如有能缉获前官任内窃案及邻境贼匪者，每一案记功一次，以示鼓励。至窃贼满贯之案，例应扣限六个月，专案咨参议处，亦仍于记注册内合算，有能拿获者，每一案即予记功一次，俱准其将记过之数抵消；其未及一年离任者，即按其在任月日，报窃几案缉获几案，分别办理。②

同年，乾隆朝进一步规定：“每届年终，督抚具折陈奏，将该省审理命盗各案，上年旧案及本年新事，已完未完各案数，并将未完之案因何未经审结缘由声明，开列清单恭呈御览。”据按察使夔舒查明，“乾隆三十年分旧案内，二十九年命盗案件，于春夏二季详报者，当年俱已审结；秋冬二季详报，当年不及完结者，统计 15 案，均于乾隆三十年春夏二季陆续审结在案。又自乾隆三十年正月起，至年底止，新报命盗案计 91 案，内已结 69 案，未结 22 案”③。乾隆朝把对命、盗窃案件的破获情况与官吏的政绩紧密联系，加强对命、盗窃案件的打击力度。自此，云南每年上报一次命、盗案件的查获情形，反映出乾隆朝对各省命、盗案之重视与缉拿之严，亦反映出乾隆中期各省包括云南省命、盗案之多发的情形。在乾隆五十八年（1793）时，云南省各属新报承审命盗案共 83 件，连旧案 20 件，共 103 件，内已结

① 《云贵总督刘藻、云南巡抚常钧：奏报查明盗窃各案已获未获总数折》（乾隆三十年二月十六日），《宫中档乾隆朝奏折》第 24 辑，台北：“故宫博物院”，1982 年，第 8 页。

② 《奏为遵例汇奏滇省三十年分已获未获盗窃各案总数事》（乾隆三十一年二月二十四日），档号：01-0267-020，缩微号 01-037-0543，中国第一历史档案馆藏。

③ 《奏为循例汇奏滇省乾隆三十年分已未完结命盗各案数目事》（乾隆三十一年三月二十八日），档号：01-0267-058，缩微号 01-037-0787，中国第一历史档案馆藏。

新旧案88件，未结新案15件。[1]可知乾隆末期云南命、盗案件数量依然居高不下，命、盗案件依然是影响云南社会稳定的一个重要因素。

对于云南刑名案件发生较多的地区，乾隆朝适当调整行政设置，以使案件能够迅速解决。滇省汤丹、大禄两个铜厂坐落东川府属会泽县境内，僻处万山之中，距城自一百七八十里至二百里不等，其炭山以及各子厂，更有在三百里以外者，若遇命、盗等案，先由该厂头人、客长上报厂员，再由厂员上报该县知县，等到知县前往勘验，“为日已久，人命则尸伤发变，窃盗则赃证游移，甚或凶盗乘机潜遁，缉拿审究殊费时日”。乾隆二十九年（1764）时，东川汤丹、大禄铜厂产铜日旺，厂众益增，来自各地的人员共同居处，两厂皆不下二三万人，“争端易起，案件渐多”，若仍照旧移交知县查办，多有延误，且与案件相关人员，多系铜厂人员，一旦审讯，必致铜厂停工而耽误生产。为了使东川铜厂之刑名案件能够及时勘验，云贵总督兼摄云南巡抚刘藻奏请将地居腹里之澂江府通判裁汰，“改设东川府分防汤丹通判一员，办理两厂刑名”，嗣后遇有汤丹通判缺出，皆从云南拣选调补，凡汤丹、大禄两厂命盗重案，即令汤丹通判就近勘验。“其余酗酒斗殴赌博等事，但系厂中者，俱令该通判经理”。刘藻认为，如此一来，“既于审案、办铜两有裨益”[2]。

乾隆朝对免死案犯多发配至边疆地区，为减少云南刑名案件的发生，防止遣犯聚集一地过多而危害边省稳定，实行酌情均匀发配的原则。乾隆元年（1736），刑部定议，免死案犯多分发云、贵、川、广极边烟瘴地方。乾隆二年（1737）七月间，乾隆朝又规定：九项遣犯，有妻室子女者佥发宁古塔、黑龙江等处，给予披甲人为奴；如无妻、子之遣犯并其余各项遣犯人等，遵照乾隆元年（1736）定例，改发云、贵、川、广，分别极边、烟瘴与烟瘴稍轻地方安插。因滇、黔两省地处极边，苗倮杂处，“秉性凶顽，素非安分，若复与刺面凶徒共居并处，保无暗行勾结，妄生事端。向来苗倮不法，半由汉奸主使”，并且“隐患匪浅”。为了维护边疆社会稳定，张允随建议对“免死、减等九项遣犯，嗣后不论有无妻室子女，俱发八姓兵丁为奴使用，俟足数之后，或另议地方安插，或仍发黑龙江、宁古塔、吉林、乌喇等处。一转

① 《奏报乾隆五十八年分滇省拿获寻常逃犯及新旧命盗各案已未审结数目事》（乾隆五十九年正月二十九日），档号：01-0464-005，缩微号01-059-2460，中国第一历史档案馆藏。

② 《云贵总督兼摄云南巡抚刘藻：奏为铜厂刑名渐繁，请归厂员审解，以免拖延事》（乾隆二十九年十月十三日），《宫中档乾隆朝奏折》第22辑，台北：“故宫博物院”，1982年，页码不详。

移间，在遣犯有兵弹压，咸生慑服之心，有主约束，可无纵肆之患”；对“不在九项内之遣犯，请照律载充军地方之例，酌定远处，四散分发，以免聚集苗、倮之地”[①]。如乾隆二十四年（1759）便曾解发十名免死盗犯至新疆巴里坤，给兵为奴；又乾隆二十七年（1762）解发窃盗案犯杨天禄等至乌鲁木齐，给兵为奴。[②]乾隆二十八年（1763），云南按察使张逢尧亦奏云：“此等遣犯，皆非善类，在停发者，每遇事故，有减无增，其现发者日益众多，有增无减。以有限之城市收无限之匪徒，丑类成群，戾气相聚，久而弥甚，为害堪虞。”因此，在将遣犯发配到云南之时，应“查照在配人犯多寡，酌量均拨安置”，同时“庶不致丛集贻患，而边省永臻宁谧矣”[③]。

乾隆朝根据云南的独特情况，对全国的命、盗案等案件规定了合理的完结期限，而且对云南边疆地区的命、盗案等案件因地制宜，适当延长案件的完结期限。乾隆十四年（1749）时，由于各省案件完结期限多有不同，自四个月至十个月、半年、一年不等，不但办案定有正限，且又有余限，清高宗考虑正限、余限的时间虽有不同，在余限内完结案件者，与未出正限完结案件者的奖惩并无不同，而各部院办理案件，又很少有肯在正限内办理完结，因此清高宗降旨，规定在部事件，在本部题结者，吏、礼、兵、工等部及各衙门俱定限20日，户、刑二部定限30日，行查会稿，系吏、礼、兵、工及各衙门主稿者定限40日，户、刑二部定限50日，内所会各衙门各定限5日，户、刑二部各定限10日，如办案时间超过所定期限，即行参处。如此一来，“限期既归画一，不致怠玩逾时，亦不致草率了事”。但滇省边疆，与中原内地情形迥别，“书役既多蠢拙，办事难免迟误”，在办理命、盗等案件时难免迟误。此前定例为滇省鹤庆、永北、景东、丽江、顺宁、昭通、镇沅、永昌、普洱、元江、广南11府并所属厅州县，系边远地方，凡命盗及钦部事件，俱于定限之外各展限2个月完结。清高宗此次更改案件办理期限，虽使全国得以统一，但忽略了边疆与内地在交通、官吏素质、文化风俗等方面具有的差异，只考虑到“恐承办各员只顾迟延处分，不求事情妥协，以速了事，转多舛错，驳查往返，必致更为迟延，纵加参处，无裨于公”。云南

① 《署贵州总督云南巡抚张允随奏：为敬陈末议事》（乾隆五年九月二十八日），方国瑜主编：《云南史料丛刊》第8卷《张允随奏稿》，昆明：云南大学出版社，2001年，第595—596页。

② 《云贵总督兼署云南巡抚事吴达善：奏为遵旨查明汇奏发潜新疆等处逃犯折》（乾隆二十八年九月初六日），《宫中档乾隆朝奏折》第19辑，台北：“故宫博物院”，1982年，第18页。

③ 《云南按察使张逢尧：奏为请均安插之遣犯以靖地方折》（乾隆二十八年十月初一日），《宫中档乾隆朝奏折》第19辑，台北：“故宫博物院”，1982年，第216页。

巡抚、调安徽巡抚降二级留任的图尔炳阿奏请在云南内地应仍照原例，自二十日、一个月、四个月、六个月及一年之限，分别完结，如有迟延，照例参处，但在云南边远之地，如鹤庆等11府，应于正限之外各展限2个月，此外不准再延期限，这样才会“庶限期不致急迫，公事亦免丛脞矣”[①]。图尔炳阿的建议相对更加合理。

乾隆朝甚至对祭祀、斋戒之日是否办理案件也做了详细规定。最初律所载：“有致斋三日，不理刑名，不办事，如有紧要事仍办者，有斋二日，不理刑名，照常办事者，皆一一注明”。张允随尤觉不明，特奏请“于每年通行祭祀日期文内，某月日祭先农坛、关帝庙条下，将致斋日期并是否不理刑名照常办事之处，照依各坛庙一例开注明白”，以肃祀典之事。[②]然而乾隆二十九年（1764）时，清高宗对祭祀斋戒之日对刑名案件的办理重新做了规定：“向来刑名案件，如遇庆贺斋戒等日，例得暂行停止，原指寻常案犯而言，若叛逆重犯，情罪重大、决不待时者，自应于定拟奉旨之日，即行明正典刑，以昭炯戒”，并云：“如庆贺斋戒，按例遵行，一切政务俱可照常办理，处决重囚有何关碍，而必拘泥停止耶？”要求嗣后云南“遇有立决重犯，益当恪遵办理”[③]。从祭祀、斋戒之日不办理案件到可以办理重大案件的转变，表明乾隆朝对社会治理的重视与民生的关注，初步具备了当代社会“以民为本”的思想。

案犯越狱与在押途中脱逃事件在乾隆时期的云南时有发生，对于此类逃犯，捉住后即被正法，失职官吏则被严惩。乾隆二十八年（1763），有军犯贺文龙，因盗窃而被缉拿，后又行贿，越狱脱逃，并多次行窃，在对其捉拿之时不但拒捕，还砍伤官役，为示儆戒，将贺文龙绑赴市曹处决。[④]乾隆五十二年（1787），盗犯内有张禧、单学义、杨德、陈宗义、王有义五名，于深夜三更时候越狱脱逃。此五名案犯，均系行劫财物、殴伤人命之盗犯。因祸害社会而被缉拿，现又越狱，必将对社会再次造成危害。乾隆朝对此五名案犯，有拿获者，有格杀者，亦有未获在追缴者，务求四路严拿，以保证社

① 《为遵议滇省所属办理各案酌定期限事》（乾隆十五年四月初六日），档号：01-0197-006，缩微号：01-029-1080，中国第一历史档案馆藏。

② 《奏为请敕开明斋戒之条，以肃祀典事》（乾隆五年九月二十八日），档号：14-0006-002，缩微号14-001-1645，中国第一历史档案馆藏。

③ 《云贵总督臣吴达善：奏复嗣后遇立决重犯不拘时日折》（乾隆二十九年四月二十九日），《宫中档乾隆朝奏折》第21辑，台北：“故宫博物院”，1982年，第340页。

④ 《云贵总督臣吴达善，奏为接准廷寄及办理越狱军犯贺文龙改为绞决折》（乾隆二十八年三月二十四日），《宫中档乾隆朝奏折》第17辑，台北：“故宫博物院”，1982年，第258页。

会安全与稳定。[①]同年正月初六，威远厅解押之人犯那木帕便“投宿歇店，乘间潜逃”[②]。这些逃犯对云南社会稳定有着潜在威胁。乾隆五十三年（1788）时，罗平州被监禁之待绞犯人严义，于半夜之时由监所空地拧脱脚镣手扭，撬开监墙脱逃，该署官吏顾锡圭负责监狱事务，因其疏忽大意，以致犯人越狱脱逃而被请旨革职。[③]

云南地形复杂，气候多样，对命案影响较大。外省大量流民入滇走厂，固然对云南的经济开发做出贡献，但亦把内地的一些不良风气带到云南，使得命、盗案数量飙升，再加上其他案件时有发生，云南社会虽处于乾隆盛世，依然存在诸多不稳定因素。乾隆朝为加强对云南社会的治理，改革命、盗案件的处置规章，加重对刑名案件的惩处力度，甚至实行一定程度的“连坐”制度，在云南乡村普及有关命案条款，通过崇尚刑名来加强社会管控，以达到减少刑名案件之目的。这些措施的施行，确实减少了云南命、盗案件的发生，保障了百姓的生命和财产安全，打击了不法犯罪分子，然而由于封建伦理下制定的惩处措施存在着一些不合理性，也必然会造成有些案件的处置结果不够公平。

第六节　乾隆时期云南的城垣修筑

乾隆时期云南地处极边，与缅甸、老挝、越南相邻，经济与科技相对落后，且云南“物料鲜少，木石必需入山采运，砖瓦必需设窑烧造，兼之匠工无多，均于四处雇募，办理稍难”[④]，因而云南所建城垣往往就地取材，不但有石城、砖城，亦有不少土城。云南僻在中国西南遐荒，于边防而言，“惟边省城垣攸关紧要”[⑤]，修有城垣之地，便可固守疆土，增强边备，无城

① 《云贵总督臣富纲、云南巡抚臣谭尚忠：奏报查办永北厅获案盗犯越狱案事》（乾隆五十二年十一月三十日），《宫中档乾隆朝奏折》第66辑，台北：“故宫博物院”，1982年，第498页。

② 《云贵总督臣富纲、云南巡抚臣谭尚忠：奏请将革职协辑在逃绞犯之书图、涂焕交部治罪折》（乾隆五十三年四月二十一日），《宫中档乾隆朝奏折》第68辑，台北：“故宫博物院”，1982年，第34页。

③ 《云南巡抚谭尚忠：奏为特参疏防绞候人犯一名越狱脱逃之署吏目知州请旨革职，分别拿问留缉折》（乾隆五十三年九月二十四日），《宫中档乾隆朝奏折》第69辑，台北：“故宫博物院”，1982年，第596页。

④ 《奏为遵旨查明云南城垣次第兴修并酌定保护城垣章程事》（乾隆二十五年四月初二日），档号：37-0018-008，缩微号：37-001-2044，中国第一历史档案馆藏。

⑤ 《为遵议云南墩台、塘房、城垣发修等仍循旧例办理事》（乾隆十五年十月初三日），档号：04-01-01-0192-019，缩微号：04-01-01-029-0129，中国第一历史档案馆藏。

垣之域，疆土难存。乾隆三十二年（1767），因边疆地区的思茅、威远（今景谷）、缅宁（今临沧）、丽江、他郎（今墨江）、赵州（今大理东南）六处土城接壤外夷，地近缅越，边防紧要，特将城垣“改建砖城”①，云南总督巡阅边疆，必要查看城垣完固与否，可见城垣修筑实为乾隆年间云南的一项重要边备事务，亦是一项重要的社会治理内容。

一、修筑城垣与云南边备

乾隆初期，清高宗并未对云南的城垣修筑给予足够重视，但云南督抚任职边省，却深知城垣修筑之紧要。大理府为一座砖城，周围九里三分，建自明代洪武年间，以前虽时加修葺，不过仅就坍损之处勘估修补，并未通身修整，至乾隆十二年（1747）时，渐皆倾圮。清高宗认为修筑城垣乃“各省工作不急之务，应节用”，等有闲暇之时再行办理，然熟悉边情的云贵总督张允随却深知“大理为迤西咽喉，提督驻扎其地，控制保障，城垣最关紧要”，且大理逼近苍山、洱海，风势猛烈，城楼、城垛等多见倒坍，长期以来，损坏更加严重，若不彻底修筑，仍于损坏处略为粘补，殊属无益。当时王岱委署大理府篆，有志急公，情愿捐银4300余两，方将大理城垣通身进行了修整。②直至乾隆二十八年（1763），清高宗始降旨曰：“城垣为地方保障之资，自应一例完固，以资捍卫。著各省督抚饬令该管道府，将所属城垣细加查勘，如稍有坍卸，即随时修补，按例保固。仍于每年岁底，将通省城垣是否完固之处，缮折汇奏一次。”③从此，云南每年上报一次城垣完固情形。清高宗此举并非专为云南所行，但却因此使云南城垣保疆固圉的重要作用得到较为充分地发挥。

由于岁久失修、风雨侵蚀、地震洪水等自然灾害，云南各地城垣每年多有坍塌。乾隆元年（1736），滇属城垣共计80座，除岁久倒塌仅存城基者另筹办理外，其应修城垣多达24座。④乾隆二十八年（1763），文山县西门城

① 《奏为遵旨盘查云南兴修保固其内城垣情形事》（乾隆三十二年正月十七日），档号：37-0023-004，缩微号：37-001-2479，中国第一历史档案馆藏。

② 《云贵总督张允随奏：为奏明事》（乾隆十二年四月二十日），方国瑜主编：《云南史料丛刊》第8卷《张允随奏稿》，昆明：云南大学出版社，2001年，第712—713页。

③ 《云贵总督兼摄云南巡抚刘藻：奏报查明滇省城垣情形折》（乾隆二十九年十二月初七日），《宫中档乾隆朝奏折》第23辑，台北：“故宫博物院”，1982年，第422页。

④ 《云南巡抚张允随奏：为请乘时修理边城，以资保障，以济灾黎事》（乾隆元年十一月二十二日），方国瑜主编：《云南史料丛刊》第8卷《张允随奏稿》，昆明：云南大学出版社，2001年，第554页。

垣因临近江滨，被水冲坏城脚，以致城墙、圈洞、城楼等处颇有坍塌；又江川、通海、宁州（今华宁）等处，亦于当年猝遇地震而致城垣损坏[①]，云贵总督硕色、云南巡抚爱必达云："窃惟滇省山高土厚，地气疏泄不及，常至震动为患。"[②]乾隆三十五年（1770），省城城垣被雨淋塌，浪穹县（今洱源）土城东门城墙亦被水冲塌；又平彝（今富源）、罗平两处城垣因"雨水间有坍损"[③]。楚雄为迤西冲衢，其城垣建于北溪河边，"每遇伏秋大雨之时，易致泛滥入城"，发生"冲倒城垣之事"。[④]乾隆三十七年（1772），楚雄因"河水漫刷，东北一带坍卸城墙一十一段，约计三百余丈，由城北绕至西南，坍塌鼓裂者二十二段，约四百余丈"[⑤]。乾隆四十三年（1778），他郎通判为土城一座，因秋雨连绵，城墙"间被淋坍"[⑥]。乾隆四十七年（1782），广西州（今泸西）、安宁州"上年具报被雨淋坍"城垣二座。[⑦]乾隆四十八年（1783），由于当年秋雨过多，腾越（今腾冲）、保山、文山、永平、太和（今大理境内）五座城垣坍塌，"内腾越、保山坍塌段落尤多"[⑧]。乾隆五十四年（1789），宁州、通海、江川、河阳（今澄江境内）、河西（今通海境内）等州县地震，"续坍城垣五座"[⑨]。因云南所处的特殊地理位置，其地形、气候复杂多样，城垣受自然灾害破坏之严重可见一斑。

云南城垣"坍损之处甚多，殊非慎重边圉之道"[⑩]。乾隆元年（1736），云南城垣除新经修建者外，许多已是损坏异常，应修城垣达到24座，且不

---

① 《云贵总督兼署云南巡抚吴达善：奏为钦奉上谕事》（乾隆二十八年十二月二十日），《宫中档乾隆朝奏折》第20辑，台北："故宫博物院"，1982年，第123页。

② 《云贵总督硕色、云南巡抚爱必达：奏报易门等处地震及抚绥办理宁帖各缘由折》（乾隆二十年正月十一日），《宫中档乾隆朝奏折》第10辑，台北："故宫博物院"，1982年，第497页。

③ 《奏为查报乾隆三十五年云南各属城垣完固情形事》（乾隆三十五年十二月十八日），档号：37-0027-032，缩微号：37-002-0021，中国第一历史档案馆藏。

④ 《署理云南巡抚刘秉恬：奏报楚雄等地大雨被水情形折》（乾隆四十七年六月二十六日，原档残损），《宫中档乾隆朝奏折》第52辑，台北："故宫博物院"，1982年，第261页。

⑤ 《奏为查明楚雄府城被冲城垣及黑井道桥等项筹款兴修事》（乾隆三十七年十月十二日），档号：37-0031-002，缩微号37-002-0268，中国第一历史档案馆藏。

⑥ 《云南巡抚裴宗锡：奏为遵旨汇奏查明通省垣折》（乾隆四十三年十一月初一日），《宫中档乾隆朝奏折》第45辑，台北："故宫博物院"，1982年，第351页。

⑦ 《署理云南巡抚刘秉恬：奏报本省城垣情形事》（乾隆四十七年十一月十一日），《宫中档乾隆朝奏折》第53辑，台北："故宫博物院"，1982年，第771页。

⑧ 《云贵总督兼署云南巡抚富纲：奏报查明通省城垣情形折》（乾隆四十八年十一月初七日），《宫中档乾隆朝奏折》第58辑，台北："故宫博物院"，1982年，第111页。

⑨ 《云南巡抚谭尚忠：奏报各属城垣情形》（乾隆五十四年十月二十九日），《宫中档乾隆朝奏折》第73辑，台北："故宫博物院"，1982年，第843页。

⑩ 《为遵议云南墩台、塘房、城垣发修等仍循旧例办理事》（乾隆十五年十月初三日），档号：04-01-01-0192-019，缩微号：04-01-01-029-0129，中国第一历史档案馆藏。

乏位于云南边疆地区者，如石屏、阿迷（今开远）、蒙自、浪穹（今洱源）、腾越（今腾冲）等城垣。[①]又乾隆十五年（1750），蒙自、弥勒、阿迷、大理、顺宁（今凤庆）、剑川、开化（今文山）等边疆城垣亦残缺不堪，亟待修筑。[②]至乾隆二十九年（1764）时，云南城垣已达 91 座，原建土城 29 座，内新修土城 5 座，改建砖城 4 座；又原建石城 14 座，内新修 2 座；又原建砖城 48 座，内新修 18 座，共计新城 29 座，旧城 62 座。[③]城垣如此之多，反映了乾隆朝经过励精图治，于乾隆中期云南社会经济取得了较大发展与显著成就，但对界连外域的云南而言，亦使边疆城垣修筑的任务更为艰巨繁重。

云南所建城垣，无论石城、砖城，还是土城，皆以牢固坚整为准，以保疆固土为要。因土城很不牢固，容易损坏，不时修葺，颇费财力，而砖城耗费虽多，但雄伟壮观且很坚实，并省去不时修葺之劳。在乾隆三十一年（1766）时，清高宗特命各省将土城改建为砖城。大学士管云贵总督杨应琚、云南巡抚汤聘根据云南实际情况，认为有的土城如思茅、缅宁、威远、他郎、鲁甸、丽江、维西、景东、浪穹、赵州、罗次、禄劝、中甸、永善等府厅州县土城 14 座，自应改建为砖城；但浪穹一处，虽为土城，而下砌石脚，颇为坚整；其他如维西、景东、罗次、禄劝、中甸五处，自建立城垣以来，土性坚实，从无塌损，因此可“仍循其旧，勿庸改建”。思茅、缅宁、威远等土城接连外国，未为坚固，此三处城垣地处云南极边，观瞻所系，防务攸关，“亟宜上紧改建”为砖城，列为急工。对于新平之扬武坝、镇沅之新抚、镇雄之彝良、师宗之邱北、嶍峨（今峨山）之化念、崿嘉（今双柏境内）之界牌汛、石屏之宝秀、永善之吞都、会泽之巧家堡九座土城，鲁甸之古寨木栅一座，因系佐杂人员及汛兵驻扎之所，且土性坚实，历久完固，城内居民甚属稀少，如巧家及古寨二处，并无民人居住，这些土城“仍循其旧”，亦无须改建。[④]乾隆四十六年（1781），宁洱（今普洱）、他郎、元江、嶍峨四处城垣坍塌需要修筑。对于宁洱城垣，云南巡抚刘秉恬云：“该处为

① 《云南巡抚张允随奏：为请乘时修理边城，以资保障，以济灾黎事》（乾隆元年十一月二十二日），《张允随奏稿》，方国瑜主编：《云南史料丛刊》第 8 卷《张允随奏稿》，昆明：云南大学出版社，2001 年，第 554 页。

② 《为遵议云南墩台、塘房、城垣发修等仍循旧例办理事》（乾隆十五年十月初三日），档号：04-01-01-0192-019，缩微号：04-01-01-029-0129，中国第一历史档案馆藏。

③ 《云贵总督兼摄云南巡抚刘藻：奏报查明滇省城垣情形折》（乾隆二十九年十二月初七日），《宫中档乾隆朝奏折》第 23 辑，台北：“故宫博物院”，1982 年，第 422 页。

④ 《奏为酌筹云南各处土城改建砖城事》（乾隆三十一年九月十一日），《宫中档乾隆朝奏折》，档号：37-0022-011，缩微号：37-001-2388，，中国第一历史档案馆藏。

极边要地，城垣宜于坚固，必须自脚至顶一律包砌砖石，中心添筑土牛，上墁顶砖，使雨水不能浸入，可期日久无虞。”而认为他郎厅“不比宁洱为极边要地”[①]，不但改造坚固的砖石城垣花费过多，且应缓时修筑。可见云南城垣修筑事宜皆以边防紧要程度为基准。

二、修筑城垣之时限与缓急

对于坍塌城垣应尽快修复，否则日侵月损，必致越坍越大，未坍者风雨飘零，亦必日渐倾颓，最终城将不存，边地难守。乾隆朝对于城垣小坍塌，往往定于农闲时节修复。乾隆元年（1736），御使刘永泰便曾条奏：“各处城垣，偶有些小坍塌，地方官于农隙时修补。”[②]乾隆十五年（1750），云贵总督硕色亦云：“他如城垣一角、一隅，或墩铺之偶有残缺，尽可于农隙之时量为修整。”[③]城垣如遇严重坍塌，则多定于水旱不齐之灾年修筑。乾隆元年（1736）十一月，因云南晚稻被伤，收成欠薄，除对灾民赈恤之外，张允随“犹恐各属被灾户口众多，赈恤未遍”，命布政使尽快修理各处城垣，“估定之嵩明等十二座及时兴工”，使附近灾民得以赴工觅食，以便缓解灾情。乾隆十年（1745），云南总督张允随查明，安宁、昆阳、晋宁、云南、姚州（今姚安）、邓川（今大理西北）、永平、蒙化（今巍山）、富民、呈贡 11 座城垣皆坍塌年久，需费浩繁，特“请存俟水旱不齐之年，动支铜息银两兴修，以工代赈”[④]，以收一举两得之效。

因云南城垣修筑事宜极其繁巨，云贵总督硕色特于乾隆十五年（1750）规定了修筑城垣的时间、期限与缓急。州县身膺民社，城垣是其专责，遇有些小坍塌，原例应地方官随时修补，不容视同膜外。今酌议分别办理，现在坍塌之砖石、土城等项，除挑运、夯筑人工按粮派拨民夫外，其砖、灰、木、石、工匠价银估计需数在 150 两以内者，责令地方官于农隙之时备办物料，自乾隆十六年（1751）为始，限 1 年内兴修完整；及 300 两者，限 2 年

---

① 《署理云南巡抚刘秉恬：奏报次第修建坍塌城垣事》（乾隆四十六年十月十五日），《宫中档乾隆朝奏折》第 49 辑，台北：“故宫博物院”，1982 年，第 243 页。

② 《奏为遵旨查明云南城垣次第兴修并酌定保护城垣章程事》（乾隆二十五年四月初二日），档号：37-0018-008，缩微号：37-001-2044，中国第一历史档案馆藏。

③ 《为遵议云南墩台、塘房、城垣发修等仍循旧例办理事》（乾隆十五年十月初三日），档号：04-01-01-0192-019，缩微号：04-01-01-029-0129，中国第一历史档案馆藏。

④ 《为遵议云南墩台、塘房、城垣发修等仍循旧例办理事》（乾隆十五年十月初三日），档号：04-01-01-0192-019，缩微号：04-01-01-029-0129，中国第一历史档案馆藏。

分段修复；在500两以内者，分为3年修竣；其数逾500两以至一二千金者，地方官力不能修，应酌分缓急，如系新辟夷疆及界连边徼紧要之区，则有关捍卫、观瞻，应于两三年之内陆续动支铜息银两，备办物料，派拨民夫，次第兴修；其地居腹里、公费浩繁者，仍缓俟水旱不齐之年，以工代赈。嗣后，如有续坍工段，数在500两以内者，亦前议，分年修整，或猝遇暴水冲损及久雨淋坍、工程浩大者，亦分别边疆、腹里，以次办理。如此酌定规条，随时修补，则地方官既知有分年之责，百姓又知有急公之义，未坍者可以冀其保护，已坍者亦得循序整理。①此规定一则可使云南城垣常资巩固，强边保圉；二则边地百姓亦可借此赴工觅食、糊口度日，于国计民生均有裨益。

云南由于所处地理环境特殊，可以修筑城垣的物料很少，再加上云南极边之地能工巧匠不多，修城之时即使四处雇募，也很难募到。因此，对于云南的城垣修筑，多根据具体情况，酌量工程之大小、修造之难易来定以限期，以杜绝拖延之事。后来之云贵总督爱必达、云南巡抚刘藻又于乾隆二十五年（1760）详细规定了修城的期限：如果费银1000两至5000两者，勒限6个月完工；5000两以上至10 000两者，勒限8个月完工；10 000两以上至20 000两者，勒限10个月完工；20 000两以上至30 000两者，勒限1年完工，各再限2个月造册报销。城垣一旦修筑完毕，必须保固3年，如果“限内倾圮者，著落赔修”②，至保固3年之后，便不再是承修官吏之责。嗣后，如城垣遇有严重损坏，“随时定限督修完整，取结保固”③。如遇有些小坍塌，则随时督修，从而杜绝城垣修筑迟延逾限之事。

云南城垣修筑区分边疆与腹地，强调优先修筑边疆要地之城垣。乾隆十五年（1750）时，边疆顺宁、剑川二处城垣残缺，云贵总督硕色认为此二处“地接猛缅，请先勘估兴修”④。乾隆二十五年（1760），由于地震等因素，诸多城垣损塌，云贵总督爱必达、云南巡抚刘藻根据城垣所在地域来区别缓急、分定年限次第进行兴修，认为最急者为顺宁（今凤庆）、永平、中甸、镇雄、永善五处城垣，此五处位于边疆或战略要地，应当年兴工；次急者为

① 《为遵议云南墩台、塘房、城垣发修等仍循旧例办理事》（乾隆十五年十月初三日），档号：04-01-01-0192-019，缩微号：04-01-01-029-0129，中国第一历史档案馆藏。

② 《奏为遵旨查明云南城垣次第兴修并酌定保护城垣章程事》（乾隆二十五年四月初二日），档号：37-0018-008，缩微号：37-001-2044，中国第一历史档案馆藏。

③ 《奏为查明乾隆三十年分云南城垣完固事》（乾隆三十一年正月二十二日），档号：37-0021-007，缩微号：37-001-2273，中国第一历史档案馆藏。

④ 《奏为遵旨查明云南城垣次第兴修并酌定保护城垣章程事》（乾隆二十五年四月初二日），档号：37-0018-008，缩微号：37-001-2044，中国第一历史档案馆藏。

安宁、邓川、云南、姚州、楚雄、和曲（今禄劝境内）、弥勒、河阳、江川、吞都（今永善境内）、巧家11处城堡，于第二年兴工；又次之晋宁、昆阳、呈贡、蒙自、路南、通海、宝秀（今石屏境内）、元谋、广通、禄丰、宜良、富民等12处腹地城垣于第三年兴工。[①]乾隆三十一年（1766），清高宗钦命改建土城为砖城时，云贵总督与云南巡抚认为："思茅接壤外夷，观瞻所系，亟宜上紧改建。缅宁、威远二处，地处极边，亦属紧要，应请列为急工。"[②]此三处城垣皆为云南极边重镇，而相对靠近云南内地之他郎、丽江、赵州（今大理东南）三处，则被列为缓工。乾隆四十六年（1781），宁洱、他郎、元江、嶍峨四处城垣坍塌，云南巡抚刘秉恬亦认为宁洱县城为普洱镇道府驻扎之所，地临边境，最关紧要；他郎壤接普洱，亦属要区；元江在他郎之内，嶍峨（今峨山）更系腹里。因此，对此四处城垣应"先修宁洱县城，次及他郎，又其次递及元江、嶍峨"[③]。乾隆四十八年（1783），因秋雨过多，腾越、保山、文山、永平、太和五座城垣坍塌，其中腾越、保山坍塌段落尤多。云贵总督兼署云南巡抚富纲奏曰："查腾越、保山均系极边重地，自应急为修整，以资边圉保障。而腾越界通外域，尤应首先办理"，永平、太和等县，相对"系在腹里地方，尚可从缓，应俟腾越、保山边城修竣后再行议请修理"，但"腾越州城为极边保障，未便延时……今保山虽亦近边，究在腾越以内"，修筑保山城垣，"似不妨暂从缓办"[④]。乾隆四十九年（1784），云贵巡抚刘秉恬上疏清高宗曰："通省之中，有临边与不临边之别，城工宜急宜缓。"从以上可以看出，当云南有多处城垣需同时修筑之时，乾隆朝能够灵活处理各处城垣修筑的缓急，做到"城工宜缓宜急，贵在随时权量"[⑤]，多遵从如下原则：即城垣修筑最急者皆为边疆战略要地之城垣，次急者与再次急者多为云南腹地城垣。从边疆到内地，依次由急渐缓，表明乾隆时期城垣修筑仍然是守边固圉的一个重要方式，然而当昆明城垣出

① 《奏为遵旨查明云南城垣次第兴修并酌定保护城垣章程事》（乾隆二十五年四月初二日），档号：37-0018-008，缩微号：37-001-2044，中国第一历史档案馆藏。

② 《奏为酌筹云南各处土城改建砖城事》（乾隆三十一年九月十一日），档号：37-0022-011，缩微号：37-001-2388，中国第一历史档案馆藏。

③ 《署理云南巡抚刘秉恬：奏报次第修建坍塌城垣事》（乾隆四十六年十月十五日），《宫中档乾隆朝奏折》第49辑，台北："故宫博物院"，1982年，第243页。

④ 《云贵总督富纲：奏为酌请缓修城垣折》（乾隆五十三年八月十六日），《宫中档乾隆朝奏折》第69辑，台北："故宫博物院"，1982年，第245页。

⑤ 《云贵巡抚刘秉恬：奏报轮年应修城垣酌情停办先修腾越保山二县城事》（乾隆四十九年闰三月二十七日），《宫中档乾隆朝奏折》第59辑，台北："故宫博物院"，1982年，第833页。

现坍塌时，因昆明为“省会重地，保障攸关，亟须修葺完固”①，此时对昆明城垣的修筑亦被列为急工。

三、修筑城垣之经费与查勘

云南山多田少，物产不丰，且处处苗疆，土多汉少，修筑城垣所需费用甚多，仅靠国家或云南百姓实难完成，不唯云南百姓力有难支，更恐民情惊扰，以致边疆不稳。乾隆朝体恤云南民生，修筑云南城垣能够因地制宜，采取只用其力，不用其财的方式，即以工代赈。云贵总督硕色认为，力役之征自古就有，况修城原以卫民，莫若“因地制宜，只用其力，不用其财，则边地百姓自必踊跃急公”，而城垣可以长资巩固。硕色提议云南修筑城垣所需的砖、灰、木、石及泥、木工匠，皆为官方动用公帑购买、雇用，其一切挑运、夯硪之人夫，皆按粮派拨，令其裹粮赴工，以供力作；倘地方官借机苛派，滋扰百姓，查出则严参治罪。②

城垣修筑经费主要来源两个途径：一是国家公帑；二是云南官吏及富绅的捐献。乾隆朝规定：对于地方官捐修城工，按例应造册具题，交部议叙；对于富民、绅士有情愿捐输修整者，按其银数多寡，分别议叙，给予优奖。云贵总督爱必达与云南巡抚刘藻提倡“官民捐修之例，应仍照旧准行也”③。由于乾隆朝在政策上的引导，这一时期云南官吏和富绅捐修城垣的事例还是很多的。乾隆十二年（1747），乾隆朝对大理城进行修筑，当时委署大理府篆的王岱便捐银4300余两。乾隆三十一年（1766），云贵总督杨应琚、云南巡抚汤聘于奏折中提到云南城垣中“坍损已经捐修者，有马龙、保山、嶍峨三处”④。乾隆三十五年（1770），在修筑威远城垣时，因“原估内皮系旧土堡夯筑”，负责承修的思茅同知黑光恐新旧不能黏连，难保经久，“情愿捐资，一律用砖改砌”⑤。同年，思茅城垣外皮所修砖城均属完固，但“内城

① 《云南巡抚谭尚忠：奏报查明地方城垣事》（乾隆五十一年十一月初四日），《宫中档乾隆朝奏折》第62辑，台北：“故宫博物院”，1982年，第180页。

② 《为遵议云南墩台、塘房、城垣发修等仍循旧例办理事》（乾隆十五年十月初三日），档号：04-01-01-0192-019，缩微号：04-01-01-029-0129，中国第一历史档案馆藏。

③ 《奏为遵旨查明云南城垣次第兴修并酌定保护城垣章程事》（乾隆二十五年四月初二日），档号：37-0018-008，缩微号：37-001-2044，中国第一历史档案馆藏。

④ 《奏为查明乾隆三十一年分云南各城垣情形事》（乾隆三十一年十二月十五日），档号：37-0022-034，缩微号：37-001-2447，中国第一历史档案馆藏。

⑤ 《奏为查报乾隆三十五年云南各属城垣完固情形事》（乾隆三十五年十二月十八日），档号：37-0027-032，缩微号：37-002-0021，中国第一历史档案馆藏。

土性松浮，原估修筑土牛难保坚固”，负责承修的宁洱县知县张轼“情愿捐资”，一律改砌为砖石。[①]乾隆四十六年（1781），广南府宝宁县（今广南）城垣坍塌，亦为该县官员捐修银两，将城垣修缮完固，使乾隆朝“毋庸动项办理。”[②]云南的富民、绅士亦有捐修城垣的记载。乾隆五十二年（1787）时，元江州土城坍损，云贵巡抚谭尚忠奏折中曾有“官民情愿捐资修复”之语。[③]但云南民间并非全是如此。乾隆三十年（1765），修筑城垣倡导官民捐修，“据两迤各府厅州县覆称，绅衿、士庶、商贾之内，绝少踊跃报捐之人”，只有宜良、宁州、元江、威远等 5 处，共捐银 1300 余两，“尚多勉强”，因为钱数无几，又将银两发还于捐修者，可见云南“开捐劝输已经遵行，迄无成效”[④]。究其原因，云南地处边隅，交通不便，本省既无殷户，亦鲜外来富商，纵有好义急公之人，而力非有余，很难发动云南民众捐修城垣。

由于城垣修筑费用巨大，耗时较长，致使出现捏报侵亏之事。为使修城经费不被贪污，乾隆二十四年（1759）十一月，乾隆帝下旨，命各省将城垣修筑之时限、费用等项查明详奏。云贵总督爱必达、云南巡抚刘藻认为：“城垣之塌损靡常，国家之经费有定”，对修筑工程经费，特作如下规定：各省一切工程，如些小修补，需费无多者，照估全给。若数在千两及万两以上者，酌量先拨数分，令其办理，竣工时如应准销，照数找给，或应核减，即于此内扣除。查修理城工需用物料，均应预为购办，匠役、工价亦须按日给领，若不酌定分数，陆续发给，承办之员无项可垫，恐滋赊欠扣短情弊。应请将原估银数在千两以上及万两以上者，概行先发五分，以资办理，查明工程，将次及半，再行酌拨三分，将次告竣，又酌拨一分，统至九分为止。至原估千两以内之工程，亦请先发九分，扣留一分，工竣，委堪如式，取造册结，核实请销，俟工部俯准，照数找给，如有核减，即于此内扣除。[⑤]乾隆

① 《奏为奏明乾隆三十四年分云南城垣情形事》（乾隆三十五年三月十三日），档号：37-0026-011，缩微号：37-001-2842，中国第一历史档案馆藏。

② 《署理云南巡抚刘秉恬：奏报四十六年分本省城垣情形事》（乾隆四十六年十一月初十日），《宫中档乾隆朝奏折》第 49 辑，台北：“故宫博物院”，1982 年，第 557 页。

③ 《云贵巡抚谭尚忠：奏报地方城垣情形事》（乾隆五十二年十一月初九日），《宫中档乾隆朝奏折》第 66 辑，台北：“故宫博物院”，1982 年，第 230 页。

④ 《云贵总督刘藻：奏报滇省城工实在情形难照江南办理缘由折》（乾隆三十年七月初九日），《宫中档乾隆朝奏折》第 25 辑，台北：“故宫博物院”，1982 年，第 463 页。

⑤ 《奏为遵旨查明云南城垣次第兴修并酌定保护城垣章程事》（乾隆二十五年四月初二日），档号：37-0018-008，缩微号：37-001-2044，中国第一历史档案馆藏。

朝根据修城工程的大小来预估修城费用，并根据修城费用之多少与工程进度来核拨经费，从而有效地防止对修城费用的虚报贪污之弊。

在云南城垣的修筑中与竣工后，乾隆朝还责成各级官吏不时监督与查勘，以保证经费的落实与工程质量。乾隆朝虽定有城垣保护章程，若无专员稽查，实力管理，不免出现阳奉阴违之事，因此云南巡抚刘藻命迤东、迤西两道，于盘查所属钱粮之时，可就便查勘所属城垣。刘藻亦“不时留心查察督率，善为经理，实力从事，毋使滋扰”，如各级官吏对城垣修筑“办理不善，即令道府详揭，道府通同狥隐，查出一并严参”。云南督抚甚至对城垣修筑情况亲行查勘。刘藻在查勘城垣之时，“轻骑减从，自省城起身，挨次查勘，往返约需二十余日”，沿途还要料理一切应办案件。[①]刘藻以极其负责的态度，率同当地知府将周围城身里外高宽等逐一“躬亲丈量……复拆开砖块，详加验视”[②]，观其砖与灰凝是否坚实，其城楼、垛座、垛口、海墁等项做法是否与原估相符，有无偷减工料，冒销银两情弊等事。乾隆朝还将城垣修筑之责落实到具体官吏，对不负责任的官吏严加惩处。乾隆二十五年（1760），云贵总督爱必达、云南巡抚刘藻对城垣修筑的职责作如下规定：知府承修之城工，责成该管道府督率查催，各厅州县承修之城工，责成该管知府督率查催，如有迟延逾限及浮冒侵帑情弊，该管道府立即详揭，倘循情不举，即将该管道府一并参处。[③]乾隆二十九年（1764），刘藻在奏折中云：“臣仍严饬该管道府，不时留心查勘，稍有坍卸，随即定限督修完整，取结保固。倘有升迁事故，造入交代，后官详加验看，如有坍塌，令前官修竣，接收结报，倘敢扶同徇混，一经查出，将新旧各官及该管道府一并参处，分别赔修，务期城垣一例完固，断不容稍事因循，任其坍颓，致糜帑项。”[④]此外，刘藻还责成道府官员对各属城垣不时检查，甚至“俟察勘新建城工及因公经过之便，随时再加复勘”[⑤]。后来的云贵总督杨应琚为保证经费到位与

①《云贵巡抚刘藻：奏报查勘城工折》（乾隆二十八年三月初三日），《宫中档乾隆朝奏折》第17辑，台北：“故宫博物院”，1982年，第125页。

②《云南巡抚刘藻：奏报勘城情形并回署日期折》（乾隆二十八年三月二十八日），《宫中档乾隆朝奏折》第17辑，台北：“故宫博物院”，1982年，第334页。

③《奏为遵旨查明云南城垣次第兴修并酌定保护城垣章程事》（乾隆二十五年四月初二日），档号：37-0018-008，缩微号：37-001-2044，中国第一历史档案馆藏。

④《云贵总督兼摄云南巡抚刘藻：奏报查明滇省城垣情形折》（乾隆二十九年十二月初七日），《宫中档乾隆朝奏折》第23辑，台北：“故宫博物院”，1982年，第422页。

⑤《奏为遵旨盘查云南兴修保固其内城垣情形事》（乾隆三十二年正月十七日），档号：37-0023-004，缩微号37-001-2479，中国第一历史档案馆藏。

工程质量，亦是“亲往复勘，逐段抽查，核实报销，倘有冒销、侵蚀、草率了事及籍端滋扰之处，即行据实严参，务使帑不虚糜，工归实用”。乾隆三十年（1765），云南巡抚常钧亦于闰二月二十一日，轻骑简从，顺道先往江川，次通海，次宁州，率同各该管知府临安府王文治、澂江府曹理，将该州县所修城楼、垛口、墩台及衙署、祠宇等项，按照估销二册逐一进行查核。[①]乾隆三十七年（1772），署理云南巡抚诺穆亲于正月初一抵缅宁，正月初八至思茅，亲自率同迤南道唐扆衡、署顺宁府知府孙洪瑞、普洱府知府谈霞，将该二处城垣进行“丈量刨验，均属合式”[②]。

从以上可以看出，修城经费主要由国家提供，其次来源于云南官吏与民众的捐款。城垣修筑的查勘内容主要涉及两个方面：一是修城费用，“务期实用实销，”不得浮估侵帑。二是城垣质量，务必坚固完整，工程足垂久远，“无偷工减料、浮冒草率情弊”[③]。清朝律例规定，城垣保固期限为三年，如在保固之限城垣出现问题，承修官吏将受到“参处赔修”。[④]乾隆三十七年（1772），威远城垣修竣之后，经前署抚臣诺穆亲自验收，因垛座、海漫、水沟等处未能与原估相符，威远同知则被“饬令改修”[⑤]。

城垣之设，原以保疆卫民，关系紧要。云南地处西南边徼，南界外域，西控诸藩，处处夷疆，尤须城垣坚固，方足以资捍卫。然乾隆初期，云南城垣损坏极其严重，致使边省防务空虚，兵备不足。清高宗远在京都，对云南之事鞭长莫及，而云贵总督与云南巡抚职任封疆，不止深谙吏治、农业之术，亦应熟悉兵防边备，城垣修筑实为其应尽之责。云南边疆稳固与否，与总督、巡抚之关系莫大。云南地形复杂，气候多样，自然灾害频发，以致城垣岁岁坍塌无穷，有鉴于此，清高宗继位之初，便开始着力修筑坍塌城垣。自乾隆二十八年（1763）起，有关城垣完固情形开始逐年上报。

云南之城垣修筑多选于农闲时节或灾荒之年，不致延误农耕，还可以工

---

① 《云南巡抚常钧：恭报验收工程如式折》（乾隆三十年三月十九日），《宫中档乾隆朝奏折》第 24 辑，台北：“故宫博物院”，1982 年，第 413 页。

② 《奏报验收过缅宁、思茅二处城工回省日期事》（乾隆三十七年正月二十日），档号：37-0030-004，缩微号：37-002-0205，中国第一历史档案馆藏。

③ 《奏为遵旨盘查云南兴修保固其内城垣情形事》（乾隆三十二年正月十七日），档号：37-0023-004，缩微号 37-001-2479，中国第一历史档案馆藏。

④ 《奏为遵旨查明云南城垣次第兴修并酌定保护城垣章程事》（乾隆二十五年四月初二日），档号：37-0018-008，缩微号：37-001-2044，中国第一历史档案馆藏。

⑤ 《奏为勘明云南乾隆三十七年分各属城垣情形事》（乾隆三十七年十二月初七日），档号：37-0031-021，缩微号 37-002-0312，中国第一历史档案馆藏。

代赈，缓解灾情，大益国计民生。云南城垣不论土城、砖城、石城，皆以完固坚实为准，先修边疆要地之城垣，腹地次之。城垣修筑中与竣工后，云南督抚对经费与工程质量皆严格查勘，并取结保固。如查勘与原估不符，或三年之内出现问题，则承修官吏将被题参自费改修，并影响其升迁，务期城工永固，帑不虚縻。云南城垣修筑多有官民捐修之事，反映了云南官民对中央王朝有着较强的国家认同，认识到城垣修筑与云南的兵防边备、夷地民生密切相关。

至乾隆四十二年（1777）时，云南共有砖、石、土城 91 座，同乾隆初年相比，增加了 11 座。除因洪水或暴雨而坍塌的元江、浪穹、嶍峨（今峨山）以及昆明四处城垣之外，其余厅州县的城垣共 87 座，“门楼、垛口、墙垣均属完固”①。这是文献记载中乾隆时期待修城垣最少的一年，说明乾隆中期对云南边疆的治理还是很成功的，虽然云南地处西南极边，但乾隆朝对云南的开发治理一直在不断加强。乾隆五十四年（1789）时，云南通共砖石、土城 91 座城垣中，“均属完固”的城垣已降至 73 座。②反映了乾隆统治后期吏治渐趋腐败，边备日衰，中国封建社会发展之顶峰已经开始衰落，也使云南社会开始走向动荡不安。

总之，由于乾隆朝对云南城垣修筑的重视，极大地增强了云南的边备力量，牢固地把云南疆域统一在中国版图之内，保证了云南安全与社会稳定。从乾隆时期至中华人民共和国成立，云南经历了多次的战乱与列强入侵，但版图始终未发生大的改变，这不得不归功于历朝历代对云南边域的着力经营，而乾隆朝对云南城垣的修筑可以说起到了至关重要的作用。

第七节　乾隆时期云南的边隘管理

清代边隘指位于边境地区的险要关口或军事重镇，为出入国（边）境的交通要道与兵家必争之地。云南地处中国西南边陲，壤接安南、南掌、缅甸，寸步皆山，边隘众多，对中国西南边疆之安危与云南社会稳定至关重要。清高宗认为关隘或以屏蔽一方，或以控扼数省，皆为战略要地，“而其

① 《云南巡抚裴宗锡：奏报查明通省城垣完固情形折》（乾隆四十二年十月二十六日），《宫中档乾隆朝奏折》第 40 辑，台北：“故宫博物院”，1982 年，第 566 页。

② 《云南巡抚谭尚忠：奏报各属城垣情形折》（乾隆五十四年十月二十九日），《宫中档乾隆朝奏折》第 73 辑，台北：“故宫博物院”，1982 年，第 843 页。

最关险要者，保境防奸，实为封疆所系”；云贵总督张允随亦云：“固圉之方，守城不如守隘，建威之道，设险胜于设兵”①，用兵唯有得地形之助，方可收到以少击众的效果。云南地处极边，界连外域，为保证云南社会稳定，汉夷安居乐业，顺利发展云南的经济、政治、文化，对云南边隘的管理与驻防是乾隆朝治理云南社会的一个重要保障。

一、边隘的功能

边隘最重要的功能是保疆固圉，保境安民，即“控扼要害，慎固边防”②，为中央王朝治理社会提供坚强保障。乾隆四年（1739），安南边境发生动乱，为防不测，张允随命云南边境将士“严守边隘，随方策应，以靖边隅”。③乾隆八年（1743）六月，交趾又遇内乱，波及清朝边境，张允随则“照行开化镇、府，派拨官兵于沿边各要隘严加防堵”，开化镇总兵官赛都、署开化府知府孙光祖又“恐马白营汛兵力不敷，即于十三日，差把总一员，带存城兵一百五十名前往添防”④。乾隆二十三年（1758）缅甸发生内讧，云南永昌府（今保山）与缅甸“仅一江之隔”，为保境安民，永顺镇事游击赵维屏、永昌府知府佛德“督饬兵练把守边隘，加谨巡防，不敢少有疏懈”。云贵总督爱必达言：“今缅甸木邦地方不靖，沿边关隘防范更不容少疏”，特命沿边文武将吏及各土司，“于各关隘渡口多拨兵练巡查堵御，毋许外夷夷人窜入内地”⑤。乾隆四十七年（1782），缅甸又发生内乱，为防止缅人流入中国境内，富纲与刘秉恬则“飞饬各关隘实力查察，较常更加严密”⑥。富纲还拟亲赴迤西，“将现奉谕旨面饬各该将吏，务须严守关隘”⑦。

边隘可用于查验出入国（边）境的人员，缉拿不法之徒。由于云南界邻

①《遵旨奏报滇省应修关隘情形事》（乾隆七年七月初五日），《宫中档乾隆朝奏折》，档号：01-0080-046，缩微号：01-013-0721，中国第一历史档案馆藏。

②《署云南总督兼云南巡抚张允随奏：为奏闻事》（乾隆八年六月初七日），方国瑜主编：《云南史料丛刊》第8卷《张允随奏稿》，昆明：云南大学出版社，2001年，第649页。

③《遵旨奏报滇省应修关隘情形事》（乾隆七年七月初五日），档号：01-0080-046，缩微号：01-013-0721，中国第一历史档案馆藏。

④《署云南总督兼云南巡抚张允随奏：为奏闻事》（乾隆八年六月初七日），方国瑜主编：《云南史料丛刊》第8卷《张允随奏稿》，昆明：云南大学出版社，2001年，第646页。

⑤《奏为查明缅甸情形即严饬沿边加谨守御事》（乾隆二十三年四月二十七日），档号：01-0227-017，缩微号：01-033-0077，中国第一历史档案馆藏。

⑥《云贵总督富纲、云南巡抚刘秉恬：奏报探知缅酋更换折》（乾隆四十七年六月初六日），《宫中档乾隆朝奏折》第52辑，台北：“故宫博物院”，1982年，第56页。

⑦《云贵总督富纲：奏为遵奉毋庸乘缅甸内乱与问罪之师静以待之折》（乾隆四十七年七月初八日），《宫中档乾隆朝奏折》第52辑，台北：“故宫博物院”，1982年，第406页。

安南等国，乾隆七年（1742）时，邻国起义军与饥民常“潜出窜入”之事；更有甚者，清朝内地之民通过边隘贩卖邻国百姓子女，以图获利。为严惩不法之徒，避免“酿成事端”，并加强边境防范，清高宗命滇粤两省“在各处关隘严行盘诘，不致彼此私行出入”，而且“务使各关隘盘查禁止实在严密，以靖边疆”。对于交趾难民，如有进入内地者，一旦查明确系难民，则“给与口粮、路费，押送出口”；对于进入内地的“夷人子女，倘有内地奸棍哄诱，抑勒贩卖图利者，该地方文武严拿究审，从重治罪”。[①]乾隆十八年（1753），乾隆命各省“查办传抄伪稿之案”，云南对此事之查缉，较他省更为严密，除于城市、乡村细加盘查之外，“一切关隘俱严行盘诘”。乾隆四十三年（1778）时，江楚游民多有偷越边境走私之事。因永昌、顺宁二府与缅酋接壤，裴宗锡认为：“惟封关禁市，为控制匪夷之要务，而捕逐江楚游民，又为肃清关隘之要务。”为查拿江楚游民，以防“漏泄内地情事”，特制定赏罚条款，对潞江、缅宁（今临沧）两处渡口的将吏“记功选擢，半年无获记过，一年无获严参究处”，此举收效甚好；又倚邦、茶山一带产有土茶，按例准许商民采贩，为加强对边隘的管理，裴宗锡责成该同知，于边民领票出境之时，应稽察货物，登记人数及日期，入境时交票，按名核对，如有逾期不回者，即命令当地土司严查追究。[②]乾隆四十六年（1781），安南国王致书清王朝，云中国民众在其境内聚集扰民，恳请乾隆“饬下沿边接壤府州，申严防禁，毋容宵辈越占滋事”。云南巡抚刘秉恬闻之，立即速派员弁、兵役，“于沿边关隘严密巡防，留心侦查，遇有窜回游民，即行截拿解省”[③]。

边隘还具有税收职责。乾隆朝对出入边隘的货物征收税课，并对违禁货物严格监管。开化府（今文山）马白隘口便设有商税，历来由该府同知征收。因黑铅与制造军火有关，不能任其贩往外域，乾隆朝禁止出口，但对其他货物，则照旧征税，凡遇客商出口贸易，查其有无违禁货物，并发给腰牌，“注明姓名、年貌、籍贯及同行伙伴、挑夫人数，并给以照票收执，发号出关”。在客商回国时，“将腰牌、照票缴验查销，如无腰牌、照票者，分

---

① 《奏为遵旨筹画增强滇省与安南交界各关隘盘查，以靖边疆事》（乾隆八年闰四月初七日），档号：01-0095-022，缩微号：01-015-0398，中国第一历史档案馆藏。

② 《署云贵总督兼云南抚臣裴宗锡：奏报汇查潞江等处盘获外省游民事》（乾隆四十三年六月十六日）《宫中档乾隆朝奏折》第43辑，台北：“故宫博物院”，1982年，第488页。

③ 《署理云南巡抚刘秉恬：奏呈酌拟照会安南之文稿及该国咨文事》（乾隆四十六年十一月十五日），《宫中档乾隆朝奏折》第49辑，台北：“故宫博物院”，1982年，第634页。

别查究”[①]。乾隆三十四年（1769），云南急缺杂职人员，究其缘由，其中有“因沿边各关隘税口派委佐杂分路稽查”而需要人员过多所致[②]，可见当时云南通商的边隘之多。乾隆三十八年（1773），永昌、腾越（今腾冲）、大理三府州税课严重缺额，巡抚李湖声称“实因关隘严禁，商贩稀少所致”。边关未禁之前，商贾云集，货物流通，永昌、腾越之税额，“全赖内外互相交易”，因中缅边务未竣，路通缅甸的各处“关口严行封禁”，内外不通，以致对外贸易绝迹。而大理一府，因地接永昌，“其征收商税，惟赖上关、下关二处”。上关系鹤庆及西藏之要隘，下关为省城与永昌之通衢，除上关仍有牛戎、氆氇等物不时往来之外，其下关因永昌一路商贩不通，凡货物之经由下关者甚少，“是以额税亦相应短缺”[③]。由此而知，乾隆时期边隘税课实为清朝政府财政收入的一个重要来源。至乾隆五十三年（1788）时，中缅边境仍然“严防各关隘私贩出入”，富纲云：“因缅甸虽已纳款输诚，而关禁未开，自应照旧防查，以杜透漏”[④]，乾隆朝此举严重影响了中缅贸易与正常往来。

边隘还可作为情报据点，进行情报与反情报活动，用来“侦探匪酋信息、搜缉外来奸细”[⑤]。云贵总督阿桂奏报中缅边境情形时说：“各关隘口所驻官兵侦探，贼匪并无动静。”[⑥]乾隆三十六年（1771），署云贵总督彰宝收到永昌各镇将具报，云：“现在各关隘处处严密，加紧巡逻，早晚俱有整备，并随时侦探，并无缅匪差人近关信息，亦无假扮摆夷潜来窥探之人”[⑦]等语。彰宝还命驻守中缅边境各关隘的兵丁，“严行巡缉，并不时选派兵丁到关外轮班搜探，如有匪酋潜来踪迹，无论人数多寡，概行擒拿”[⑧]。通过

① 《奏为遵旨筹画增强滇省与安南交界各关隘盘查，以靖边疆事》（乾隆八年闰四月初七日），档号：01-0095-022，缩微号 01-015-0398，中国第一历史档案馆藏。

② 《奏请拣发杂职人员来滇委用事》（乾隆三十四年十二月二十二日），档号：12-0136-064，缩微号：12-023-2602，中国第一历史档案馆藏。

③ 《署云贵总督彰宝、云南巡抚李湖：奏报云南永昌等三府税课亏短实况事》（乾隆三十八年十二月二十八日），《宫中档乾隆朝奏折》第 34 辑，台北：“故宫博物院”，1982 年，第 124 页。

④ 《云贵总督臣富纲：奏报冬初官兵出汛日期折》（乾隆五十三年十月二十四日），《宫中档乾隆朝奏折》第 69 辑，台北：“故宫博物院”，1982 年，第 867 页。

⑤ 《云贵总督臣彰宝：奏报解任之交代事务事》（乾隆三十九年六月初九日），《宫中档乾隆朝奏折》第 35 辑，台北：“故宫博物院”，1982 年，第 654 页。

⑥ 《奏为遵旨将军营余剩火药、箭枝等妥加收贮，并报绿营扼要放卡及缅匪并无动静事》（乾隆三十五年闰五月初四日），档号：01-0287-034，缩微号：01-039-2075，中国第一历史档案馆藏。

⑦ 《奏为近期缅匪并无信息，会同海澜察等谨慎办理事》（乾隆三十六年十二月初四日），档号：01-0297-050，缩微号：01-041-0080，中国第一历史档案馆藏。

⑧ 《奏为近期缅匪并无信息，会同海澜察等谨慎办理事》（乾隆三十六年十二月初四日），档号：01-0297-050，缩微号：01-041-0080，中国第一历史档案馆藏。

边隘来进行情报侦察，以获取敌方信息，反映出清代中国边防情报活动的活跃。

二、边隘的管理举措

据张允随考之旧志，知云南“有名之关计一百六十余座”。然自清朝平滇以来，山蹊僻径日以增开，“向者悬车束马之区，已成康衢坦道，或关名虽在，而故迹难寻；或基址徒存，而地非扼要”①。清高宗深晓边隘之重，即位之初，便命各省对所属关隘统一进行查勘修葺，以固边防。因年代过久，各省关隘多有倾圮，有鉴于此，清高宗于乾隆五年（1740）降旨，命各省督抚将所管辖境内的旧有关隘进行查勘修葺并将详情上报。因云南的重要关隘多在极边之地，张允随“不能乘便亲勘，复经密札各镇总兵官就近确查”，得知鹤庆府之宣化关，离府治二十里，乃观音山通往大理府之要道。其关横踞山腰，前后悬崖，中唯羊肠一线，为一方屏障，现虽设塘兵把守关门，但已经倒塌；又丽江府之塔城关，旧时为吐蕃出入咽喉，现属通藏要隘，以前于山坳设有关门，内与石门关为表里，外控维西喇善诸险汛，现设把总一员，带兵八十名驻防，但此关城垣也已经倾圮，仅存基址，应及时修筑；又永昌府保山县属之姚关，离府城一百六十里，此关城外分设芭蕉、里骚、小关、大关、茨竹五关，以扼支路。明万历年间，缅夷侵掠金腾、顺宁等处，俱从此关而入，因此姚关实为永昌之门户扼要，迤西半壁之藩篱。然姚关已是倒塌殆尽，其芭蕉等五关，虽有军兵防守，然墙垣、楼堞亦多已倾颓，俱应修葺。又保山县属之鲁掌、光塔二隘口，领近外域，地势险要，亦应增筑关墙，以资守御。②云南边隘于乾隆初期多有损坏，亟须修葺，其保疆固圉之作用亦受到严重影响。

以云南督抚为首的边疆各级官吏皆对其辖地负有边隘管理之责，边隘防守严密与否，与其政绩紧密相关。乾隆三十三年（1768），云南巡抚明德与署理云贵总督阿里衮便曾一同“前赴边隘查看驻兵”情形③；乾隆三十五年（1770）五月六日，常青被调补云南提督，自贵州到永昌接印，彰宝“随令

① 《奏为遵旨筹画增强滇省与安南交界各关隘盘查，以靖边疆事》（乾隆八年闰四月初七日），档号：01-0095-022，缩微号：01-015-0398，中国第一历史档案馆藏。

② 《遵旨奏报滇省应修关隘情形事》（乾隆七年七月初五日），档号：01-0080-046，缩微号：01-013-0721，中国第一历史档案馆藏。

③ 《云南巡抚明德：奏报回永日期折》（乾隆三十三年十月二十七日），《宫中档乾隆朝奏折》第32辑，台北：“故宫博物院”，1982年，第307页。

该提督前赴腾越军营，并挨查沿边各处关隘，稽查守口官兵”①。乾隆三十六年（1771），署理云贵总督德福上任之初，即赴永昌，“实力督率巡防，严密关隘，以杜奸匪出没”②。云南提督为武职，巡阅边隘更是其义不容辞之责。同年十月，彰宝派遣官兵赴永昌沿边各关隘驻守，海澜察与哈国兴二将“亦分起前往沿边各关隘，督率巡查”，以加强边境防务。③各道及知府亦负有巡查之责，彰宝于奏折中曾说：“迤南道原系新设未久之员，其衙门规制及胥役人等皆草率不全，该道及普洱府知府俱有巡查边隘之责。”④

腾越、永昌接连缅甸，为云南扼要，因此云贵总督尤其重视对迤西边隘的巡查，时常亲往。乾隆四十二年（1777），李侍尧自省城起程赴永昌、腾越一带，“照料弁兵出防，稽查各关隘是否严密，并伺察缅匪近日情形”，见“防守边隘情形，较前似属倍加严密”，李侍尧还亲往“亲往南甸沙冲口一带相度形势”，严饬通往虎踞关的两条必经之路张凤街、沙冲口二处兵丁，如遇关外有缅方信息，即星夜驰递，不得稍有拖延。⑤乾隆四十七年（1782），富纲拟于秋季前赴永昌、腾越一带查阅关隘防汛，因闻知“缅酋有袭杀更立之事”，为保边疆无虞，便“先期前往，督率巡查”边隘营务。⑥乾隆四十八年（1783）九月，富纲又与提督鄂辉“前往各关隘亲加查验”。乾隆四十九年（1784）春深撤汛之后，富纲仍责成官兵对腾越、龙陵等地的关卡隘口驻守盘查，“并饬腾越州，前往各关隘逐加查验，务使私贩绝迹”⑦。

在选调边疆地区之官吏时，常把“熟悉边隘情形”为作重要标准。乾隆四十七年（1782），云南永昌府知府补授云南迤东道，所遗员缺，应从他处调拨。云贵总督富纲、云南巡抚刘秉恬认为永昌知府“为极边最要最繁之缺，非得老成练达而又熟悉关隘形势、土俗夷情者，实难胜任”，而当时符

① 《奏为德福参奏提臣常青各款明白回奏事》（乾隆三十六年六月十六日），档号：01-0298-034，缩微号：01-041-0267，中国第一历史档案馆藏。

② 《奏报抵达永昌到任日期事》（乾隆三十六年三月十九日），档号：12-0142-077，缩微号：12-025-0396，中国第一历史档案馆藏。

③ 《奏为永昌出防官兵分起前赴沿边各关隘驻守事》（乾隆三十六年十月，无具体日期），档号：01-0297-049，缩微号：01-041-0023，中国第一历史档案馆藏。

④ 《奏报钦奉圣谕沥陈复奏病渐痊愈及起程回省日期事》（乾隆三十八年十月十五日），档号：01-12-0051-025，缩微号：01-003-0517，中国第一历史档案馆藏。

⑤ 《大学士仍管云贵总督昭信伯李侍尧：奏报巡阅边隘情形折》（乾隆四十二年十月二十日），《宫中档乾隆朝奏折》第40辑，台北：“故宫博物院”，1982年，第473页。

⑥ 《云贵总督富纲：奏报起程巡查边隘营务并顺道勘视黑井被水情形日期折》（乾隆四十七年七月初一日），《宫中档乾隆朝奏折》第52辑，台北：“故宫博物院”，1982年，第323页。

⑦ 《云贵总督富纲、云南巡抚刘秉恬：奏报春深撤汛情形事》（乾隆四十九年二月二十九日），《宫中档乾隆朝奏折》第59辑，台北：“故宫博物院”，1982年，第425页。

合提升条件的同知及直隶厅、州内的官员，“均于边隘情形未能熟谙”①。经过严格遴选，任命“在滇年久，熟悉边隘情形”的宣世涛为永昌知府。②乾隆五十三年（1788），开化镇左营都司员缺，因开化壤接安南，营伍紧要，且当时清王朝正值征伐安南，“一切带兵及防守边隘正需干员差委，应即遴员补选，以重职守”，斟酌再三，最后调补谙练营伍，且对“边外情形及稽查边关”都很熟悉的施缙为开化镇左营都司。③乾隆五十四年（1789）时，文山知县员缺，富纲与谭尚忠虑及文山县近临边境，有防查关隘之责，实属紧要，逐一考察后，保荐“于边势夷情亦所熟悉”的临安府（今建水）经历王刚为文山县知县。④

乾隆朝对驻守边隘之官吏严格要求，如贪污腐败或违反边隘管理规定等，则严惩不贷。乾隆二十一年（1756），查开化镇总兵官田英于永北镇任内亏空巨额银两，爱必达认为：“开化为边隘重镇，似此污鄙劣员，安望其表率属僚，整饬营伍”，因此对官田英等涉案官吏予以题参革职。清朝律例规定：“缘边关塞，境外奸细入境，经过去处，守把之人知而故纵者，与犯人同罪，至死减一。”乾隆二十八年（1763），缅甸外夷连年仇杀，边界不宁，孟定土司罕大兴身任土职，却不严加防守，临事又怯懦无能，致使外夷擅入中国孟定抢劫掳掠，虽无通敌之事，但“其明知故纵，罪无可逭”，除被请旨革职外，“依缘边关塞外奸细入境，守把之人知而故纵者，与犯人同罪，至死减一等律，应仗一百，流三千里”⑤。

三、边隘的驻防

乾隆朝对云南边隘的驻防殊为重视，对驻守兵力薄弱的边隘，增加兵员，加强边备。乾隆三十六年（1771），署云贵总督德福巡阅边关，至龙陵地方，观其地势，东西与腾越、保山接壤，南北与宛顶、大渡相连，有潞

---

①《云贵总督富纲、云南巡抚刘秉恬：奏请朱锦昌升署永昌知府事》（乾隆四十七年五月初八日），《宫中档乾隆朝奏折》第51辑，台北：“故宫博物院”，1982年，第654页。

②《云贵总督富纲、云南巡抚刘秉恬：奏请宣世涛补授云南永昌知府事》（乾隆四十七年十月二十日），《宫中档乾隆朝奏折》第53辑，台北：“故宫博物院”，1982年，第444页。

③《云贵总督富纲奏：奏报都司萧汉成患病勒休事》（乾隆五十三年十一月初六日），《宫中档乾隆朝奏折》第70辑，台北：“故宫博物院”，1982年，第125页。

④《云贵总督富纲、云南巡抚谭尚忠：奏报王刚升补文山知县事》（乾隆五十四年七月二十七日），《宫中档乾隆朝奏折》第73辑，台北：“故宫博物院”，1982年，第119页。

⑤《云贵总督吴达善、云南巡抚刘藻：奏为遵旨审讯孟定土司罕大兴缘由折》（乾隆二十八年三月初三日），《宫中档乾隆朝奏折》第17辑，台北：“故宫博物院”，1982年，第113页。

江、芒市、遮放三土司，幅员辽阔，“实为紧要边隘”，是以在龙陵添设营伍，驻兵五百一十九名，并调派同知一员，承办民事，并控驭土司。为加强边隘驻军力量，有的还配备马匹，将进剿得来应分给官员的马匹数目酌减，配给官兵“巡防关隘，即遇有行走之处，更当轻捷利便”。[①]在邻国发生内乱之时，乾隆朝亦派兵增强边隘的守卫力量，且不时巡查。乾隆五十三年（1788）安南内乱，清高宗传谕富纲，命其督饬开化、临元二镇严密巡防，如有匪徒窜入，立即擒拿。富纲即“于沿边关隘原驻汛兵一千一百余名之外，加拨兵九百五十名”，并分派将备带领前往各汛，操演枪炮。富纲本人亦赴临元、开化二镇查阅营伍，“并赴各边关逐加查察”，务使沿边声势互相联络，以壮边威。[②]

乾隆朝为向邻国展示边隘驻防的强大军事实力，曾有这样一则趣事。乾隆四十六年（1781），南掌国贡使头目叭阿悻等由普洱回国。普洱镇总兵喀木齐布、迤南道汤雄业等禀称，向年派兵游巡边隘，系分四起，每起派兵100名，本年派兵出巡之际，正逢南掌贡使回国，“若出巡官兵仍照向例派兵百名，兵数较少，不足以壮边威而资捍卫”。因此将两起合为一起，派兵200名，先令出巡官兵起程，“前赴交界处所扼要内猛地方驻扎数日，俟该头目等出境后，官兵仍照向例分巡”。南掌国贡使返回国内后，普洱边隘出巡兵丁数目便立刻恢复原状。[③]

乾隆朝还饬命边境地区的土司率领土兵参与边隘驻防。乾隆四年（1739）初，因安南有事，为加强边备，乾隆朝便“派拨官兵、土练防守沿边要隘”[④]。普洱府有大河名九龙江（今澜沧江），渡口很多，烟瘴盛发之时，官兵难于驻守，云贵总督裴宗锡曰：“惟有土练稽查，庶为近便”，因此责令土司刀士宛“专司查办，凡该土司所属地方一切隘口，饬令董率各土弁带领巡缉”[⑤]。乾隆四十三年（1778），李侍尧于奏折中曾明确提出土司“各有管束

---

① 《奏为遵旨密办添兵驻扎永昌等处即所需粮饷、马匹情形，请训遵行事》（乾隆三十五年六月二十六日），档号：01-0287-037，缩微号：01-039-2101，中国第一历史档案馆藏。

② 《云贵总督富纲：奏报安南陪臣出口信息及遵旨严防边境缘由折》（乾隆五十三年八月二十一日），《宫中档乾隆朝奏折》第69辑，台北：“故宫博物院”，1982年，第307页。

③ 《署理云贵总督印务、署云南巡抚刘秉恬奏：为奏闻冬初出汛日期事》（乾隆四十六年十月十五日），《宫中档乾隆朝奏折》第45辑，台北：“故宫博物院”，1982年。

④ 《奏为遵旨筹画增强滇省与安南交界各关隘盘查，以靖边疆事》（乾隆八年闰四月初七日），档号：01-0095-022，缩微号：01-015-0398，中国第一历史档案馆藏。

⑤ 《署云贵总督兼云南抚臣裴宗锡：奏报查获潞江等处盘获外省游民事》（乾隆四十三年六月十六日），《宫中档乾隆朝奏折》第43辑，台北：“故宫博物院”，1982年，第488页。

土民，巡守边隘之责”[①]。乾隆五十四年（1789），富纲在奏折中亦提到“各土司向拨土目六名、弩手土练四百九十六名，分驻七关八隘，与官兵协力巡查”之语，并认为土司“防查关隘原系分所当然”[②]。云南边疆之土司在乾隆时期亦为清王朝之臣民，其对戍守边隘、保卫边疆有着不可推卸之责。

在清朝与缅甸关系紧张期间，所有通往缅甸的边隘禁闭，通信和贸易全部断绝，并加派重兵驻防。乾隆朝征伐缅甸，“自用兵以来，各关隘久已禁人外出”。[③]至乾隆三十五年（1770）时，云贵总督彰宝依然于沿边各关隘税口，派拨官兵大力严查，不许内地货商丝毫偷越赴缅。对于单身行旅，亦饬令一并严查，“如有私行出口者，并即拿解，不得听其偷越”[④]。云南巡抚德福亦云：“俟到滇后，严查边隘，不容奸民偷越，遇有贼匪近闻探伺，立即严拿究治。”[⑤]如果缅甸投递书信于边隘，定要做到“人不放还，书不回复，示以决绝”，以杜其奸计。[⑥]即使居住在边境的“摆夷人等单身偷越”，因害怕其泄漏内地重要信息，也同样进行“实力查拿”[⑦]。乾隆三十七年（1772），腾越州沿边居民前往关外摆夷地方贩卖棉花与食盐，关外虽属土司管辖，但当时中缅边境正在实行关禁，沿边居民“辄敢偷越边口，显有私通贸易情事”，致使“关禁之有名无实”，乾隆特地传谕彰宝，命其于沿边一带严密缉查，“如有内地民人在土司地界逗留者，立即严拿究治，并饬各边隘文武员弁加意盘诘防范”。彰宝除对这些“私通贸易情事”的沿边居民“从重定拟”之外，还对虎踞、铁壁、铜壁、万仞等重要边隘，增派兵丁加强驻守。为遏制缅甸，乾隆朝“惟有于各边关严行防守巡逻，凡向来商贩可通之处，倍加盘诘搜缉，不使丝毫货物得以出入透漏”[⑧]。乾隆朝对中缅边境防

①《大学士仍管云贵总督昭信伯李侍尧：奏定土职承袭章程折》（乾隆四十三年十月二十七日），《宫中档乾隆朝奏折》第45辑，台北：“故宫博物院”，1982年，第268页。

②《云贵总督富纲：奏为遵旨裁撤驻边防兵酌设塘汛以资巡察而节冗费折》（乾隆五十四年七月初四日），《宫中档乾隆朝奏折》第72辑，台北：“故宫博物院”，1982年，第771页。

③《阿里衮、舒赫德、鄂宁：奏覆蛮暮新街贸易等项各情形折》（乾隆三十三年五月初三日），《宫中档乾隆朝奏折》第30辑，台北：“故宫博物院”，1982年，第531页。

④《奏为遵旨派兵设卡，严禁汉奸偷越出口赴缅，立法稽查事》（乾隆三十五年三月三十日），档号：01-0286-005，缩微号：01-039-1615，中国第一历史档案馆藏。

⑤《奏为奉旨署理云南巡抚谢恩事》（乾隆三十六年正月二十七日），档号：12-0141-016，缩微号：12-024-2289，中国第一历史档案馆藏。

⑥《奏为调集兵马筹备对缅用兵事》（乾隆三十六年七月二十九日），档号：01-0298-014，缩微号：01-041-0155，中国第一历史档案馆藏。

⑦《奏为遵旨实力查禁云南出口偷漏情由，据实复奏》（乾隆三十五年六月二十六日），档号：01-0286-011，缩微号：01-039-1654，中国第一历史档案馆藏。

⑧《署云贵总督觉罗图思德：奏报酌派今岁驻防关隘官兵事》（乾隆三十九年七月十六日），《宫中档乾隆朝奏折》第36辑，台北：“故宫博物院”，1982年，第87页。

守之严密，远超历代。然战争一旦结束，边隘已是宁静无事，乾隆朝不但停止派兵出防，甚至认为“所有添设台站马匹，已成冗滥，尽可大加删减，以节靡费”①。

瘴气对云南边隘驻防情形有着重大影响。云南边隘多在瘴疠频发之地，驻防极其困难，“每届春深瘴发，即将官兵撤回”②，但为了保证各处边隘防守严密，驻防兵丁多为就近调拨，轮换巡守，以减少因瘴疠染病的人员。乾隆三十四年（1769）五月，因雨水盛行，瘴疠发作，兵丁“病故出缺及病乏者颇多”，云贵总督不得不将陇川一路官兵撤至杉木笼驻扎，盏达一路官兵撤至黄林岗驻扎，然“其各关隘仍于就近各营内酌派弁兵，轮班巡察，以防贼夷勾引探听及奸民私相贸易之弊”③。乾隆三十五年（1770）六月，当时瘴疠盛，官兵不能常住边隘，云贵总督则“令各镇将于附近大营内轮流派拨，十五日换班一次，以均劳逸，并饬镇将等将巡哨情形五日一次具报”④。乾隆三十六年（1771），阿桂与彰宝会商，永昌、腾越一带分驻官兵4000名内，原有滇黔兵丁共2200名，驻守关隘已经二三年之久，“俟立夏后，雨水渐盛，瘴气发生，应俱撤回本营”，去年秋季从昭通各营所调官兵1800名，“亦撤至南甸、腾越等处驻扎”⑤。然于虎踞、铁壁、铜壁、万仞、巨石五关及蛮墩、猛坝、邦中山等处，共有八卡，则派兵每日巡缉，其余各要隘，亦皆“派兵巡缉，轮流更替，极为周密”⑥。乾隆三十八年（1773）又逢腾越春深瘴发，边隘防兵不得不向内地撤移，查曩宋关地势高且向阳干燥，可免瘴疠之害，位置亦甚为扼要，则被选为大营屯扎之处，其周围各关隘的驻防，俱于曩宋关大营兵丁内“轮流派拨，遍行侦缉巡逻”，以保证腾越边隘与未撤时一样“整齐严密”。对于龙陵关隘，因路通木邦、腊戌，则留兵500名，并派大员管领，驻守龙陵关，其关外边卡要隘，则于龙陵关留驻兵丁内

---

①《奏为和盘托出李侍尧在滇省任官情形并自请治罪事》（乾隆四十五年三月初七日），档号：01-0381-013，缩微号：01-050-0457，中国第一历史档案馆藏。

②《奏为遵旨实力查禁云南出口偷漏情由，据实复奏事》（乾隆三十五年六月二十六日），档号：01-0286-011，缩微号：01-039-1654，中国第一历史档案馆藏。

③《奏报分驻各处官兵染病损伤员数事》（乾隆三十五年三月初二日），档号：01-0298-003，缩微号：01-041-0104，中国第一历史档案馆藏。

④《奏为遵旨实力查禁云南出口偷漏情由，据实复奏》（乾隆三十五年六月二十六日），档号：01-0286-011，缩微号：01-039-1654，中国第一历史档案馆藏。

⑤《奏为沿边撤回官兵情形及委员在杉木龙等处设立卡事》（乾隆三十六年四月初一日），档号：01-0298-006，缩微号：01-041-0116，中国第一历史档案馆藏。

⑥《奏为调集兵马筹备对缅用兵事》（乾隆三十六年七月二十九日），档号：01-0298-014，缩微号01-041-0155，中国第一历史档案馆藏。

“抽拨巡防，按月更换，以避瘴气”[①]。

国之本者，民也；国之重者，兵也。战争之胜负，兵力之多寡固然重要，然得地形之助，可收以少击众之效。孙子曰：“夫地形者，兵之助也。料敌制胜，计险隘远近，上将之道也。”[②]云南一省地处极边，邻接交缅，其边隘与腹地省份之关隘迥然不同，乾隆朝对云南边隘之管理尤其看重，云贵总督富纲云：“滇黔两省非控扼边隘，即弹压苗疆，尤非腹地可比。”[③]

云南边隘保疆固圉，与社会治理密切相关，殊为重要。其职能多样，如对出入边隘之人员与货物进行查验，以缉获不法之徒与违禁物品；对出入边隘的商品征收关税，增加政府财政收入；还可发挥边隘的情报据点作用，对敌国进行情报与反情报活动，从而保证乾隆朝随时准确掌握敌国之军事动态。云南边隘的这些职能可以说是社会治理之一部分。

总之，乾隆朝通过对云南边隘的严密管理，巩固了边防，保卫了疆土，保证了乾隆朝对云南社会的顺利治理。至乾隆五十二年（1787）时，云南已是“无私贩偷越，边圉极为宁谧”的状况，而富纲仍“不时委员密赴各关隘，逐加稽查”，毫无疏懈。[④]在乾隆五十九年（1794），费淳在奏折中亦说：云南“地方极为安贴，边隘宁谧，足以仰慰圣怀。”[⑤]说明乾隆朝由于对云南边隘之成功管理而保障了云南社会，尤其是云南边疆地区的稳定与和谐发展。但在乾隆中后期与邻国战争结束后，乾隆朝依然将云南边隘全部禁闭，杜绝双边百姓出入与贸易，不得不说是一项失败之举，表明清王朝的闭关锁国政策在云南开始初见端倪。

第八节　乾隆时期云南的边疆巡阅

巡阅一事出现于明代，终止于民国，指地方军政大员为加强所管辖地域的社会治理而巡行各地，抚军安民，以发现问题并及时解决。边疆巡阅发生

① 《奏为酌定撤移防兵日期及留喂马匹发回各营骑操事》（乾隆三十八年三月二十九日），档号：01-0322-002，缩微号：01-043-1172，中国第一历史档案馆藏。

② （春秋）孙武：《孙子兵法·地形第十》，南昌：江西人民出版社，2016年。

③ 《云贵总督臣富纲：奏为遵旨密陈滇黔两省总兵等次折》（乾隆四十八年二月初三日），《宫中档乾隆朝奏折》第55辑，台北：“故宫博物院”，1982年，第39页。

④ 《云贵总督富纲：奏报春深撤汛事宜折》（乾隆五十二年二月二十五日），《宫中档乾隆朝奏折》第63辑，台北：“故宫博物院”，1982年，第443页。

⑤ 《奏报滇省甲寅恩科乡试情形并臣出闱日期事》（乾隆五十九年十一月二十二日），档号：38-0103-006，缩微号：38-005-1227，中国第一历史档案馆藏。

于边疆省区，除了加强对边省诸事项之治理外，更重要的一个目的是加强边备，“固极边之藩篱……于封疆营制，均不无补也”[①]。因滇省界连外域，营伍兵备与内地迥异，边防攸关，社会安危所系，乾隆朝对边省云南的巡阅尤为重要。

据档案史料记载，乾隆时期云南总督最早的一次巡阅是在乾隆七年（1742）七月，因至金沙江酌商开工事宜，张允随于七月十五日自省城起程，由东川、昭通、镇雄一路前往，“顺便巡阅营汛、边防”，在巡阅过程中，其一切应办公事，沿途安设马塘接递，不致迟误。[②]巡阅结束后，张允随奏报此次巡阅情形，内容涉及疆隅、营汛、农业、矿业、城垣、土司等事。乾隆十二年（1747）三月，张允随被授为云贵总督，上疏恭谢天恩，清高宗朱批命张允随对云贵两省“于政务暇时，时一巡阅”[③]。至此，云贵总督对滇黔两省之巡阅成为定制，而对云南之巡阅成为乾隆年间一项非常重要的边疆事务。

一、巡阅之执行事宜

乾隆时期云南巡阅之执行者多为总督一职。总督与巡抚皆为地方军政大员，合称督抚，但云南总督对巡阅负有主要责任。如乾隆七年（1742），署云南总督兼云南巡抚张允随巡阅昭、东等府之疆隅、营汛。[④]乾隆十三年（1748），云贵总督张允随查阅迤西[⑤]；乾隆十七年（1752），云贵总督硕色遵旨查阅滇黔营伍[⑥]；乾隆四十二年（1777），大学士仍管云贵总督昭信伯李侍尧巡阅边隘。[⑦]通常情况下，云南巡抚不参与巡阅事务，唯总督公务繁忙，

① 《云贵总督臣张允随奏：为恭谢天恩事》（乾隆十二年四月二十日，清高宗朱批），方国瑜主编：《云南史料丛刊》第8卷《张允随奏稿》，昆明：云南大学出版社，2001年，第712页。

② 《云南总督兼云南巡抚张允随奏：为恭报微臣遵旨起程前赴金江，会同相度机宜事》（乾隆七年七月十五日），方国瑜主编：《云南史料丛刊》第8卷《张允随奏稿》，昆明：云南大学出版社，2001年，第636页。

③ 《云贵总督张允随奏：为恭谢天恩事》（乾隆十二年四月二十日，清高宗朱批），方国瑜主编：《云南史料丛刊》第8卷《张允随奏稿》，昆明：云南大学出版社，2001年，第712页。

④ 《云南总督兼云南巡抚张允随奏：为奏明微臣巡阅昭、东等府疆隅、营汛情形事》（乾隆七年十月初二日），方国瑜主编：《云南史料丛刊》第8卷《张允随奏稿》，昆明：云南大学出版社，2001年，第638页。

⑤ 《云贵总督张允随奏：为恭报微臣起身查阅边防、营伍事》（乾隆十三年九月十九日），方国瑜主编：《云南史料丛刊》第8卷《张允随奏稿》，昆明：云南大学出版社，2001年，第739页。

⑥ 《云贵总督硕色：奏为遵旨查阅营伍分别优劣折》（乾隆十七年五月二十四日），《宫中档乾隆朝奏折》第3辑，台北：“故宫博物院”，1982年，第164页。

⑦ 《云贵总督李侍尧：奏报巡阅边隘情形折》（乾隆四十二年十月二十日），《宫中档乾隆朝奏折》第40辑，台北：“故宫博物院”，1982年，473第页。

无法分身或生病等特殊情由，巡抚方代为巡阅。乾隆三十八年（1773），正值滇省营伍校阅之期，云贵总督彰宝前赴永昌料理防务，东南两迤各标营未能遍及，则咨云南巡抚李湖“代为巡阅”①。李湖查阅迤东营伍事毕回署，又逢总督彰宝身体疼痛，步履艰难，出巡尚无定期，李湖便于十二月二十二日由省城起程，“亲往迤西一带地方巡阅，顺道前赴永昌面询督臣病体情形”②。

云南提督为武职，亦有巡阅之责，但仅巡阅辖地营伍之事。乾隆三十六年（1771）六月二十五日，署理云贵总督印务德福上疏清高宗，对于武备军械，“仍于督提二臣出巡阅兵之时，亲行点验，以杜欺饰”③。其中“督提二臣”即云贵总督与云南提督。再如云贵总督刘藻之奏折中有“提督臣达启现自大理起程，巡阅迤东营伍”之事。④李侍尧奏折中有“提臣每年查察一次”之记载⑤，署云贵总督舒常、署云南巡抚颜希深之奏折中亦提及“提臣海禄已分道巡阅武定、永北、鹤丽等镇营”之语。⑥可见当时云南省政府对滇省营伍巡阅之重视。

云贵总督进行巡阅有规制可循，两年或三年一次，且奏明后执行。清高宗曾降谕旨：“总督巡边，或隔年一次，或二三年一次，先期奏明，再行前往。”⑦因乾隆时期云南交通甚为不便，巡阅一次耗时极长。乾隆十三年（1748），云贵总督张允随巡阅迤西，于当年十月三日起程，轻骑减从，于十一月二日方抵大理府，历时整整一月。⑧如若巡阅遍及云南三迤之地，其费时之久可想而知，两年或三年巡阅一次，于当时来说已属频繁。总督巡阅，须先期奏明，再行前往，清高宗以此来对总督巡阅之事进行监督，防止流于形式。

云贵总督对滇黔两省之巡阅能够因时制宜，分别轻重缓急，优先巡阅云

---

①《奏报代阅营伍并顺勘新旧各厂缘由事》（乾隆三十八年九月十三日），档号：19-0017-003，缩微号：19-001-0644，中国第一历史档案馆藏。

②《云南巡抚李湖：奏报前往迤东查阅营伍并赴永昌探视督臣病情事》（乾隆三十八年十二月二十一日），《宫中档乾隆朝奏折》第34辑，台北：“故宫博物院”，1982年，第22页。

③《奏为遵旨查明滇黔两省标营器械事》（乾隆三十六年六月二十五日），档号：01-0299-026，缩微号：01-041-0478，中国第一历史档案馆藏。

④《云贵总督刘藻：奏报曲寻镇总兵李云标赴京陛见日期折》（乾隆三十年九月初九日），《宫中档乾隆朝奏折》第26辑，台北：“故宫博物院”，1982年，第55页。

⑤《云贵总督李侍尧：奏为边地裁防设汛酌筹应办事宜折》（乾隆四十三年八月二十一日），《宫中档乾隆朝奏折》第44辑，台北：“故宫博物院”，1982年，第592页。

⑥《云贵总督富纲：奏报前赴迤东一带查察厂运情形顺阅营伍折》（乾隆四十七年二月初二日），《宫中档乾隆朝奏折》第50辑，台北：“故宫博物院”，1982年，第750页。

⑦《署云贵总督兼云南巡抚刘秉恬：奏报出巡永昌一路营汛事》（乾隆四十六年十月十五日），《宫中档乾隆朝奏折》第49辑，台北：“故宫博物院”，1982年，第248页。

⑧《云贵总督张允随：奏为奏明查阅滇省迤西营伍情形事》（乾隆十三年十一月初四日），方国瑜主编：《云南史料丛刊》第8卷《张允随奏稿》，昆明：云南大学出版社，2001年，第739页。

南边疆要地。张允随认为，滇省各镇之中，曲寻东控黔疆，昭通北扼蜀塞，临元、开化备交趾之潜滋，永顺、普威杜缅夷之窥伺，永北、鹤丽所以御蒙番，楚姚、蒙景所以防哀牢、鲁魁，虽建置各有所为，“而轻重缓急，尤贵因时制宜”[①]。就当时情形而论，则鹤丽、永北二镇尤关紧要，因此于乾隆十三年（1748）十月三日，张允随先赴滇省迤西方向巡阅。乾隆四十五年（1780），署云贵总督舒常查历任督臣巡阅成规，“皆于夏初先赴贵州，秋冬方遍历滇省迤东、迤南、迤西等处，挨次查阅”。舒常认为现有应办事宜，“自当酌量缓急轻重”，势不能于夏初照例往黔，因黔省抚标官兵，上年经过考阅，颇觉整齐，其余各标协营亦皆纪律严明，操防勤谨，尚不至于懈弛，“似可稍迟阅视”，因此应先赴滇省迤东一路查阅，八月回省，九月初间前往迤南、普洱、迤西、永昌等处，遍阅标镇协营官兵。彼时已届冬令，即顺道前诣腾越、龙陵边外视察，率同镇将料理拨兵驻汛等事，季冬回省，拟于明春开印后，即赴贵州阅视官兵，“如此稍为变通，庶于两省营伍及政治、边疆均可兼顾无误”[②]。在边疆形势严峻之时，巡阅一事优先于其他事务。乾隆五十三年（1788），富纲赴顺宁办理缅甸纳贡事务，顺便对迤西各营伍逐加视察。原拟待当年乡试事竣后再往校阅东南两路，因开化、临元一带边界俱添派兵弁分段防守，虽当时并无动静，而防范稽查却倍加严密，期于边防声势渐至严重，富纲先将省中应办事件抓紧料理，即紧赴该二镇亲加查阅。[③]

如前任总督因事而未能巡阅之地，继任总督接手后则继续办理。乾隆二十一年（1756），爱必达“迨黔省各营未及查遍”，即奉旨调补山东巡抚，而滇省更是未经查阅，恒文继任云贵总督之后，对“所有滇省营伍，应先遵旨查阅”，先赴迤西之楚姚、永北、鹤丽、永顺等各提镇标营，考验官兵弓马、技勇，查阅军装、甲械等项，分别等次，奖优罚劣，务达悉心整饬的目的。[④]乾隆二十九年（1764），前任总督吴达善奉旨巡阅滇黔营伍，尚有滇省迤东之临元、开化、普洱三镇、广罗一协、武定、新嶍、元江、广南四营未

①《云贵总督张允随奏：为奏明查阅滇省迤西营伍情形事》（乾隆十三年十一月初四日），方国瑜主编：《云南史料丛刊》第8卷《张允随奏稿》，昆明：云南大学出版社，2001年，第740页。

②《奏为敬陈滇黔两省营伍，酌筹先后查阅事》（乾隆四十五年三月二十一日），档号：18-0018-108，缩微号：18-003-0180，中国第一历史档案馆藏。

③《云南总督富纲、云南巡抚谭尚忠：奏为准咨办理护送安南陪臣出境缘由折》（乾隆五十三年八月初七日），《宫中档乾隆朝奏折》第69辑，台北：“故宫博物院”，1982年，第176页。

④《云贵总督恒文：奏报起程查阅营伍日期折》（乾隆二十一年八月十五日），《宫中档乾隆朝奏折》第15辑，台北：“故宫博物院”，1982年，第177页。

及巡阅，即调任赴楚。继任云贵总督刘藻则于新巡抚到滇后便“驰往赶办”①。乾隆四十二年（1777），署云贵总督兼署云南巡抚觉罗图思德巡阅迤西、迤南各标镇协营官兵，因新任督臣即日到任，觉罗图思德便将“未经阅过之迤西顺云营、迤南普洱镇、普安营、元江营等四镇营移交新任督臣巡阅”②。乾隆四十五年（1780），因李侍尧有款案在身，所有未尽事宜，由云贵总督舒常“即接续办”，包括对滇黔两省轮值巡阅营伍等事。③

二、巡阅之内容广泛

营伍为滇省巡阅之首要事宜，而对迤西营伍之巡阅为重中之重。滇省之地，内而苗倮杂居，外而番夷接壤，因此边防武备甚为紧要。云贵总督硕色曾奏“荷蒙圣恩，畀以边疆重寄，分应留心营伍，加意整饬”。抵任之初，他便对驻扎省城之兵，“逐一亲加考验”列队走阵、弓马军械等情形。④云贵总督刘藻亦云：“云贵二省督、抚、提五标十三镇二协三十七营，多系苗疆，营伍事宜，俱关紧要”⑤，务期军旅整饬，骑射娴熟，“非徒饰观瞻已也”⑥。乾隆十三年（1748）十月三日，张允随自云南省城起程，“由楚雄、鹤庆、剑川、永北以至大理，查阅迤西各标、镇、协、营，考验将弁兵丁弓马材技，检阅甲械、军装，并顺道查看城垣、塘汛和墩台”⑦。张允随之所以优先巡阅迤西，因迤西界邻缅甸，且此方向之“大理为迤西咽喉，提督驻扎其地，控制保障”⑧，是边防最为紧要之地。张允随巡阅之后，认为在云南迤西各府之中，大理城居全省上游，背山面河，“上、下两关天然锁钥，蒙、段以来久称都会，形胜甲于列郡，地势四达”，其地势极其险要，实为

①《云贵总督刘藻：奏报送交巡抚关防日期折》（乾隆二十九年十二月十六日），《宫中档乾隆朝奏折》第23辑，台北：“故宫博物院”，1982年，第498页。

②《署云贵总督兼署云南巡抚觉罗图思德：奏报巡阅迤西迤南各标镇协营官兵事》（乾隆四十二年三月十六日），《宫中档乾隆朝奏折》第38辑，台北：“故宫博物院”，1982年，第130页。

③《奏为敬陈滇黔两省营伍，酌筹先后查阅事》（乾隆四十五年三月二十一日），档号：18-0018-108，缩微号：18-003-0180，中国第一历史档案馆藏。

④《为巡阅在省营伍情形事》，档号：04-01-18-0009-051，缩微号：04-01-18-002-0033，中国第一历史档案馆藏。

⑤《云贵总督刘藻：奏为请定岁操之例永行遵办折》（乾隆二十九年十一月十二日），《宫中档乾隆朝奏折》第23辑，台北：“故宫博物院”，1982年，第179页。

⑥《云贵总督刘藻：奏报查阅迤东各营官兵技艺情形折》（乾隆三十年正月二十七日），《宫中档乾隆朝奏折》第23辑，台北：“故宫博物院”，1982年，第768页。

⑦《云贵总督张允随奏：为恭报微臣起身查阅边防、营伍事》（乾隆十三年九月十九日），方国瑜主编：《云南史料丛刊》第8卷《张允随奏折》，昆明：云南大学出版社，2001年，第739页。

⑧《云贵总督张允随奏：为奏明事》（乾隆十二年四月二十日），方国瑜主编：《云南史料丛刊》第8卷《张允随奏稿》，昆明：云南大学出版社，2001年，第713页。

边防重地。“提督居中扼要，额兵三千九百名，足资援剿，营制、疆隅无可置议”。对于大理永顺镇及维西、腾越、景蒙等协、营的巡阅，因道路迂绕，交通不便，张允随则“遴委副将、游击分往，会同考校”①。乾隆二十八年（1763），吴达善亦巡阅迤西各营伍，察其兵马器械，于各标营阅毕后，严饬各镇臣暨将备等官，务必按期训练，使技艺咸臻纯熟，有一兵则收一兵之用，不致有名无实，更须殚力整饬营伍，加意讲究兵械，以期修明武备、慎重边防。②云贵总督刘藻巡阅所经，“再三饬谕将领大员，督率弁兵勤加操习，清理粮饷”，以保边疆无虞。③乾隆二十一年（1756），云贵总督恒文到任之初，便拟于八月下旬，自省城起程，先赴“迤西之楚姚、永北、鹤丽、永顺等各提镇标营，考验官兵弓马、技勇，查阅军装、甲械等项”，以达到分别优劣，用昭劝惩，务期悉心整饬之目的。阅完迤西，“其迤东营伍，应即前往查阅”④。乾隆二十一年（1756）十月十六日，恒文自省城起程，前往迤东之元江、普洱、临元、开化、广罗、曲寻、奇兵、东川、昭通各镇协营，仍然是考验官兵弓马技艺，检阅军火、甲械等项。云贵总督吴达善认为，营伍兵技、阵式、军械等项有无纯熟或齐备，马匹等项是否膘壮足额，“均须亲行查阅”，方得确实。待乾隆二十八年（1763）四月秋审毕后，吴达善即拟轻骑简从，前赴楚姚、大理、永顺、永北、剑川、鹤丽等提镇各标营，逐一查阅。⑤乾隆四十三年（1778）大学士仍管云贵总督昭信伯李侍尧云：“总兵、副将每年春秋巡查二次，提臣每年查察一次，臣仍于每年冬间亲赴腾越边外巡阅一次。”⑥

边备事关国家边疆安全，因此为云南巡阅的一项重要内容。乾隆四十一年（1776）十二月，署云贵总督觉罗图思德巡查边境，往来陇川一带地方，“巡阅所至，在边将弁俱能勤慎巡防，各自奋励，不致懈驰。近边内外民夷

① 《云贵总督张允随：奏为奏明查阅滇省迤西营伍情形事》（乾隆十三年十一月初四日），方国瑜主编：《云南史料丛刊》第8卷《张允随奏折》，昆明：云南大学出版社，2001年，第739页。
② 《云贵总督吴达善：奏报巡阅营伍折》（乾隆二十八年四月初一日），《宫中档乾隆朝奏折》第17辑，台北：“故宫博物院”，1982年，第343页。
③ 《云贵总督刘藻：奏报查阅迤东各营官兵技艺情形折》（乾隆三十年正月二十七日），《宫中档乾隆朝奏折》第23辑，台北：“故宫博物院”，1982年，第768页。
④ 《云贵总督恒文：奏报回署日期折》（乾隆二十一年闰九月十九日），《宫中档乾隆朝奏折》第15辑，台北：“故宫博物院”，1982年，第575页。
⑤ 《云贵总督吴达善：奏报巡阅营伍折》（乾隆二十八年四月初一日），《宫中档乾隆朝奏折》第17辑，台北：“故宫博物院”，1982年，第343页。
⑥ 《大学士仍管云贵总督昭信伯李侍尧：奏为边地裁防设汛酌筹应办事宜折》（乾隆四十三年八月二十一日），《宫中档乾隆朝奏折》第44辑，台北：“故宫博物院”，1982年，第593页。

安帖，地方宁谧”①。乾隆四十二年（1777）九月，大学士仍管云贵总督昭信伯李侍尧巡阅边隘，自省起程前赴永昌、腾越一带，“照料弁兵出防，稽查各关隘是否严密，并伺察缅匪近日情形”②。李侍尧至张凤街（今章凤口岸）、虎踞关一带，此处壤接缅甸，因当时缅甸内讧导致边疆不宁，“关隘愈加严禁”③。乾隆五十三年（1788），富纲奏折中述有清高宗之语，谓：“督饬开化、临元二镇严密巡防，如有匪徒窜入，立即擒拿。”舒纲即于沿边关隘加拨兵丁器械，并赴临元、开化二镇查阅营伍，对“各边关逐加查察”，严饬在防将备督率弁兵实力巡查，操练防堵，务使沿边声势互相联络，兵威远播，以固边防，如有外敌窜入，即行截杀擒拿。即使如此，清高宗认为：“仍然不实不到。”④

农业事关国计民生，在边疆巡阅中的重要性仅次于边备、营伍之事。乾隆十三年（1748），云贵总督张允随“奉旨巡阅边疆”，于秋深之时起身查阅边防、营伍。之所以选择深秋，因此时“民间早稻虽已登场，晚稻须至九月底方得收获齐全”⑤，可以全面掌握当年秋季收成情况。乾隆十七年（1752），云贵总督硕色巡阅营伍，遍历两迤，除具奏营伍优劣外，还就巡阅之地的农业状况上奏清高宗，云：“民夷田地虽平原甚少，而依山傍麓，悉皆垦辟成田。今岁百谷顺成，粮价平减，现又布种豆麦，春花俱各长发四五寸，绿野盈畴，舆情甚为欢乐。”⑥乾隆三十九年（1774）正月，云南巡抚李湖代云贵总督巡阅迤西，经由楚雄、大理、蒙化、永昌一带，李湖留心察看农业情形，见迤西各属山多地少，风景与迤东相似，每于地势平衍、水泉充盈之处建立城治，环绕田亩自数十里至十余里不等，其余坡头地角，零星开垦、不成坵段者居多，民夷力勤耕作，并无旷土。比年时和岁稔，去秋又值丰收，兼之雨雪普遍，沿途麦苗长发，豆菜扬花，均极畅

①《署云贵总督觉罗图思德：奏报缅目到关定期投诚事》（乾隆四十二年正月二十六日），《宫中档乾隆朝奏折》第37辑，台北：“故宫博物院”，1982年，第643页。

②《云贵总督李侍尧：奏报巡阅边隘情形折》（乾隆四十二年十月二十日），《宫中档乾隆朝奏折》第40辑，台北：“故宫博物院”，1982年，第473页。

③《云贵总督李侍尧：奏请陛见事》（乾隆四十二年十二月初七日），《宫中档乾隆朝奏折》第41辑，台北：“故宫博物院”，1982年，第348页。

④《云贵总督富纲：奏报安南陪臣出口信息及遵旨严防边境缘由折》（乾隆五十三年八月二十一日），《宫中档乾隆朝奏折》第69辑，台北：“故宫博物院”，1982年，第307页。

⑤《云贵总督张允随奏：为恭报微臣起身查阅边防、营伍事》（乾隆十三年九月十九日），方国瑜主编：《云南史料丛刊》第8卷《张允随奏折》，昆明：云南大学出版社，2001年，第739页。

⑥《云贵总督硕色：奏报经过地方风土情形折》（乾隆十七年十二月初四日），《宫中档乾隆朝奏折》第4辑，台北：“故宫博物院”，1982年，第512页。

茂。[1]乾隆四十二年（1777）九月，大学士仍管云贵总督昭信伯李侍尧巡阅边隘，自省城起程前赴永昌、腾越及南甸等处，所有经过沿途地方，晚禾均已收获。连日天气晴朗，便于曝晒，于民间堆场稻谷尤属有益。沟塍积水亦复到处充盈，百姓相率翻犁，播种豆麦及诸多杂粮，欢喜情形溢于陇畔。[2]乾隆五十四年（1789），云贵总督富纲边疆巡阅完毕，由开化、普洱回省，所经沿途州县地方，留心察看农业情形，见蚕豆已经收割完毕，大小麦亦多有成熟，因本年节候略迟，约计月底即可登场，庄稼粒满穗长，极为畅茂。[3]云贵总督虽主管滇黔边防、营伍之事，然对滇省边疆之农业亦颇留心，属其分内之责，是不可或缺的巡阅事项。

盐、矿等厂地的生产质量情形亦为巡阅之内容。乾隆三十九年（1774）正月，云南巡抚李湖巡阅至迤西铜厂，以宁台、大功新旧二处为最旺，李湖“亲赴查验”，认为宁台厂铜质量较差，仅可留供本省配铸及外省配给之用；大功厂铜的成色，估计在八五成以上，与汤丹等厂无异，实可挑充京运底铜。李湖又查迤西盐井，至大理府属之云龙井及西南两迤各小井，或处山僻，或近夷疆，虽产盐无多，均与民食紧密相关。[4]云贵总督富纲认为：“滇省目前要务，实惟铜运为先”，因此于乾隆四十七年（1782）亲赴迤东一带查察厂运矿业，并“顺阅营伍”[5]。乾隆四十九年（1784）富纲待秋审事毕，即赴东川、昭通两府查阅营伍，顺便亲赴厂地，查阅汤丹各厂，事毕即赴“界连安南，卡隘紧密，最为紧要”之开化、临安查阅，其经由之镇雄、曲寻、寻沾、广南、广西各协营，临安府所属新开他腊等矿厂等地。[6]

云南巡阅亦涉及民情，内容包括对滇省三迤土汉各族人数、居住地区、对朝廷的认同程度等。乾隆十七年（1752），云贵总督硕色奉命巡阅两迤营伍，一路留心察视，见改土归流未久及新辟苗疆地方土多汉少，其余土汉参

---

① 《云南巡抚李湖：奏报巡阅迤西地方并查办铜矿事宜事》（乾隆三十九年正月二十五日），《宫中档乾隆朝奏折》第34辑，台北：“故宫博物院”，1982年，第351页。

② 《云贵总督李侍尧：奏报巡阅边隘情形折，附奏报越永昌等地沿途所见田禾情形折》（乾隆四十二年十月二十日，附片），《宫中档乾隆朝奏折》第辑，台北：“故宫博物院”，1982年，第474页。

③ 《云贵总督富纲：奏闻查阅普洱镇官兵技艺及沿途雨水折》（乾隆五十四年四月十六日），《宫中档乾隆朝奏折》第71辑，台北：“故宫博物院”，1982年，第663页。

④ 《云南巡抚李湖：奏报巡阅迤西地方并查办铜矿事宜折》（乾隆三十九年正月二十五日），《宫中档乾隆朝奏折》第34辑，台北：“故宫博物院”，1982年，第351页。

⑤ 《云贵总督富纲：奏报前赴迤东一带查察厂运情形顺阅营伍折》（乾隆四十七年二月初二日），《宫中档乾隆朝奏折》第50辑，台北：“故宫博物院”，1982年，第750页。

⑥ 《云贵总督富纲：奏报起程查阅东昭等镇协营顺道稽查厂运折》（乾隆四十九年四月十三日），《宫中档乾隆朝奏折》第60辑，台北：“故宫博物院”，1982年，第87页。

半，大体上汉民俱住城市，土民住居山乡，其种类不一，有白人、僰夷、白倮、黑倮、沙人、侬人等类，而以倮人最多。并谓临安（今建水）、澂江等府属土人，因久归官府管辖，渐同编民。其余虽仍椎髻短衣，习俗如故，但皆耕凿自安，颇知畏惧官长。硕色经历所至，“其夷寨头人皆率同男妇执香迎送……各皆欢欣鼓舞，感戴皇恩，极其恭顺”。清高宗观硕色之奏折大悦，朱批“欣慰览之”①。乾隆三十九年（1774）正月，云南巡抚李湖巡阅迤西，所到之处，正值百姓岁晚务闲之时，见各处腊鼓响于村落，土民随处欢舞，一片太平景象。②

抚恤灾情、查勘赈恤，也是边疆巡阅必不可少的一项内容。乾隆二十六年（1761）十月七日，新兴（今玉溪）、江川等处地震，吴达善于十五日起程巡阅边疆，“当即顺道亲往新兴、江川被震地方详加查勘”，逐一指示办赈各员妥为抚恤，务使灾民各得其所。③乾隆四十七年（1782），云贵总督富纲于七月五日自省城起程，查阅永昌一带营务，顺道查勘黑盐井遭水淹情形，因腾越土司地方亦有水灾之处，富纲巡阅之时，则“就近抚恤被水边夷”④。

对云南文武官吏的考察亦在边疆巡阅之列。乾隆三十九年（1774）正月，云南巡抚李湖巡阅迤西，查检各处大小官吏，认为虽才具长短、敏钝不齐，但均辟治田亩、注意管理，颇知留心民事，勤勉供职，尚无废弛无能之员。⑤乾隆四十三年（1778），李侍尧巡阅边关，谓永昌之地处于极边，接壤缅甸，该协副将刘秉龙处事迟钝，“于边防要地不甚相宜”，乃委派明白干练、熟悉边情的维西协副将德光前往接替，足够胜永昌要缺。⑥对有特殊技能的人才则待遇从优。如云南提标右营守备翁得胜，参加乾隆年间征缅，因其熟悉路径，能说缅话，曾充通事屡次随军征缅，乃拔补为外委千总。后遇巡阅边隘，又因其能通缅语，每次巡阅必定带其前往。由于翁得胜在边关年

---

①《云贵总督硕色：奏报经过地方风土情形折》（乾隆十七年十二月初四日），《宫中档乾隆朝奏折》第4辑，台北：“故宫博物院”，1982年，第512页。

②《云南巡抚李湖：奏报巡阅迤西地方情形并查办铜矿事宜事》（乾隆三十九年正月二十五日），《宫中档乾隆朝奏折》第34辑，台北：“故宫博物院”，1982年，第351页。

③《奏为本年十月初七日省城及附近地方地震情形并查办赈恤事》（乾隆二十六年十月十五日，档号：13-0036-019，缩微号13-002-0951，中国第一历史档案馆藏。

④《云贵总督富纲：奏为遵旨毋庸乘缅甸内乱与问罪之师静以待之折》（乾隆四十七年七月初八日），《宫中档乾隆朝奏折》第辑，台北：“故宫博物院”，1982年，第408页。

⑤《云南巡抚李湖：奏报巡阅迤西地方情形并查办铜矿事宜事》（乾隆三十九年正月二十五日），《宫中档乾隆朝奏折》第34辑，台北：“故宫博物院”，1982年，第351页。

⑥《云贵总督李侍尧：奏为副将人地未宜请调补折》（乾隆四十三年十一月二十九日），《宫中档乾隆朝奏折》第45辑，台北：“故宫博物院”，1982年，第715页。

久，性格小心诚实，熟悉缅语、缅文，较一般通事更为可信，云贵总督富纲遂上疏奏请："念其出力多年，从优给予都司顶戴。"①

查堪城垣、加强边备，亦为巡阅官吏所关注的重点。因滇省自然灾害频发，城垣多有坍塌。云贵总督亦时常借巡阅之机，查勘城垣损坏与修筑情形。乾隆十三年（1748），云贵总督张允随前往迤西查阅边防、营伍，"并顺道查看城垣、塘汛、墩台"②。云南保山县城垣，曾于乾隆四十八年（1783）坍塌，乾隆五十三年（1788）云贵总督富纲查阅永昌营伍，便亲加"环城逐细查看"③。

三、积极处理巡阅中发现的问题

有关云南军事防御中存在的问题，随即进行整改。乾隆十三年（1748），张允随巡阅迤西，发现永北在金沙江北岸，岔入川界，与木里、瓜别等番部相连，山川环绕，田土肥饶，幅员千里，但自为一隅，因其地兵力过于薄弱，特奏请"是以改协为镇，设立总兵驻扎"，在当地驻兵1900余名，内可为滇北樊篱，外则与川南成犄角之势，加强了永北的军事防御力量。就当时情形而论，张允随认为"鹤丽、永北二镇尤关紧要"，并于巡阅之余，"密饬该镇等加意边防，尽心训练"，务使疆隅巩固，兵马精强。④

严惩巡阅中发现的云南营伍中的疏职将吏。乾隆二十一年（1756）九月，云贵总督恒文赴滇省亦赴滇迤西巡阅，将楚姚、永北、鹤丽、永顺四镇、云南提督各标营官兵弓马、技艺、军火、甲械等项逐一查阅，其中提标与永北、永顺二镇标，俱娴熟整齐，鹤丽、楚姚二镇标次之；恒文对各标营千把、兵丁优者予以嘉赏，对弓马掌握一般及技艺生疏者，则分别责革示惩。在所查迤西将吏中，有景蒙营参将得绶、楚姚镇左营游击陈铣、鹤丽镇左营守备吴怀瑜、大理城守营守备刘一鹏四人，或怠惰偷安、废弛营伍，或弓马生疏、体质虚弱，或骑射不精、操防疏懈，或衰迈昏庸、骑射维艰，均

---

①《云贵总督富纲：奏请准通缅文之守备翁得胜以都司顶戴留守守备任折》（乾隆四十七年二月初二日），《宫中档乾隆朝奏折》第50辑，台北："故宫博物院"，1982年，第754页。

②《云贵总督张允随奏：为恭报微臣起身查阅边防、营伍事》（乾隆十三年九月十九日），方国瑜主编：《云南史料丛刊》第8卷《张允随奏稿》，昆明：云南大学出版社，2001年，第739页。

③《云贵总督富纲：奏为酌请缓修城垣折》（乾隆五十三年八月十六日），《宫中档乾隆朝奏折》第69辑，台北："故宫博物院"，1982年，第245页。

④《云贵总督张允随奏：为奏明查阅滇省迤西营伍情形事》（乾隆十三年十一月初四日），方国瑜主编：《云南史料丛刊》第8卷《张允随奏稿》，昆明：云南大学出版社，2001年，第740页。

被“另疏题参，请旨革职在案”。云贵总督恒文在查阅迤东之后，认为云南腹地之临元、曲寻、昭通三镇标并奇兵一营最为齐整，边疆开化、普洱二镇标次之，便对各标营千把、兵丁才技优娴者予以奖赏，生疏软弱者责革示惩。查阅守将之中，认为新嶍营参将白钟骧、守备王谋义，忽视火器、废弛营伍；普洱镇标中营守备赵国瑨，年力衰迈、骑射维艰，“俱经分别题参在案”。[①]乾隆二十八年（1763），吴达善巡阅迤西各营伍，查到楚姚镇左营守备事务、候推守备保怀远，年力虽未衰迈，弓马甚属一般；提标左营把总陈启正、永北镇标右营把总顾思洪，年龄既衰、弓马亦庸，便对此二人“俱咨部斥革”。乾隆三十年（1765），云贵总督刘藻巡阅迤东各营，发现临元镇中营守备郑兴铉，马步箭生疏，年力就衰；左营左哨二司把总胡灿，步箭不稳，又射不到靶；普洱镇左营右哨头司把总田美，弓马生疏，年亦渐衰；新嶍营左哨头司外委把总刘伟、左哨外委千总李洪，马步箭俱一般，难期长进，乃对以上五员进行核参，但刘藻处理不合格将吏与前督府吏有不同之处，即对“间有技艺稍生，或曾经出师著绩，或熟悉边情营伍”者，均严饬暂留，限期学成，如调考时仍无长进，再进行参革。对马步兵丁内技勇可观者记录在册，以待日后拔补，如弓马不合规定及枪炮不齐备者，则立即革除。[②]乾隆四十一年（1776），署云贵总督兼署云南巡抚觉罗图思德巡阅迤西、迤南，至各营将弁内，观弓马俱属可观。惟查提标右营把总赵之贵、维西协外委何继宽、傅国相三人，年力渐衰，弓马一般，未便姑容，照例“咨部斥革”。[③]乾隆五十三年（1788），云贵总督富纲查阅滇省迤西营伍，见龙陵协外委马升，弓马软弱、人亦平庸，亦“咨部斥革”。

巡阅中对边疆营伍中的兵丁分别等次，对优秀者给予奖赏，对不合格者责革惩劝。乾隆二十八年（1763），吴达善巡阅迤西各营伍，见各标营兵丁俱颇强壮，并无老弱充数，但观其弓马，“内有熟练出色者，即当场奖赏，间有一二生疏者，即行责革，以示惩劝”。乾隆三十年（1765），云贵总督刘藻巡阅迤东各营，亦对“优者奖赏，劣者责惩，以昭激励”[④]。乾隆四十一

① 《云贵总督恒文：奏报查阅迤东营伍优劣折》（乾隆二十一年十二月十一日），《宫中档乾隆朝奏折》第16辑，台北：“故宫博物院”，1982年，第304页。

② 《云贵总督刘藻：奏报查阅迤东各营官兵技艺情形折》（乾隆三十年正月二十七日），《宫中档乾隆朝奏折》第23辑，台北：“故宫博物院”，1982年，第768页。

③ 《署云贵总督兼署云南巡抚觉罗图思德：奏报巡阅迤西迤南各标镇协营官兵事》（乾隆四十二年三月十六日），《宫中档乾隆朝奏折》第38辑，台北：“故宫博物院”，1982年，第130页。

④ 《云贵总督刘藻：奏报查阅迤东各营官兵技艺情形折》（乾隆三十年正月二十七日），《宫中档乾隆朝奏折》第23辑，台北：“故宫博物院”，1982年，第768页。

年（1776），觉罗图思德巡阅迤西、迤南，于各兵内择其技艺兼优、人才出众者，量加奖赏，记名拨用；凡弓马生疏、技勇平常、尚可学习者，当即责惩，饬交该管将弁勤加训练；其人才技艺均属不堪者即行责革，并将该管将弁分别记过，以示警诫。[①]乾隆五十三年（1788），云贵总督富纲查阅滇省迤西营伍，凡技艺最优之兵，俱逐加奖赏，凡技艺生疏者则当场责处，以示劝惩，并饬交该管营员勒限学习，“务期一律纯熟”。

云南总督之中亦不乏借巡阅之机恣意勒索银两之事，一旦被发现，乾隆朝立即将其革职拿办。恒文查阅滇省两迤营伍，所过府厅川县地方，共借宿180处，“家人赵二到处勒索，视地方之大小，得银四十、六十、八十两不等，盈千累百”。恒文路过剑川，“向剑川州知州罗以书索人参三斤，兰绸二驼，家人赵二收进”。对恒文巡阅营伍沿途“纵容家人收受属员门礼”之事，清高宗大为失望，认为：“恒文身为大臣，自应洁己率属，乃簠簋不饬一至于此。”核实之后，朱批“恒文著拿解来京，余著三法司核拟具奏”[②]。负有巡阅之责的李侍尧，亦因在位期间贪纵营私而被治罪，清高宗对此事非常震怒，谕曰：“侍尧身为大学士，历任总督，负恩婪索，朕梦想所不到！”[③]

云贵总督刘藻云：“兵可百年不用，不可一日不备，即不可一日不练，此虽庸腐之常谈，实为不易之至论。”[④]此言甚善，滇省多系苗疆，营伍事宜攸关紧要，对边疆武备，必须留心整顿，使将士训练至勤，务必技艺娴熟，以成劲旅。为整饬营伍，加强边备，做到“安不忘危”[⑤]，云贵总督对滇黔之巡阅于乾隆年间成为定制，而对滇省之巡阅更是重而又重。

边疆巡阅为云贵总督之责，无特殊情由，云南巡抚并不参与其中。各省提督亦有巡阅之责，但仅限于巡阅营伍。云贵总督巡阅时能够因时制宜，分别轻重缓急，两年或三年巡阅一次，往往优先巡阅云南边疆要地与上次未曾巡阅之地，此举于边备营伍的建设不无裨益。

---

①《署云贵总督兼署云南巡抚觉罗图思德：奏报巡阅迤西迤南各标镇协营官兵事》（乾隆四十二年三月十六日），《宫中档乾隆朝奏折》第38辑，台北：“故宫博物院”，1982年，第130页。

②《奏为遵旨审明已革云贵总督恒文买金勒索一案，按律定拟事》（乾隆二十二年七月初七日），档号：01-0217-062，缩微号：01-031-2778，中国第一历史档案馆藏。

③ 赵尔巽等：《清史稿》卷323，北京：中华书局，1977年，第10820页。

④《云贵总督刘藻：奏为请定岁操之例永行遵办折》（乾隆二十九年十一月十二日），《宫中档乾隆朝奏折》第23辑，台北：“故宫博物院”，1982年，第179页。

⑤《署云南总督兼云南巡抚张允随奏：为奏明微臣巡阅昭、东等府疆隅、营汛情形事》（乾隆七年十月初二日，清高宗朱批），方国瑜主编：《云南史料丛刊》第8卷《张允随奏稿》，昆明：云南大学出版社，2001年，第638页。

综上所述，云南边疆巡阅主要有三个方面的内容：一是营伍，即边防兵备、城垣、塘汛、墩台等事项，为固边之至要。巡阅官吏既至，即令将备、弁兵骑马射箭，以验其弓力之大小，射箭之生熟，或列队施放枪炮，看其有无准头。二为农业、盐矿业、民情、灾情等事，皆为民生之事，乃固边之根本；云南百姓之生产与生活情形与边疆稳定息息相关，民富则国强，民乱则国亡，边疆地区尤是如此。三查云南官吏将兵之优劣，对懒惰偷安、废弛营伍，弓马生疏、体质衰弱之将，则题参革职。

对在巡阅中发现的问题及时解决。一是根据云南战略位置的轻重，对兵丁配备酌情增加或裁减，并加强对边疆关隘之管理。二是斥革不合格的将兵，对兵丁之优者奖赏，劣者责惩，以昭激励。三是对负有巡阅之责的总督如有不法情由亦革职拿问，务期封疆用人得当。

乾隆朝对滇省的巡阅为当时云南的重要边备事务与社会治理手段，尤其注重事关边疆安全的军事管理。乾隆朝为巩固云南边防，对边疆营伍、民生诸事“时一巡阅”，反映了乾隆时期军事制度的完善与国力的强盛，也反映了云南百姓对清朝有着较深的国家认同。边疆巡阅为乾隆朝加强云南边备、查阅边疆问题的一个重要方式，以期达到保疆固圉，安定边疆社会之目的。清高宗曰：“夫开边黩武，朕所不为，而祖宗所有疆宇，不敢少亏尺寸”[①]，表明乾隆朝不但从实践上与而且从理论上已经具备了现代国家主权层面的疆域意识，而对云南边疆的巡阅则成为行使国家领土主权的一个重要手段。

第九节　乾隆时期云南的逃兵问题

清高宗于文治武功颇有建树，晚年曾亲撰《御制十全记》，以夸耀其军事上所取得的巨大成就。此“十全武功”与云南地区相关者有二，即征缅甸一、征安南一。然而乾隆朝在用兵云南之时，多有逃兵现象，不但影响军心稳定，也对其军队管理提出了严峻挑战，并影响到云南边疆社会的稳定。

一、用兵云南，逃兵多发

云南地区逃兵最严重时期当自乾隆朝征缅开始。乾隆三十二年（1767），普洱孟艮等处夷民起事，橄榄坝失陷，九龙江守将德保竟“不顾军

① 《清实录·高宗实录》卷377乾隆十五年十一月乙卯条，北京：中华书局，1986年，第1169页。

粮、器械，首先带兵潜逃”，云南巡抚鄂宁认为其不能身先士卒，奋勇剿贼，乃畏敌退缩，反领兵逃遁，“复敢于退走之后捏情入告，冀图归咎于兵，以卸己罪，误边防而负国恩，实属罪无可恕”，奏请将德保“革职拿问”，清高宗闻之，深以为然。[①]德保身为武将而临阵脱逃，且发生于乾隆朝集兵永昌（今保山）、用兵缅甸前夕，对军心影响之恶劣可想而知，如不严惩，何以治兵。然云南逃兵恶习之重，绝非个例。乾隆三十三年（1768）正月十一日，清高宗命云南巡抚鄂宁查明滇省逃脱兵丁的确切数目，正法者的确切数目，未拿获者的确切数目并迅速上报，且令鄂宁“上紧严拿”，否则“惟鄂宁是问”。鄂宁经过严查，得知云南全省“共逃兵三百三十七名，内未获三百一十四名，已获二十三名，现在解到永昌正法者二十二人”，另有“已获未解到永昌者一名，俟解到，讯明即行正法”。对于未获之犯，鄂宁则命“将该犯等家属监禁追比，如限满不获，即将承辑文武各官照臣等奏明处分之例查参”。云南地区逃兵数目之多，连清高宗都不禁愤斥：“如此之多！汝等所司何事？”[②]是以征缅之兵多从贵州军士中选拔，“黔兵在绿营中较为出力，是以谕令良卿，就黔省各营中挑往充伍，以收实用”，而“将滇省疲玩无能之兵多为沙汰”[③]。

虽黔省之兵较滇省英勇，亦并非从无逃兵现象。从清高宗所颁圣旨中可知，“黔省赴滇兵丁内逃脱兵丁五十四名，现在拿获六名”，逃兵如此之多而拿获者很少，事态已是极其严重。清高宗特传旨鄂宁，“令其详悉查明具奏，并滇省亦有似此者否”。鄂宁经过详查，发现兵丁所逃之处，多在入滇境至永昌、普洱两路经由昆明、禄劝、广通、楚雄、镇南、蒙化、昆阳、新平、元江、宁洱、思茅等府、厅、州、县地方，“或于行走之时，或于住宿之际，乘间潜逃”，此 54 名兵丁逃回贵州，被拿获之后交给原籍归化厅审讯，由贵州巡抚办理。在此 54 名逃兵之外，有安笼镇兵丁王廷谟，自永昌前进途中在潞江脱逃，即日拿获，解回永昌便被“讯明正法”。但在明瑞统兵进讨缅甸之后，拨往普洱的贵州兵丁又“脱逃八名”[④]。可见黔省之兵亦

① 《云南巡抚鄂宁：奏覆九龙江贼匪情形折》（乾隆三十二年八月十八日），《宫中档乾隆朝奏折》第27辑，台北：“故宫博物院”，1982年，第822页。

② 《云南巡抚鄂宁：奏报查办逃兵已获未获数目折》（乾隆三十三年正月初十四日），《宫中档乾隆朝奏折》第29辑，台北：“故宫博物院”，1982年，第322页。

③ 《阿里衮、明德：奏报筹办逃兵及滇省兵额量为裁扣以赡满洲兵丁折》（乾隆三十三年六月十九日），《宫中档乾隆朝奏折》第31辑，台北：“故宫博物院”，1982年，第73页。

④ 《云南巡抚鄂宁：奏报查明严缉黔省赴滇兵丁内脱逃余丁案折》（乾隆三十二年十二月二十三日），《宫中档乾隆朝奏折》第29辑，台北：“故宫博物院”，1982年，第179页。

有脱逃，但较滇省为轻。

滇省士兵在乾隆朝平定大小金川之战期间，同样有脱逃现象。乾隆三十八年（1773），四川木果木兵丁溃散脱逃，清高宗认为："此等逃兵，窜回本籍者居多。"[①]同年，云南缉获逃兵 29 名，其中便有"出师金川之川贵逃兵四名"[②]。乾隆四十三年（1778），云南永善县兵役彭宽、周忠等在县属锅圈岩地方"盘获四川出师金川逃兵汪有志一名"，审讯清楚之后便"绑赴市曹正法"[③]。清高宗曾在谕旨中言："前此大兵进剿金川，所调各省绿营兵丁颇有潜行逃窜者，曾经屡降谕旨，令四川及调兵各省督抚实力查拿。"据统计，滇省出师金川逃兵共 33 名，黔省逃兵 1 名，已拿获 6 名，统计未获逃兵共 30 名。[④]出师金川之逃兵仅云南籍者便有 33 名之多，由此可推测四川逃兵现象亦很普遍。

乾隆朝虽对云南地区逃兵严行缉拿，然各省稍有不同。贵州拿获者较多，四川次之，云南收效最微。至乾隆三十三年（1768）五月时，逃兵之中"黔省报获者已及十之六七，而滇省逃兵尚属寥寥"[⑤]，在云南的三百三十七个逃兵之中，才"共获逃兵十二名"，云南巡抚明德率同司道对逃兵逐一严讯，据黄之相等逃兵供认，"自木邦、龙陵、永昌、普洱等处逃回属实"，审讯明白之后，"将黄之相等十二名捆绑，押赴市曹处斩讫"[⑥]。清高宗对鄂宁大为不满，认为云南缉获者"为数甚少，显系不行实力查办所致"，特调鄂宁回京，将云南逃兵一事交由新任云南巡抚明德查办。明德于同年五月十六日始抵省城，查逃遁之兵 337 名中，明瑞任内拿获正法者 7 名，鄂宁任内拿获正法者 29 名，畏罪自杀者 4 名，病故者 1 名，因病给予印照回营者 1 名，又现在获解正法者 12 名，至此，云南共拿获 54 名，尚未拿获者 283 名。明德为加强查缉力度，早日将逃兵全部拿获，对拿获逃兵之人员"重加

---

① 《云南巡抚李湖：奏报分发溃兵甫经解到并遵旨审办事》（乾隆三十九年正月二十五日），《宫中档乾隆朝奏折》第 34 辑，台北："故宫博物院"，1982 年，第 352 页。

② 《署云贵总督彰宝：奏报滇省逃兵已未获人数并督饬缉拿事》（乾隆三十九年二月初四日），《宫中档乾隆朝奏折》第 34 辑，台北："故宫博物院"，1982 年，第 485 页。

③ 《大学士仍管云贵总督昭信伯李侍尧：奏报拿获出师金川逃兵汪有志事》（乾隆四十四年二月初七日），《宫中档乾隆朝奏折》第 46 辑，台北："故宫博物院"，1982 年，第 685 页。

④ 《大学士仍管云贵总督昭信伯李侍尧、云南巡抚裴宗锡：奏报查缉滇省出师四川木果木溃兵事》（乾隆四十四年正月二十五日），《宫中档乾隆朝奏折》第 46 辑，台北："故宫博物院"，1982 年，第 564 页。

⑤ 《云南巡抚明德：奏报办理移驻成都满兵至普洱一带情形折》（乾隆三十三年五月二十四日），《宫中档乾隆朝奏折》第 30 辑，台北："故宫博物院"，1982 年，第 698 页。

⑥ 《云南巡抚明德：奏报拿获逃兵黄之相等十二名审明正法折》（乾隆三十三年五月二十一日），《宫中档乾隆朝奏折》第辑，台北："故宫博物院"，1982 年，第 679 页。

奖赏，以示鼓励，并抄录（逃兵）名单，飞行提镇协营并各府厅州县，悬立重赏，一体严拿”。①然而至乾隆三十八年（1773）底，滇省所有370名（后有续逃者）逃兵中，“核算已获之数，共二百四十三名，约有十分之七，未获者尚有十分之三”②。相对来说，四川拿获逃兵成效较云南明显，乾隆四十六年（1781）清高宗曾云：“自降旨以来，惟川省奏报拿获人数较多，自行投首者亦有一百余名，其余各省奏到拿获逃兵及自首到案者仍属寥寥。”③

二、原因多样，主责在将

云南地区有些带兵将吏军事素质低下，士兵训练松弛，军纪不明，且怯懦成性，临阵退逃，影响军心稳定，以致云南地区逃兵现象严重，此当为逃兵频发之首要原因。乾隆三十二年（1767），云南九龙江守将德保闻知橄榄坝失守而带兵溃逃④；同年，杨宁在云南木邦所统绿旗弁兵临阵畏敌，“遇贼即行溃散”⑤；乾隆三十八年（1773）平定金川之时，四川木果木兵丁亦临阵溃散脱逃。⑥此皆为将吏之过，为将当以勇率兵，将吏已临阵退缩，兵丁焉能不逃，反映了乾隆中后期云南地区的官吏对军队管理的不善与严重失职。清高宗所言一语中的：“至滇兵萎靡不前，锢溺已久，实为可恶，总由历任督抚平时不加训练整顿，致昧有勇知方之义，又不申明纪律，遂而毫无畏惧。用兵以来，如去岁之木邦、普洱，今岁之锡箔、天生桥、木邦等处，滇兵之溃散窜匿者，屡屡而是。”⑦带兵将吏之素质高低，可谓与逃兵一事紧密相关。

云南自然环境恶劣，诸多兵丁因瘴疠毙命，给在云南作战的士兵造成极大的恐惧心理。乾隆三十二年（1767）时，九龙江等处防守将弁“瘴故者已

① 《云南巡抚明德：奏报拿获逃兵审明即行正法折》（乾隆三十三年五月二十一日），《宫中档乾隆朝奏折》第30辑，台北：“故宫博物院”，1982年，第681页。

② 《署云贵总督彰宝：奏报滇省逃兵已未获人数并督饬缉拿事》（乾隆三十九年二月初四日），《宫中档乾隆朝奏折》第34辑，台北：“故宫博物院”，1982年，第485页。

③ 《云贵总督富纲、云南巡抚刘秉恬：奏报查明云南省已未获逃兵人数尚未及十分之二缘由折》（乾隆四十八年二月二十五日），《宫中档乾隆朝奏折》第55辑，台北：“故宫博物院”，1982年，第235页。

④ 《云南巡抚鄂宁：奏覆九龙江贼匪情形折》（乾隆三十二年八月十八日），《宫中档乾隆朝奏折》第27辑，台北：“故宫博物院”，1982年，第822页。

⑤ 《大学士仍管云贵总督昭信伯李侍尧：奏为遵旨查办滇省实降武职人员折》（乾隆四十二年九月十三日），《宫中档乾隆朝奏折》第40辑，台北：“故宫博物院”，1982年，第85页。

⑥ 《云南巡抚李湖：奏报分发溃兵甫经解到并遵旨审办事》（乾隆三十九年正月二十五日），《宫中档乾隆朝奏折》第34辑，台北：“故宫博物院”，1982年，第352页。

⑦ 《阿里衮、明德：奏报筹办逃兵及滇省兵额量为裁扣以瞻满洲兵丁折》（乾隆三十三年六月十九日），《宫中档乾隆朝奏折》第31辑，台北：“故宫博物院”，1982年，第74页。

十余人，兵丁已据报到瘴故者已五百余名”。因瘴疠过于猛烈，在受瘴未故之兵丁中，恐亦不免有借病以躲避瘴疠者。①兵丁未死于战争而亡于瘴疠，对云南军士来说会产生一定的心理影响，使其恐惧瘴疠而成为逃兵。在乾隆三十三年（1768）逃兵之案中，周承勋等14人便“系出师染患瘴病”，后来说是“军营误报脱逃”，然实难洗其逃兵之嫌。②

随着征缅战争的进展，逃兵事件时有发生，应为开始处罚失误所致。初有逃兵之时，治罪正法者不多，云南巡抚鄂宁认为：“逃兵之内自首，与拿获稍有不同”，多从轻发落。③因“宽纵所致”逃兵过多，清高宗云：“彼时治罪者少，兵丁无所畏惧，以致屡有弃伍潜遁之事……但业已办结，难以复为更张。现在云南逃兵尚有三百余人，至今未获者，交与阿里衮、明德等，限三个月，即速饬属上紧缉拿务获，显正刑章，以示炯戒。”清高宗已认识到逃兵事件之严重，开始实施严厉处罚政策，不但加紧缉拿，且斩首正法。为防止贵州士兵沾染云南士兵之恶习，清高宗命“黔兵到滇后，留营听候调遣，阿里衮等须时加督察，养其果锐，勿令沾染滇省恶习”④。

军队内部兵丁之间的矛盾亦会引发个别兵丁脱逃。如出师金川之逃兵汪有志便是其在撤回途中“与同伴跌钱吵闹被责”，一时冲动而私自逃匿⑤；四川省逃兵张天荣亦因“一时偷懒，被福都司责打，乘空逃出”⑥。然而此种原因致兵丁脱逃者并不多见。

兵丁逃离军队之后，大多四处漂泊，依靠乞讨度日。乾隆三十二年（1767），出师木邦之兵丁罗金美从军队脱逃之后，“在各处山僻小路求乞度日”；乾隆四十年（1775）时，罗金美考虑“因事已年久，想到镇雄州寻觅生理”，未曾想在李子坪被拿获；出师永昌之兵丁丁起祥在乾隆三十二年（1767）被派往龙陵时中途逃走，“就在各处夷寨乞食过活”，乾隆四十年

① 《云南巡抚鄂宁：奏覆九龙江贼匪情形折》（乾隆三十二年八月十八日），《宫中档乾隆朝奏折》第27辑，台北：“故宫博物院”，1982年，第824页。

② 《署云贵总督觉罗图思德：奏报查办续获之逃兵事》（乾隆三十九年八月二十一日），《宫中档乾隆朝奏折》第36辑，台北：“故宫博物院”，1982年，第429页。

③ 《云南巡抚鄂宁：奏谢圣训折》（乾隆三十三年正月十四日），《宫中档乾隆朝奏折》第29辑，台北：“故宫博物院”，1982年，第321页。

④ 《阿里衮、明德：奏报筹办逃兵及滇省兵额量为裁扣以赡满洲兵丁折》（乾隆三十三年六月十九日），《宫中档乾隆朝奏折》第31辑，台北：“故宫博物院”，1982年，第73—76页。

⑤ 《大学士仍管云贵总督昭信伯李侍尧：奏报拿获出师金川逃兵汪有志事》（乾隆四十四年二月初七日），《宫中档乾隆朝奏折》第46辑，台北：“故宫博物院”，1982年，第685页。

⑥ 《云贵总督兼署云南巡抚富纲：奏报审办金川军营自首逃兵张天荣事》（乾隆四十八年十月二十日），《宫中档乾隆朝奏折》第57辑，台北：“故宫博物院”，1982年，第744—745页。

（1775）时，其想到乐马厂寻找生意，不料走到大坪子就被盘获[①]；乾隆三十八年（1773），四川出师金川之逃兵汪有志因与同伴发生矛盾被责，“一时思念父母，私自潜逃，在路上听得查拿逃兵甚紧”，不敢回家，便处到流浪，于“荒僻村寨求乞度日，夜宿山洞古庙”[②]；四川省逃兵张天荣于乾隆三十八年（1773）闰三月十五日，“在空卡军营，因一时偷懒，被福都司责打，乘空逃出”，一直“在四川山僻村庄佣工求乞”[③]。可见成为逃兵之后的生活是提心吊胆，极其落魄。

三、从严开始，以松结束

乾隆朝初期对云南地区逃兵之处罚非常严厉，如有拿获，立即斩首示众，以儆效尤。在征缅期间，鄂宁“因滇省逃兵恶习亟须痛惩”，多次严饬各营及地方官吏遍省缉拿，拿获之日便审讯明白，即行正法。乾隆三十二年（1767），景蒙营、永北镇曾缉获逃兵杨忠、张连芳、胡应元 3 名，当即被“解赴军营，正法示众”；同年，维西协事都司张士雄、剑川州知州嵇承豫会同缉获该协逃兵熊国臣 1 名，鹤丽镇宝泰缉获逃兵杨梦林 1 名，此 2 名逃兵“均系派调出师，自营前进，行至中途，潜由小路逃脱，实罪无可逭”，鄂宁讯明之后，便将其“押赴教场，即行正法示众”。但在逃兵之中，亦有“逃后自赴本营投首者”，鄂宁认为投首者“自不便照例免罪，应请发往乌鲁木齐等处，给与种地兵丁为奴，以示惩戒”。清高宗闻之，于奏折中夹批云：“实在可恶！滇省兵习一至于此，必当严处不贷。若自首而免死，则谁不逃回自首乎……若如此轻绕，汝（云南巡抚鄂宁）何以永靖云南？”[④]清高宗主张对于逃兵应一律正法，不能因其自首而减轻惩罚，以免其他兵丁竞相效仿，祸乱军规。清高宗此后还多次降旨，命云南督抚对逃兵“必须上紧缉拿，无使一名漏网，方足以示惩儆”[⑤]。云南巡抚鄂宁观清高宗之朱批后，

① 《贵州巡抚裴宗锡奏：为遵旨查明，据实复奏事》（乾隆四十年十一月十二日），《滇黔奏稿录要》，北京：全国图书馆文献缩微复制中心，2007 年，第 92—94 页。

② 《大学士仍管云贵总督昭信伯李侍尧：奏报拿获出师金川逃兵汪有志事》（乾隆四十四年二月初七日），《宫中档乾隆朝奏折》第 46 辑，台北：“故宫博物院”，1982 年，第 685 页。

③ 《云贵总督兼署云南巡抚富纲：奏报审办金川军营自首逃兵张天荣事》（乾隆四十八年十月二十日），《宫中档乾隆朝奏折》第 57 辑，台北：“故宫博物院”，1982 年，第 744—745 页。

④ 《云南巡抚鄂宁：奏为滇省逃兵事请旨折》（乾隆三十二年十二月初九日），《宫中档乾隆朝奏折》第 27 辑，台北：“故宫博物院”，1982 年，第 836 页。

⑤ 《云南巡抚臣明德谨：奏报拿获逃兵审明即行正法折》（乾隆三十三年五月二十一日），《宫中档乾隆朝奏折》第 30 辑，台北：“故宫博物院”，1982 年，第 680—681 页。

“实深惶悚”，自言“愚暗无知，妄意逃兵之内自首，与拿获稍有不同”，且“意见差谬，错误已极”。清高宗对此再次朱批：“今之逃兵甚多，皆自去年尔等宽纵所致也。然既往不咎，今后一亦不可漏网，慎之。”①云南巡抚明德亦曰：“滇省兵丁派赴军营，自应效力疆场，以尽其分，乃敢肆行逃遁，情殊可恶，法难宥贷。”②乾隆朝对云南地区逃兵惩罚之重，可见一斑。此后，乾隆朝对所有拿获之逃兵一律正法，无一例外，而“逃兵之子弟自不至于入伍食粮”，严禁进入军队。③同年 11 月，云南查出木邦、天生桥、锡箔等处逃散兵丁 58 名，除解至中途病故 1 名外，解到永昌者 40 名，明德与提督哈国兴逐一严加究讯，证实确系锡箔等处逃窜之兵，为严肃军纪，即刻“将该犯等四十名捆绑，押赴市曹正法讫”，对于“未到之十七名，俟解到审明，即行办理”④。乾隆三十八年（1773），四川木果木兵丁溃散，后复脱逃。陕西巡抚毕沅奏报拿获四川省军营逃兵萧成祥、溃兵唐王 2 名，审讯明确，即行斩决，清高宗认为：“所办甚是”，并云：“溃兵本属应死之人，因为数太多，不忍全行诛戮，已属法外之仁。如伊等到配后，仍然犯法滋事，或乘间脱逃，拿获均应正法。”⑤其意即溃兵情有可原，不一定被斩首，而溃兵脱逃，则与逃兵无异，均应被正法。

乾隆朝对逃兵案中的冒名顶替者，一经发现，相关人员皆被治罪。乾隆三十八年（1773），云南查获逃兵杨先荣一名，审明“系顶冒刘正度之名，代替出征，中途脱逃，系非正身兵丁”，清高宗曰：“随征兵丁借名顶替，已犯欺公之罪，至中途又弃军械潜遁，较之正身脱逃，则尤罪上加罪，一经拿获，自应立正典刑。”⑥彰宝云：“严饬文武各员设法访缉，不遗余力，一经拿获，审系正身、年貌相符，供认明确者，立即照例正法，固属决不待时。若妄拿无辜，借端陷害，希图顶名销案者，尤为法难宽贷。”逃兵杨先荣最

① 《云南巡抚鄂宁：恭谢圣训折》（乾隆三十三年正月十四日），《宫中档乾隆朝奏折》第 29 辑，台北：“故宫博物院”，1982 年，第 321 页。

② 《云南巡抚明德：奏报拿获逃兵审明即行正法折》（乾隆三十三年五月二十一日），《宫中档乾隆朝奏折》第 30 辑，台北：“故宫博物院”，1982 年，第 680 页。

③ 《阿里衮、明德：奏报筹办逃兵及滇省兵额量为裁扣以赡满洲兵丁折》（乾隆三十三年六月十九日），《宫中档乾隆朝奏折》第 31 辑，台北：“故宫博物院”，1982 年，第 73—76 页。

④ 《云南巡抚明德：奏报查出木邦等处逃兵正法折》（乾隆三十三年十一月十八日），《宫中档乾隆朝奏折》第 32 辑，台北：“故宫博物院”，1982 年，第 521 页。

⑤ 《云南巡抚李湖：奏报分发溃兵甫经解到并遵旨审办事》（乾隆三十九年正月二十五日），《宫中档乾隆朝奏折》第 34 辑，台北：“故宫博物院”，1982 年，第 352—353 页。

⑥ 《奏为处理逃兵不善，遵旨议罪罚银事》（乾隆三十八年三月二十九日），档号：35-0738-015，缩微号：35-039-3229，中国第一历史档案馆藏。

终被明正典刑，总督彰宝亦因对此案处理不善而被罚俸。云南鹤丽镇标逃兵李伟于乾隆三十二年（1767）间在象达防所脱逃，原系鹤庆州人，本姓王，自幼出继，改名李伟充伍，其亲生兄长王培亦在鹤丽镇标中营服役，王培知其弟之下落而隐匿不报，却于乾隆三十八年（1773）时将一名貌与李伟相似的但病重昏迷之人冒认为其弟，“希冀解送到官代戮，可以注销伊弟原名”。然此事旋即败露，鹤丽镇标兵丁王培为隐匿其弟之行踪，起意诬认他人为李伟，“以为逃兵李伟销案，其情实属险恶”，并且“未便照诬告未决之例办理，应请将王培照故纵罪囚，与囚同罪律，拟斩监候，秋后处决”[①]。王培之弟李伟亦于乾隆三十九年（1774）被抓获之后，“绑赴市曹，照例正法”[②]。

自乾隆三十二年（1767）云南地区出现逃兵事件开始，乾隆朝一直对逃兵严加缉拿，从未松懈，至乾隆四十六年（1781）已历时14年，仍有许多逃兵尚未缉获。清高宗为尽快结束逃兵之案，将逃兵的处罚政策进行了变通，即对所有逃兵不再严刑正法，而是“以此等未获逃兵，如有自行投首者，加恩免死发遣，其不肯投首者，盘获即行正法”[③]。即自首者可免死，只有不肯自首者，方予以斩首。即使如此，乾隆朝对云南地区逃兵的拿获收效甚微。乾隆四十七年（1782）时仅有陕西省逃兵陈英，化名陈希珍，赴云南县汛自首，查其“逃后并无行凶为匪情事，亦无知情容留之人”，今既畏罪于限内自首，则将“陈希珍免死，发遣伊犁等处，给种地兵丁为奴，仍照例刺字”[④]；乾隆四十八年（1783），亦仅有四川省逃兵张天荣一人投首，对其惩罚与陈英相同。[⑤] 此后再无自首之人。

不管乾隆朝采取何种措施与政策，云南地区之逃兵拿获数量总是很难突破。乾隆五十二年（1787），清高宗再次降旨：“前因各省承缉金川逃兵，屡经展限，拿获寥寥，将承缉、接缉、督缉之文武员弁俱著革职留任，分别年

---

① 《署云贵总督彰宝：奏为审拟查参，以惩兵丁诬陷，并儆官员玩纵事》（乾隆三十八年十二月二十八日），《宫中档乾隆朝奏折》第34辑，台北：“故宫博物院”，1982年，第120—122页。

② 《署云贵总督觉罗图思德：奏报拿获逃兵审明正法事》（乾隆三十九年七月二十六日），《宫中档乾隆朝奏折》第36辑，台北：“故宫博物院”，1982年，第195—196页。

③ 《云贵总督富纲：奏报滇省查缉逃兵折》（乾隆四十七年正月十八日），《宫中档乾隆朝奏折》第50辑，台北：“故宫博物院”，1982年，第590页。

④ 《云贵总督富纲、云南巡抚刘秉恬：奏报审办自首逃兵陈英事》（乾隆四十七年三月初八日），《宫中档乾隆朝奏折》第51辑，台北：“故宫博物院”，1982年，第160页。

⑤ 《云贵总督兼署云南巡抚富纲：奏报审办金川军营自首逃兵张天荣事》（乾隆四十八年十月二十日），《宫中档乾隆朝奏折》第57辑，台北：“故宫博物院”，1982年，第744—745页。

限，方准开复，限内准调，不准升用。”[①]清高宗只好以如此方式来匆匆解决拖延20年之久的逃兵之案。

四、对逃兵案中疏职将吏的处置

因有逃兵之营的将领带兵松散，训练不周，乾隆朝对其亦严惩不贷，征缅期间，云南木邦有兵丁溃逃，清高宗命阿里衮等严行查办。云南督抚除对木邦军前领兵各将吏分别请旨正法或革职外，至平日管兵之总兵以下等官，“疲软不能训练，以致各兵不知纪律，临阵溃逃，实系罪无可逭”，一律停升官职。[②]乾隆三十三年（1768）十一月，临元镇总兵员缺，应于副将内派委署理，其中有广罗协副将王振元，因“系逃兵案内应停升之员”，未便委署总兵之职，云南督抚不得不请旨另行选调。[③]署理云贵总督彰宝曰：“查滇省绿营逃兵，皆因向来惧怯成习，敢于脱逃，均于军纪大有关系。”[④]此言甚善，军纪严明与否，与将吏之管理紧密相关，对有逃兵之营的将吏进行惩罚，实属理所当然。

乾隆朝对缉拿逃兵不力之官吏同样给予惩罚。乾隆三十三年（1768），清高宗命云南巡抚鄂宁对逃兵“上紧严拿”，否则“惟鄂宁是问”。[⑤]清高宗虽“屡经降旨严缉，而鄂宁节次奏获者为数甚少，显系不行实力查办所致”，特命鄂宁驰驿回京，由明德任云南巡抚。明德继任之后，为表明缉拿逃兵之心迹，云其“必竭尽心力，设法严拿，以彰国宪，断不敢稍事因循”[⑥]。云贵总督阿里衮与云南巡抚明德为拿获逃兵，亦饬地方文武各官实力缉查，“倘查缉不力，定即严参”[⑦]。乾隆三十三年（1768），提督哈国兴

---

① 《云贵总督富纲：奏为据情代谢宽免逃兵处分折》（乾隆五十二年三月十二日），《宫中档乾隆朝奏折》第63辑，台北：“故宫博物院”，1982年，第608页。

② 《阿里衮、臣明德：奏报处罚督标永北镇广罗协广南营四处疲软不胜训练兵丁之总兵情形折》（乾隆三十三年九月初八日），《宫中档乾隆朝奏折》第31辑，台北：“故宫博物院”，1982年，第743页。

③ 《阿里衮、臣明德：奏为遵旨拣选临元县总兵本进调补普洱镇总兵员缺折》（乾隆三十三年十一月初一日），《宫中档乾隆朝奏折》第32辑，台北：“故宫博物院”，1982年，第332—333页。

④ 《奏为遵旨复奏滇省未获逃兵数目及现在分别查参严行督饬事》（乾隆三十五年十二月初八日），档号：01-0288-051，缩微号01-039-2566，中国第一历史档案馆藏。

⑤ 《云南巡抚鄂宁：奏报查办逃兵已获未获数目折》（乾隆三十三年正月初十四日），《宫中档乾隆朝奏折》第29辑，台北：“故宫博物院”，1982年，第322页。

⑥ 《云南巡抚明德：奏报拿获逃兵审明即行正法事》（乾隆三十三年五月二十一日），《宫中档乾隆朝奏折》第30辑，台北：“故宫博物院”，1982年，第680—681页。

⑦ 《阿里衮、明德：奏覆查办云南逃兵折》（乾隆三十三年六月初七日），《宫中档乾隆朝奏折》第30辑，台北：“故宫博物院”，1982年，第837页。

至广南营查办逃兵，“该营守备田伦纲办理不密，令营书唱名，以致跟随该守备之兵宿秀生、邓朝贵、陆成美三名闻风潜逃”，明德除严饬文武捉拿逃兵之外，亦对“办理不密之该营守备田伦纲，相应参奏”[①]。乾隆三十五年（1770），有逃兵何福广被拿获后，贿赂差役兵丁万朝梁等5人而企图再次脱逃，除将逃兵何福广正法外，还将受贿之万朝梁等各犯依例定拟。由于赵州知州曹九韶负责此案，因其疏忽，“几至重犯漏网，实属昏庸溺职，未便姑容”，曹九韶则被请旨将革职，以肃吏治。[②]乾隆三十五年（1770），白井提举裴灼文“因接递军营逃兵，未将拨护差役按名分派，以致吕佐周一名乘间复逃”，裴灼文被“留缉一年”，然一年之限已逾，而逃兵尚未缉获，署理云南巡抚臣穆亲奏请“将裴灼文照重犯越狱、协缉五年之例，仍留地方协缉”，以示惩戒。[③]乾隆三十八年（1773），因逃兵李伟潜匿中甸白地厂江边搭铺淘金，管辖该地的中甸同知、试用知县平圣敬，分防中甸都司马仁，“平日均不查拿察缉，致令潜匿多时……又因循观望，致被逃遁，实属玩纵”，彰宝“请旨将知县平圣敬、都司马仁俱行革职，留于该地协缉，俟李伟拿获之日，再予开复，俾玩缉各员知所儆戒”，而逃兵李伟系鹤庆州人，该州李焜系原籍原营之地方官，“并不实力缉拿，实属怠玩，相应一并恭折附参”[④]。至乾隆三十九年（1774）七月时，李伟被擒正法，所有因此案被参革留缉之官吏，则“照例开复”，官复原职。[⑤]乾隆三十九年（1774）时，因云南三百七十名逃兵中尚有十分之三未获，为加紧缉拿，彰宝“饬令军需局，将承缉不力之文武各员查明缉限，分别参处”[⑥]。至乾隆四十二年（1777）时，云南因逃兵案“文职降调者十三员，武职至有六十四员”之多，清高宗始觉有过，便对云南承缉逃兵之官吏适量减轻处罚，但对“金川

① 《云南巡抚明德：奏报查出木邦等处逃兵正法折》（乾隆三十三年十一月十八日），《宫中档乾隆朝奏折》第32辑，台北：“故宫博物院”，1982年，第521页。

② 《奏为特参昏庸溺职之赵州知州曹九韶，请旨革审事》（乾隆三十五年三月初二日），档号：28-0003-088，缩微号：28-001-1254，中国第一历史档案馆藏。

③ 《奏请将疏脱重犯逾限未获之参员裴灼文照例留于地方协缉五年事》（乾隆三十六年三月二十四日），档号：28-0005-012，缩微号：28-001-1767，中国第一历史档案馆藏。

④ 《署云贵总督彰宝：奏参缉拿逃兵不力之知州李焜等事》（乾隆三十八年十二月二十八日），《宫中档乾隆朝奏折》第34辑，台北：“故宫博物院”，1982年，第121—122页。

⑤ 《署云贵总督觉罗图思德：奏请将限内缉获逃兵之参革同知平圣敬等开复事》（乾隆三十九年七月二十六日），《宫中档乾隆朝奏折》第36辑，台北：“故宫博物院”，1982年，第194页。

⑥ 《署云贵总督彰宝：奏报滇省逃兵已未获人数并督饬缉拿事》（乾隆三十九年二月初四日），《宫中档乾隆朝奏折》第34辑，台北：“故宫博物院”，1982年，第486页。

逃兵案内承缉、接缉处分，改照缉拿重犯未获旧例办理”①。

因缉拿逃兵不力，清高宗甚至对总督、巡抚等高级官吏施以处罚。乾隆三十九年（1774），因滇省军队出现逃兵，一年限满未能全获，清高宗降旨命云贵总督彰宝“解任调理，此案革任之处著注册，（云南巡抚）李湖著从宽改为革职留任，（署云贵总督）图思德著降一级留任”②。李湖闻之，“悚惶倍切”，言“惟有实力督缉查办，不敢稍有疎懈”。乾隆四十年（1775），贵州巡抚裴宗锡亦因四川永宁县逃兵钟朝国冒名顶替他人之案而降一级留任。③按察使一职对逃兵案件负有直接责任，更是在罚难逃。乾隆五十一年（1786）因金川逃兵于时限内未能缉获，则“罚云南按察使养廉一年”，共罚五千两白银。④乾隆五十二年（1787）时，云贵总督富纲亦因逃兵一案，被“罚养廉银四万两”。⑤

乾隆朝于云南地区大规模用兵四次，在第一次平定金川与用兵安南的战争中，文献鲜有逃兵之记载，然用兵缅甸与第二次平定金川之战争期间，因带兵将领军事素质低下，加之云南地区自然环境恶劣等，云贵川三省之逃兵事件屡有发生，对军心稳定与战争进程造成了不良影响。逃兵一事，定当严惩，否则“何以肃军纪而励戎行”⑥，乾隆朝因此在云南地区开始了对逃兵严密缉拿，并对临阵脱逃之将领予以严惩，以肃军纪。为加大对逃兵的缉查力度，清高宗给负有缉查之责的官吏定以时限，对逾限未能结案者与缉查疏职者革职留任，甚至严参治罪，即使职任封疆之总督巡抚亦难逃其咎，多有被罚之员。自乾隆三十二年（1767）始至乾隆五十二年（1787）讫，乾隆朝耗时 20 年之久来缉拿逃兵却未能全获，清高宗只好更改对逃兵的处罚政策，即逃兵自首可以免死，但收效甚微，无奈之余，不得不以对云南地区缉拿逃兵失职之官吏进行处罚来草草了结此事。

---

①《大学士仍管云贵总督昭信伯李侍尧：奏为遵旨查办滇省实降武职人员折》（乾隆四十二年九月十三日），《宫中档乾隆朝奏折》第 40 辑，台北：“故宫博物院”，1982 年，第 85 页。

②《奏为督缉逃兵不力，蒙恩从宽革职留任谢恩事》（乾隆三十九年十二月初一日），档号：01-0329-041，缩微号：01-044-1244，中国第一历史档案馆藏。

③《贵州巡抚裴宗锡奏：为遵旨查明，据实复奏事》（乾隆四十年十一月十二日），《滇黔奏稿录要》，北京：全国图书馆文献缩微复制中心，2007 年，第 86—92 页。

④《云南巡抚谭尚忠：奏报臬司特升额缴完应罚银两事》（乾隆五十一年九月十二日），《宫中档乾隆朝奏折》第 61 辑，台北：“故宫博物院”，1982 年，第 499 页。

⑤《云贵总督富纲：奏请自行议赎事》（乾隆五十二年十月十八日），《宫中档乾隆朝奏折》第 65 辑，台北：“故宫博物院”，1982 年，第 579 页。

⑥《云南巡抚明德：奏报拿获逃兵审明即行正法折》（乾隆三十三年五月二十一日），《宫中档乾隆朝奏折》第 30 辑，台北：“故宫博物院”，1982 年，第 680 页。

乾隆朝通过缉拿逃兵，肃明军纪，维护了封建王朝军队的威严，但逃兵一案亦反映出乾隆朝在军事管理方面存在着严重问题。首先，乾隆朝对云南地区的将吏管理不善，以致对兵丁的训练松弛，将吏与兵丁多有临阵脱逃现象。其次，军纪不明，乾隆朝未能有一项完善的军事管理制度，对逃兵之处罚方式时有变动。最后，对地方官吏的管理亦存在很大的随意性，使地方官吏有参与军队事务的权力，导致军政职责不分，缉查逃兵之时互相推诿，影响拿获效率便在所难免。

第五章　顺治至乾隆时期清朝政府开发和治理云南评叙

1644年，清朝鼎定北京，清朝政府与南明政权最后角逐于云南。1662年，朱由榔被杀，南明政权灭亡，云南纳入清朝管辖，开始了清朝政府对云南的开发和治理时期。清朝对云南治理最卓有成效的时期为康雍乾时期，这一时期云南社会发展整体处于上升阶段，是一个由乱到治，进而到盛世的历史过程。然而，从顺治至乾隆时期，由于受到不同历史时代与历史客观条件的局限，清朝政府在对云南进行开发和治理之时，在不同时期其治理的内容、手段、目的等表现出各自不同的特点。

第一节　康熙朝对云南的初步开发和治理

南明灭亡后，康熙朝开始对云南施治。因吴三桂专权滇中，严重阻滞了康熙朝对云南的开发和治理。康熙十二年（1673），吴三桂掀起“三藩之乱”，兵进湘楚，大有与清朝隔江分据之势。康熙二十年（1681），吴三桂被灭，云南方才结束多年战乱局面。

一、康熙朝开发和治理云南的主要内容

康熙时期云南的开发和治理大体上分为两个阶段，以康熙二十年（1681）为界：一是吴三桂控滇时期；二是吴三桂势力被灭之后，康熙朝对云南的全面治理时期。

在吴三桂专权滇中时期，康熙朝对云南的治理力度是非常有限的，也就是说，很难从政治、经济、文化、军事等领域对云南进行全方位的治理。在

清军进入云南之初，为发展云南农业，恢复云南社会秩序，云贵总督赵廷臣便奏请招民垦种无主荒田，免税三年。云南巡抚袁懋功亦疏言令无籍亡命之徒入籍归农，编入保甲，一则可发展云南经济，解决百姓温饱问题；二则可保持云南社会稳定，百姓不至流离。康熙朝对云南社会治理的举措确实起到一定作用，使云南抛荒之地得到了快速开垦。但随着吴三桂势力的日益膨胀，清朝政府对云南的开发和治理已是有名无实，云南在一定程度上已成为吴三桂的独立王国。吴三桂占据沐氏田庄，以朱由榔所居五华山故宫为其藩府，巧立名目，收取重税，垄断矿业，与番邦互市。吴三桂还扩充武备，自选官吏，以致权倾朝野，严重威胁到清朝在西南边疆的统治地位。清圣祖对吴三桂之野心早已洞若观火，于康熙十二年（1673）宣布撤藩。吴三桂闻之，举兵反叛，并定国号为“周”。西南边省又开始了长达八年之久的战乱时期。康熙二十年（1681）初，吴周势力被灭，云南归于太平，康熙朝对云南的开发和治理进入一个崭新时期。

康熙朝对云南的全面开发和治理始于康熙二十一年（1682），此时清朝政府刚刚平定“三藩之乱”，面对云南处处残破的景象，康熙朝开始实行休养生息，对云南的治理主要以保持社会稳定为主，注重对社会秩序的恢复、税课的蠲免、文教的振兴、军事防控体系的重建等。康熙朝对云南的治理是从云南全局角度来进行的，同时又受到全国政局的影响，总的来看，康熙朝从行政、经济、教育、军事等方面入手，对残破的云南社会进行了一系列的重建性治理。

顺康两朝初步规划云南治理之全局，奠定清代中后期清朝政府开发和治理云南的基础。顺治初期，清军尚未进入云南，便已对云南开始了行政区划的设置，但这种设置仅仅是一种概念意义上的遥遥虚设，顺治朝并未对云南采取实际的治理行动。真正推行顺治朝设置的云南行政区划，是在平灭南明之后的康熙朝，从云南行政区划的设置来看，可以说是清承明制，康熙朝基本沿袭明朝的行政区划，为方便对云南的政治控制，清朝政府后来又对云南的行政区划作了一些增设和变革。顺康两朝对云南行政区划的设置奠定了清朝治理云南的政治基础，自雍正朝以后的清代各个王朝无不在此基础之上对云南行政区划进行调设，甚至影响到中华民国有乃至当今云南行政区划的设置，意义深远。

康熙朝对云南经济进行了恢复性治理，但收效缓慢，究其原因，当为康熙朝向云南征收赋役过重所致。在吴三桂专权滇中的二十余年间，云南一直处于重赋盘剥之下。吴三桂承袭明朝赋役政策，占据沐氏田庄，横征暴敛，以致民不聊生。吴周势力覆亡之后，云南处处白骨青磷，饥殍遍野，即使蔡毓荣都不得不感叹："从来兵燹之后，继之饥馑，未有如全滇今日之甚者也。"[①]为迅速重建云南的社会秩序，康熙朝开始全面治理云南，着手恢复云南经济，废除云南沐氏庄田，连同入官的叛产，皆变卖于百姓；此外，康熙朝在云南推行军屯田制度，一可增加赋税，二可节省军饷；为开垦战乱造成的弃土，康熙朝又招民垦种。康熙朝为恢复云南经济是采取了许多措施，但现实效果并不太好，最根本的原因即赋役过于沉重。其一，以沐氏勋庄为例，吴三桂时期所征赋税役与明朝相同，而康熙朝接手云南之后，并未改变赋役的征收税额，一直征以重税，云南百姓所受剥削并不比明朝末年和吴三桂时期有所减轻。其二，康熙朝在云南推行军事屯田制度，其赋役甚至比民赋还重，军屯田地多有抛荒，赋役历年积欠。康熙朝对盐业、矿业等同样征收沉重的赋役，甚至向当地夷人征收各种土特产品，一些征收甚至不是正供钱粮，实系私派横征。但是从长远来看，云南经济还是得到了一定程度的发展，这不得不归因于康熙朝频繁蠲赋的经济政策。由于云南赋役过重，百姓多年积欠不能完纳，自康熙二十七年（1688）始，每隔几年，清圣祖便降旨蠲免云南等省拖欠的钱粮，至康熙四十九年（1710）时，清圣祖还在蠲免天下钱粮，其中亦包括云南在内。康熙朝对盐业、矿业赋役同样实行蠲免政策，如对石羊绪矿厂因矿产开采将尽，蒋陈锡便奏请赋役应矿衰即止，勿再征收税额。对于云南受灾之地，蠲免力度更是前所未有，同时对当地百姓给予赈恤，以保证受灾地区的社会稳定。

康熙朝在云南推行文化治边，注重儒家文教对社会风气的引领，以期起人文而消氛祲。康熙朝明确指出，振兴文教可以修举废坠，教化人心，整饬社会风气，并将振兴文教作为滇省当时之急务。由于吴三桂奉行"不可使滇一日无事"的思想，后来又掀起"三藩之乱"，云南经过多年战乱，以致百姓不知孝悌，多嗜残杀，加之土人凶狠好斗，到处是毁废纲常、灭理乱伦之事，因此康熙朝为恢复云南正常的社会秩序，亟宜倡导文教，恢复科举取士，广建学宫，选德高学博之士于望朔讲学，使百姓知礼乐而耻争斗。为保证云南能够尽可能地选拔优秀人才，康熙朝给会试人员进京盘费。康熙朝还

① （清）蔡毓荣：《筹滇十疏·第一疏》，方国瑜主编：《云南史料丛刊》第 8 卷，昆明：云南大学出版社，2001 年，第 424 页。

改革云南不合理的教育制度，并根据云南各府州县对教职的需求情况，适当增设教职与训导名额。康熙朝振兴文教的举措取得了良好效果，云南从此读书风气日开，人文渐盛，学宫中学生数量大幅增多，科举取士名额也有很大提高。非常值得一提的是，康熙朝甚至将文教推行到土司地区，准许土官子弟与土人参加科举考试。康熙朝不但官学兴盛，民间义学亦得到蓬勃发展。康熙朝振兴云南文教的举措，为重建云南社会秩序，宣扬封建礼仪，巩固其在云南的统治起到了重要作用。

康熙朝对云南全省的军事防控体系进行了重新布控，以保证战乱之后云南社会的稳定与边疆安全，巩固其统治。虽然南明政权与吴周势力先后被灭，但残余势力依然存在，不断进行着反清斗争；土司亦拥有一定军力，其中不乏与清朝持敌对态度者，这种形势对云南社会的稳定与清朝在云南的统治带来威胁，只有从军事上在全滇布防，加强对云南社会的弹压与边疆安全，才能为云南创造一个和平稳定的发展环境。因云南界连外域，且控驭蛮方，地理位置十分重要，但清朝兵力有限，只有在战略扼要之地安置重兵，方可保云南社会无虞。康熙朝最初在云南两迤方向重要交通地段共设六镇，此属应急之需，后又根据云南地势与防守情况进行了调整。康熙朝还裁撤明季遗留的卫所，合理安插投降的兵弁，使投降兵弁或解甲归农，或充实军伍，极大地降低了社会动荡的风险，不但保障了社会稳定，且有利于经济的发展和军事力量的增强。

康熙朝为迅速恢复云南社会秩序，保障经济顺利发展，特别讲求推行实政。云南甫离兵燹，社会秩序亟待恢复，蔡毓荣认为在云南务以实心而行实政，勤求治理，方收成效。其推行实政主要有以下十个方面：第一，复丁田。对人丁死亡迁徙所抛弃的荒田，勘明题报，并切实执行蠲除之令，招徕百姓进行开垦。第二，广树畜。以无主荒山劝民种树，近郊隙地给令灌园，但使瓜壶枣栗之微各得其养，鸡豚狗彘之畜无失其时。第三，裕积储。云南产米不多，运粮不便，因此疏请开捐，以实仓廪，严禁敷衍塞责。第四，兴教化。因云南战乱多年，“所习见者皆灭理乱常之事，几不知教悌忠信为何物矣！”为纠正社会风气，蔡毓荣饬行有司各设义学，教其子弟，以感动其天良。各选年高有德之人，给以月廪，风示乡里，以革民心。第五，严保甲。清朝平定吴三桂之后，仍有许多吴三桂旧部的逃兵潜伏于城市或乡村，虽饬命有司对逃兵进行严查，尤恐奉行不善，反以累民虚报，为清逋逃，弭盗贼，应推行保甲。第六，通商贾。第七，崇节俭。蔡毓荣认为：“仕途之奢俭，吏道之清浊系焉。俭或不致于大贫，奢则未能有小廉者也。”①因此，在云南土瘠民贫之地，应守己如寒儒，“约口腹，习浣敝，减驺从，绝馈遗，止宴游，屏玩好”，严遏纨绔之风。第八，除杂派。云南官吏恃在边疆，时常苛捐杂派，无所畏惧，有司指一派十，短价剥民，云南百姓对此习以为常，痛切难支。对此种杂派应痛加禁革，严行纠参。第九，恤无告。对于鳏寡孤独之人，应给予政策上的照顾。云南战乱与疫疠之后，或父兄尽殁，幼而无依，或子女皆亡，老而无养，或失其妇，或丧其夫，甚有一户族而仅存孤寡二二人，一村屯而止遗妇女老幼十数口者，号泣之状，不忍见闻。应在云南倡率有司行赈恤，续民命，体恤民情。第十，止滥差。滇省陋习，督抚衙门员役，竟得与有司分庭抗礼；司道亦擅设，承差公然凌厉有司。一奉差牌，索人夫，索供应，索规礼，甚至咆哮公堂，锁拷经承，此无裨于公事，徒有害于官民，当严行禁止，铲除积弊，以防有司阳奉阴违。蔡毓荣曰：“凡此十事，在腹地或视为迂缓，在边疆则最为亟切。”为将此十事落到实处，蔡毓荣将对云南官吏的考绩与实政的推行紧密结合，并作如下规定：“凡边俸已满二年，即按十事考其实绩，果其田畴既辟，户口既增，树畜既蕃，积储既裕，化民成俗，靖盗弭奸，市肆殷盈，奢侈不作，正供之外，纤悉皆除，无告之民，全活其众，官差足迹，终岁不及州县、乡村，是为真正循良，督抚臣查明奏闻，部臣核实，请旨优升，以示鼓劝。如其以十事为具文，阅二年之久而迄无成效，亦听督抚臣题报，分别处分，斯边吏争自濯磨，共勉于实心实政，而残疆自有起色矣。”②

二、康熙朝开发和治理云南的局限

康熙朝对云南的开发和治理并非是面面俱到。由于云南初定，受时代所制约，其对云南的开发和治理不可避免地存在着诸多局限，只能根据当时的全国政治局势以及云南客观情况来施治，因此康熙朝对云南的开发和治理重点主要通过对行政、经济、教育、军事等方面的初设来稳定云南社会，属于开拓与奠基时期。

康熙朝对云南行政制度的设置是承袭明制，依然机械地将明朝的行政制

① 蔡毓荣：《筹滇十疏·第九疏》，方国瑜主编：《云南史料丛刊》第 8 卷，昆明：云南大学出版社，2001 年，第 437 页。

② 蔡毓荣：《筹滇十疏·第九疏》，方国瑜主编：《云南史料丛刊》第 8 卷，昆明：云南大学出版社，2001 年，第 438 页。

度应用于清代的云南，不免存在诸多不合理的因素，后来雍乾两朝为了便于治理云南，对行政区划与行政组织进行了调整，使之更加趋于完善。雍正时期云南行政区划发生了一次较大的变动，清世宗将原四川乌蒙划归云南管辖，而这在康熙时期则是不可能的，因为云南初定，康熙朝的主要精力是用于对云南政局、经济等领域的恢复，以及从国家稳定与统一的角度进行考虑，放在平定异己势力、抵抗外来侵略、奠定四隅等国家疆域的安全问题上。

康熙时期，云南经济发展缓慢，百姓所担负的赋役仍然很重，并未因康熙朝平灭“三藩之乱”后经略云南而有所减轻，但这并不代表康熙朝不体恤云南民生，清圣祖一直在频繁地蠲免云南的各种赋役杂税。也正因如此，即使云南赋役很重，经济同样得到了缓慢发展。自康熙十二年（1673）十一月至康熙二十年（1681）十月，康熙朝的主要精力无疑是用于平灭“三藩之乱”，吴周被灭后，自康熙二十一年（1682）始，康熙朝开始对云南进行全面开发和治理，以云南督抚为首的各级官吏起到了至关重要的作用。《清史稿》卷256云：“云南既下，抚绥安集之绩，毓荣开之，继文成之，自是西南遂底于平矣。”[①]云南督抚虽然功绩斐然，但对于许多事情是没有决定权的。云南督抚多次奏请清圣祖减轻云南赋役，却得不到答复，以至于云南赋役始终沉重。清圣祖在平灭吴三桂之后，主要精力用于统一台湾，消灭郑氏集团，随后又将其主要精力转移至东北，抵抗沙俄对东北的侵略等一系列事件，治理云南相比于以上事情，可谓是微不足道。从这个角度来说，清圣祖无暇顾及云南的开发和治理，但为保证云南的稳定与发展，只好频繁采取简单实用的蠲免赋役这一手段，因此造成了康熙时期云南独特的“重徭蠲赋”现象。

康熙朝对云南文教的振兴也有着较大的局限性。首先，从康熙朝振兴文教的起因来看，固然是出于重建云南社会秩序的目的，但根本原因却是清朝政府试图用封建礼教禁锢民众的思想，从而维护封建统治者在云南的既得利益，以便残酷地剥削人民。其次，康熙朝振兴云南文教的范围虽然也深入到土司辖地，但未免不是对当地土人文化的一种摧残和破坏，在一定程度上受到了当地土司和土民的抵制。再次，康熙朝在云南实行科举取士时，不可避免地出现考场腐败现象，这是在阶级对立状态下的必然产物，是封建统治阶级为维护本阶级的利益而出现的现象，是封建制度天生的缺憾。虽然汉土平

① 赵尔巽等:《清史稿》卷256，北京：中华书局，1977年，第9802页。

民也有权利求学与应试，也有机会进入封建政界，但这也只是封建王朝为维护其长久统治而实行的安抚手段，并非是基于维护百姓利益的立场。

康熙朝经略云南，主要注重战乱之后对云南社会秩序的重建，而不是更高层次的发展，因此交通、刑名、赋役、吏治等领域并非是当时的治理重点。康熙朝接手云南之初，社会残破，满目疮痍，百废待兴，康熙朝也只能以稳定社会、巩固边疆、恢复经济、重建社会秩序为主，先稳固其在云南的政治统治。总之，清朝是一个崛起于中国东北边疆的少数民族建立的封建政权，在未有任何前期的治理基础与经验积累的前提下，来治理远在西南边疆的生活着诸多少数民族的云南，其困难程度可想而知，但这并未吓倒驰骋在马背上的满族人，清圣祖与云南督抚君臣齐心合力，对云南进行了一系列的基础性开发和治理，其中许多举措虽属草创，应急之需，甚至停留于概念之上，然而却为后朝走向盛世指明了方向，奠定了基础。

第二节　雍正朝在云南的大力改革

清世宗在位仅有短暂的 13 年时间，相比康乾两朝皇帝的在位时间，可以说是非常短暂，然而成就巨大，在康熙朝对云南进行社会秩序重建的基础之上，清世宗大力改革，积极推动云南与内地的一体化进程，最终造就了云南在乾隆时期的盛世。雍正朝在康乾盛世的发展过程中，可以说起着承上启下的重要作用。

一、雍正朝开发和治理云南的主要内容

如上所述，雍正朝是一个大力改革的朝代，在康熙朝对云南社会秩序进行了重建性治理之后，改革的时机日趋成熟，而雍正朝顺理成章地担任了改革的角色。雍正朝的改革无不与云南有关，其中关系最为密切的当为改土归流，彻底改变了云南的社会结构与政治格局，在很大程度上推动了云南与内地的一体化。可以说大力改革是雍正朝对云南进行开发和治理过程中最为显著的一个特点。

雍正朝比较关注民生，勤于农政。为保证社会稳定，云南遇有灾情，雍正朝便给予赈恤，并免征灾区当年粮银；青黄不接之时，为防止米价暴涨，将仓库之米减价多粜，拨米接济百姓，严厉打击轻斗粜出，重斗籴入之弊。

由于云南承平日久，生齿日繁，雍正朝鼓励百姓遍垦荒土，以缓解人口增长的压力。雍正朝尤其重视开垦土司辖地，这些土地基本上从未有过开垦，鄂尔泰在任期间，便曾对乌蒙、丽江等土府招民开垦，教当地土人农作之法。为加强农业建设，雍正朝兴修农业水利，灌溉良田，使粮食收成大幅增加。

雍正朝严格清查云南无主影射田土，以增补国库收入。云南自康熙二十年（1681）结束战乱以后，大量土地供民开垦，至雍正时期，除土司地域外，云南已是野无弃土，农业发展十分迅速，但国库收入增长缓慢。为准确掌握云南土地数目，清世宗命令各省开始清查田土，经过整治，云南查出大量的影射田地，增加了国库税收。

改土归流为雍正朝在云南进行的最为重要的一项社会改革。自元朝设土司制度始，改土归流便持续不断，但历史上最大规模的改土归流莫过于雍正时期。土司制度经过四百余年的发展，至雍正时期已是积弊甚深，加上吴三桂专擅滇中二十余年，对云南土司影响极大，土司与中央政府的矛盾也随着边疆与内地一体化的发展而日益加剧。清世宗待时机成熟以后，自雍正二年（1724）始，对土司进行了大规模的改土归流。雍正朝改土归流的方式主要有和平与武力两种，然因形势发展的需要，最终以武力改土归流为主。改土归流初期，雍正朝是不赞成采取武力手段的，尽量采取“计擒”“自投献”等方式。随着改土归流的展开，雍正朝发现掌握军权的土司并不会轻易地接受改土归流，甚至采取武装对抗，这就注定了雍正朝在改土归流中的武力手段不可或缺。雍正朝改土归流务求一劳永逸，严防土司势力死灰复燃。雍正朝对昭通地区进行了武力改土归流，并将昭通划归云南管辖。

雍正朝对改土归流后的善后措施亦考虑周密而完备，从军事、政治、经济、文化等领域循序渐进地推行内地的模式。首先，在军事上，雍正朝在改土归流之地增调军队，通过军队加强对当地社会的弹压。其次，在政治上，雍正朝将土府改为流官治理，流官则选用得力之人，以免发生民变，并将改土归流的土司尽皆迁往云、贵、川、粤、湖南五省以外的各省安插。再次，在经济上，雍正朝积极协助当地土人恢复农业生产，并实行优惠政策，招徕汉人垦荒居住。最后，在文化上，雍正朝采取“以汉化夷，以夷制夷”的政策，即继续以土目来管理当地土人，但要渐行内地的封建礼仪，以对当地土人潜移默化。雍正朝改土归流的善后措施确实起到了稳定社会的作用，推动了边疆与内地一体化的进程，巩固了中央王朝在边疆的政治统治，促进了经济的发展，具有积极意义，但具有文化同化性质的民族政策，不可避免地体现出封建社会民族政策的落后性。

雍正朝对云南保甲制度的开拓性改革是值得一提的。顺治至康熙时期，保甲制度多次在云南推行，皆无果而终。蔡毓荣甚至在其《筹滇十疏》中专门用一疏内容提倡在云南严行保甲，几十年以来仍为一纸空文。究其原因，当为如下几点：一是顺治朝推行保甲之时，云南尚有南明政权存在，而康熙朝最初推行保甲之意为平灭南明政权之残余势力，只是为使云南社会快速恢复稳定。二是云南由于山地遍布，夷人众多，风俗各不相同，并非如内地一般村落聚集居住，所以保甲非常难以推行。三是云南初定，当时云南社会的主要矛盾是社会秩序的重建，因此康熙朝更主要是通过政治、经济、文教、军事等手段加强对云南社会的治理，而不是设置保甲。经过康熙朝几十年的休养生息与发展之后，至雍正时期，以云南汉人聚集地为中心的地区已经具备了设置保甲的条件与时机。雍正朝一反内地“十家为甲，十甲为保”的编制方式，以简易便民为主，凡自三户起，皆可编为一甲，其不及三户者，令迁附近地方组够三户，并将改革后的保甲制度先在昆明等十余州县试行，收到了一定成效。由此，保甲制度在云南终于推行成功。乾隆朝在雍正朝制定云南保甲制度的基础之上，又对其进行了完善，制定了详细了保甲条款，使云南的保甲制度变得更加完善成熟。自此以后，云南的保甲制度一直实行到清朝末年，直至民国时期依然存在。

开发云南水陆交通，密切云南与内地的政治、经济、文化交流。康熙朝注重对云南社会秩序的重建与百姓的休养生息，对交通的开发并非是其社会治理的重点，而雍正朝在大规模地改土归流之后，自然而然地承担了云南交通开发的角色。鄂尔泰认为：“穷荒之大利莫急于舟车”，为开发云南，雍正朝亟宜先开发交通，而对滇粤河道的开发为雍正朝最重要的一项交通事务。滇粤河道的大致路线从阿迷州至八达河（今南盘江），再自土黄起，经西隆、西林、土富州、土田州诸境，过剥隘而至百色，进而直达两粤，旁通黔楚。从雍正七年（1729）开始，雍正朝便着手考虑开修滇粤河道事宜，至雍正十二年（1734）五月方才初步竣工。滇粤河道的竣工之后，虽未达到预期效果，但在一定程度上促进了以云南省城、临安等地鼓铸业的发展。雍正朝还开发了昭通至四川的陆路交通，从云南省城至沾益，历宣威、威宁、昭通，最后至四川高县之安宁桥，此路的开通不但密切了云南与四川的文化、经济往来，还使沿线的物价大为降低。

从以上可以看出，雍正朝对云南社会治理的特点已经不同于康熙朝专注于社会秩序的重建，而是将主要精力放置于对云南社会的开拓性改革上，其改革内容涉及政治、经济、社会、交通等诸多领域。雍正朝在云南进行的改革产生了很大的影响，仅以改土归流而论，使云南与内地的一体化程度迅速加深，中央王朝从政治、经济、军事、文化、交通等所有领域开始对曾经的土司辖地采取内地的模式进行治理，牢固地将云南统一于中国版图之内，可谓是至今二百余年仍享其利。雍正朝在其他领域的改革同样取得了显著成效，促进了云南经济的发展，稳定了云南社会秩序，密切了云南与他省的联系，并为乾隆朝走向盛世打下了坚实基础。

二、雍正朝开发和治理云南的局限

雍正朝对云南进行了大刀阔斧的改革治理，但同样存在一定的历史局限。每个王朝总是在所处的特定历史时空来对社会进行施治，不能超越客观现实，雍正朝只能在康熙朝对云南治理的基础上，革除弊制，积极创新，推动云南社会向盛世发展。

雍正朝在短暂的十三年期间，对中国整个社会都进行了一系列的重大改革，可以说雍正朝的主要精力是放置于全国性的重大改革之上的，而不是针对某一个省，这决定了雍正朝对云南的开发和治理不具有专门性。雍正朝对云南的开发和治理虽然取得了很大成效，但其对云南社会的治理显得过于零碎且不成系统，而康熙朝对云南社会虽为恢复性治理，系统性却更强一些，从政治、军事、经济、文化等各个领域皆进行了初步的治理，各个领域的治理相辅相成，密切相连。再看雍正朝对云南的开发和治理，主要从农业、土司、保甲、交通等领域进行治理，各领域之间的联系并不十分密切。那么，产生这种现象的原因也是很显而易见的，即雍正朝存在的时间过于短暂，清世宗来不及将自己的理想充分施展，对全国包括云南的治理刚刚开始不久，便与世长辞，这也就决定了雍正朝对云南治理的另一个局限，即雍正朝的改革具有不彻底性。

雍正朝改土归流的规模是空前绝后的，自此之后，许多省份的土司基本被消灭，清朝政府将流官政治推行到曾经的土司地区，包括云南极边之地，开始对土司地区施以内地治理模式，正如魏源所说："功在西南，至今百年享其利。"但是我们看到雍正朝在土司治理领域取得的巨大成就时，也应该注意到其改土归流的不彻底性，云南等地尚有一部分土司保留下来，乾隆朝以后各朝都还在小范围内不断对土司进行着改土归流活动。民国时期，中华民国政府为保疆固圉，解决云南边疆危机，又进行了一次小规模的改土归流。在中华人民共和国成立之后才彻底地消灭土司，达到边疆与内地空前一体化的状态。

雍正朝在云南保甲制度的设置可谓是因地制宜的一种独创性改革，解决了前朝在云南屡设保甲，屡难推行的问题。雍正朝在云南设置保甲毕竟属于探索性的尝试，决定了保甲制度的不完善，表现如下：一是保甲制度多设置在以城市为中心的汉人聚积地，相比云南全省来说，推行保甲制度的范围很小。二是雍正朝为编保甲，强制居住分散的汉人、少数民族迁到一起居住，给百姓财产带来损失，生活带来不便。三是雍正朝推行的保甲制度是一种“连坐”制度，在一甲之内的人员犯罪，其他人员亦受到牵连，正如鄂尔泰所说“使皆各有责成，违者并坐”。至乾隆时期，乾隆朝又对保甲制度进行了完善，一是推行保甲制度的范围更加广泛，土司辖地大部分亦包括在内。二是在流民聚集地以及厂矿、盐井地区的人员、出入国境的人员、兵户等皆编入保甲，有利于减少这些地区的命、盗案件。三是保长、甲长要熟知保甲规条，且定期更换，为保证农耕，要定在农隙时节查编保甲等。由上述内容可知，雍正朝对云南的保甲制度只是一种初创，存在着缺陷，因雍正朝存在时间过短，保甲制度的不完善性在所难免。

雍正朝对云南交通的开发也同样存在不足之处。清世宗对云南进行开发的心情过于急切，只要是有利于云南民生之事，不惜费用，一概支持，清世宗在朱批中不止一次作如此表述，由此造成了对云南有些地域交通的开发过于草率，虽投入了大量资金、劳力，取得了一定成效，但离预期效果相差甚远。以开通滇粤河道而论，耗时五年之久方告竣工，并以贵州、湖广滩河行驶之麻阳船、鳅船等大船沿河试行，言其畅通无阻。然而，根据所见史料记载，滇粤河道云南段根本无法使用，并非如云南督抚所述可东西两粤片帆可至，将来通商并可达吴楚，阿迷至粤可以安稳行舟，往来商贾可获千百年之利的情况。

从农业发展来看，雍正朝清查田亩，开垦弃土，在汉人聚居的城市，土地基本遍行垦种，而土司所辖地区，因少数民族不谙耕种，兼苦地寒，以致开垦之地甚多。但雍正朝对土司地区经营时间过短，还未能进行深入系统地开发治理，便因清世宗的短命突然结束，这使得雍正朝改革的光辉陡然变得暗淡，其改革进行得并不彻底，不能不说是这位大力改革的帝王的一大憾事。

无论如何，雍正朝虽然存在仅 13 年时间，但其改革还是给云南带来了翻天巨变，在康乾盛世的发展过程中，雍正朝的改革起到了承上启下的作用，是不可或缺的一环。任何王朝的治理都不是完美无缺的，研究者应持辩证的态度去看待，既要注意到雍正朝对云南开发和治理的局限之处，也要对雍正朝在开发和治理云南的积极态度与行为给予中肯评价。

第三节　乾隆朝对云南开发和治理的深入

经过康熙朝对云南社会秩序的重建与雍正朝的大力改革，至乾隆时期，云南社会达至鼎盛，这固然有前朝治理的基础，但亦离不开乾隆朝对云南开发和治理政策的日趋发展和完善。乾隆朝对云南治理的领域全面深入，凡是有关国计民生，无所不涉，且事无巨细，清高宗与云南督抚必亲力亲为。这一时期可谓是封建社会少有的太平盛世，国力强大，国富民安，云南各民族之间融谧。

一、乾隆朝开发和治理云南的特点

乾隆时期为云南封建社会发展的鼎盛时期，许多治理政策相比康雍两朝更加完善，且深入到各个领域，既有康熙朝进行恢复性治理的经济、教育、军事领域，亦有雍正朝重点经营的农业、土司、保甲、交通等领域，而且乾隆朝对云南开发和治理的范围比康雍两朝更广泛，还包括了吏治、刑名、修城、巡阅、边备、军事等康雍两朝未曾重点涉猎的领域，并制定了符合云南省情的详细政策和制度规条。

乾隆时期，云南承平岁久，生齿日繁，加上外省流民移入，致使云南农业产量不能满足人口日益增长的需要。为缓解云南人口对粮食的需求压力，乾隆朝从四个方面入手，大力发展云南农业。首先，兴修农业水利，将贫瘠之土化为膏腴之地，灌溉万顷良田；尤其是东川水利经过乾隆朝的兴修之后，粮能自足，解决了大量走厂之民的基本生计问题。乾隆朝对云南农业水利的兴修十分重视，只要滇民具呈开筑河渠、闸坝之事，地方官必当亲自勘明并借款兴修。其次，乾隆朝从政策角度来劝课农桑，以裨农政，树立勤于耕作的典型给予嘉奖。鼓励百姓开垦山头、地角之零星土地，并免收赋税，严查胥吏、头人借端科敛，指一派十等不端行为，主张轻徭薄赋，重农积谷。为保证粮食充裕，乾隆朝甚至禁止云南酿酒。再次，乾隆朝关心滇省气候情况，一遇灾情或歉收之年，乾隆朝便扶助农耕，救济灾黎。一是豁免成灾地方的赋役，借给无力之民籽种、耕牛等；二是对灾黎大力赈恤。最后，乾隆朝为增加农业劳力，采取淘汰僧道行动。因清世宗崇尚佛道，以至雍正时期全国佛道盛行，僧道人数日益增多，严重影响了农业生产。清高宗继位后，开始淘汰僧道，令其转而务农。乾隆朝兴水利、开荒芜、课农桑、教树畜，济百姓，汰僧道，一定程度上增加了农业劳动力。

乾隆朝对云南有灾必赈，力度很大，可以说是乾隆朝治理云南的一大特点。云南自古便灾害多发，而乾隆朝亦深知灾害对社会稳定影响之巨，清高宗继位之初便因滇省自然灾异而深为自责，曾云："宁国家多费帑金，断不可令闾阎一夫失所。"①清高宗说到做到。云南一遇灾情，云南督抚立即动项赈恤，措施完善，毫不迟延，认为赈恤灾黎乃民命攸关。为保证灾黎及时得到赈济，清高宗甚至降旨，允许边赈恤，边奏闻，以免因路途遥远，耽误最佳救灾时机，引发社会动乱。乾隆朝对遇有灾情的云南土司地区同样赈恤，其政策比汉人地区更加优惠。为防止灾荒时节粮价腾涨，富户居奇，乾隆朝在灾区分设米局，减价平粜；为避免胥吏、头人将赈灾银粮贪污，云南督抚亲自监督散赈，务使百姓均能受益；乾隆朝尤恐赈恤未遍，动项修筑城垣、署衙等工程，以工代赈。乾隆朝的赈恤行为维护了封建王朝在云南的稳固统治，也给云南的经济发展创造了一个稳定的社会环境。

刑名案件与社会稳定的关系十分密切。因云南特殊的自然环境与风土人情，加上外省流民的进入，免死案犯亦被发配至滇，致使乾隆时期云南命案与盗案非常之多。为尽快侦破命案，乾隆朝根据云南具体情况，详细修改了办案制度，并提出了一些减少命案的做法，甚至摘出与命案的相关规条在云南各乡村进行普法宣传。为减少云南盗案，乾隆朝同样修改相关法律，主张对盗犯严惩，盗窃三次以上则被处以绞刑，同时在云南实行保甲制度。乾隆朝将命盗案件的查获情况与地方官吏的政绩联系起来，影响官吏之升迁。乾隆朝对云南刑名案件的处理与改革，有利于维护社会秩序的稳定。

乾隆朝甚至体恤罪囚，补给罪囚一定量的钱银补助。

乾隆元年又题准：云南省每囚一名，日给米一京升，柴菜钱五文，

① 《署云南总督兼云南巡抚张允随奏：为据实密奏，仰祈睿鉴事》（乾隆七年五月二十四日），方国瑜主编：《云南史料丛刊》第8卷《张允随奏稿》，昆明：云南大学出版社，2001年，第625页。

遇闰加增，小建扣除，米于狱田及常平仓项下支给，钱于公项下动支。三十一年议准：除浙江省递犯口粮，于各属养廉内捐给外，其湖北、湖南、甘肃、广东、广西等省军流发遣及递解人犯……云南省每名日给口粮盐菜钱十七文，于司库铜息银内支销。四十四年遵旨议定：将刑部监狱例给监犯灯油银两，改归看犯禁卒项下支销，通行直省各督抚等，转饬有狱衙门一体遵照，应更正者更正，应裁汰者裁汰，酌定章程报部。嗣据议准，江苏、江西、浙江、湖北、湖南、陕西、四川、广西、云南等九省，每名日给口粮米八合三勺，盐菜钱五文，看犯禁卒灯油均自行捐给。……各省所需银米，或动额征狱田租息银米，或动存仓米谷及地丁存公等款内采买散给，按年分款造册题销。①

乾隆朝还对盐法与茶课中的违法行为做了详细的惩处规定。关于盐法，乾隆三十七年（1772）议准：

云南井官，纵容灶户搀和沙土者，提举、大使比照白土搀入漕粮、运弁与押夫千总不行查禁例，灶户比照丁舵已经搀和例，分别议处究治。失于觉察井员，量减一等，知情受贿，照枉法赃从重治罪。在井查出，勒令灶户照数改煎；发运出井，著落井官名下追赔。如承销州、县明知盐斤搀和，瞻徇容隐，一体著赔参处。各井员于每年开煎时，将样盐送巡抚衙门，验发盐道收储，如分发各属行销，仍有夹带泥沙，许各地方官将原盐呈验参究。又议准：云南省北连川蜀，东抵广西，昭通、东川二府属，例食川盐，广南、开化二府属，例食粤盐，邻私窜入，有经由津隘，应于汇归总路，分设巡盐员弁，酌带兵役驻扎，专司缉捕。至本地私贩，在井透漏，责成提举、大使；在途透漏，责成经由州、县，严密稽查，如井员、地方官缉究玩弛，分别失察、知情参处。至开化、蒙自、临安等府、州、县，南接交趾诸沿边界，一并严密巡禁。②

关于茶课中的违法行为，清朝规定：“凡造作假茶售卖到五百斤以上，店户窝顿至一千斤以上，计数课罪。其兴贩私茶潜与外国人交易，及在内地卖与回程外国人者，甘肃西宁、河州、洮州、四川雅私贩未经入番，数在一

① 《钦定大清会典事例·户部一百十九·矜罪囚·救灾》卷270，方国瑜主编：《云南史料丛刊》第8卷，昆明：云南大学出版社，2001年，第232页。
② 《钦定大清会典事例·户部八十·盐法·禁例》卷231，方国瑜主编：《云南史料丛刊》第8卷，昆明：云南大学出版社，2001年，第216页。

百斤以上及三百斤者，均计数科罪。凡兴贩私茶，论如私盐法。”[①]乾隆朝的这些措施，维护了云南社会正常的贸易秩序。

乾隆朝对云南城垣的修筑也是不同于康雍两朝的特色之处。康雍两朝对云南社会的治理极少涉及社会公共设施的修筑，而乾隆朝却对此甚为专注，认为城垣修筑事关边疆安危与社会稳定，边备不修，则云南不稳，因此城垣修筑是乾隆时期云南非常重要的一项边备事务。云南气候多样，对城垣侵蚀严重，乾隆朝开始大规模修筑城垣，将诸多土城改建为牢固坚实的砖城，并把修城时间选在农闲时节，以方便百姓谋生。乾隆朝规定了修城的经费与期限，并按照先修边疆，次修腹地原则来决定城工的缓急。为解决修城经费来源，乾隆朝除依靠公帑外，还号召官民捐款。为防止修城时出现贪污亏空、城垣修筑不牢等现象，云南督抚更是加大监督力度，亲自检查经费的使用与城工质量问题。乾隆朝对云南城垣的修筑，起到了保疆卫民的作用，维护了云南社会的稳定。

边隘为边境地区通往外域之重要关卡，是兵家必争之地，对边疆地区的领土安全至关重要。云南边隘众多，遍及西南边境，乾隆朝重视对云南边隘的管理，派军驻防，充分发挥边隘的防御功能，但是由于云南春夏季节瘴气盛行，给边隘管理带来不利影响。

乾隆朝对云南的巡阅事关边疆安危与社会稳定，其巡阅内容涉及疆隅、营伍、边备、农业、矿业、城垣、灾赈、土司等事宜，范围极为广泛，总的来说是抚军安民。云南总督负有巡阅之责，两年或三年一次，巡阅之时分轻重缓急，优先巡阅边防要地。云南总督之所以选在深秋巡阅全省，不但考察军事训练与边备情况，也是为了考察农业收成、民风民情，视察所过之地有无灾情、官员贤愚等事，顺便查验盐、铜等矿业。一旦发现问题，云南总督当即处理，尤其是对不法官吏，严厉题参革拿。乾隆朝巡阅云南是为巩固边防，但亦是为保护云南安全与维持社会稳定，不但事关边疆营伍，且与民生诸事密切相关。

逃兵问题看似与云南治理无关，其实是密切相关。逃兵问题事关西南边疆安全，还影响着云南社会的稳定，因此逃兵问题也是清朝政府对云南治理的一项内容。顺康雍三朝关于逃兵的记载并不多见，只是在康熙朝平定南明

① 《钦定大清会典事例·户部九十一·杂赋·茶课》卷242，方国瑜主编：《云南史料丛刊》第8卷，昆明：云南大学出版社，2001年，第218页。

和“三藩之乱”时有所提及，但更多的逃兵记载是出现于乾隆时期的云南史料之中。乾隆时期云南的逃兵问题与乾隆朝在西南地区的多次用兵是分不开的。

乾隆朝对云南社会的治理不但完备而且深入。通过浩如烟海的史料不难发现，乾隆朝在政治、经济、军事、法律、民生等领域几乎都取得了前所未有的成就，一切都是围绕着云南的边疆安危与社会稳定进行的，其各种规章制度细致而完善，有些措施现在看来都让史家由衷叹服，也正是如此，才造就了中国封建社会的乾隆盛世。

二、乾隆朝开发和治理云南的局限

任何时代的政权都有其局限与弊端存在，乾隆朝亦是如此。乾隆朝虽为中国封建社会之盛世，但并非没有缺憾。由于受云南地理与时代局限，以及封建王朝集权专制的影响，乾隆朝对云南社会的治理亦存在着诸多不足，在政治、经济等领域表现尤为明显，最为突出的是云南吏治的腐败使乾隆朝开发和治理云南的效果大打折扣。在出征安南与缅甸期间，云南边疆地区深受其害，存在一定的动荡因素。此外，外省流民的进入亦使得云南社会的不稳定因素增加。

在云南农业开发领域，乾隆朝便存在着一定问题。云南督抚虽然鼓励百姓广垦零星弃土，并免收赋役，然而收效并不理想。百姓一则唯恐升科纳税。二则担忧土地会被胥吏、豪强等侵夺，宁可任由田地荒芜亦不愿垦种，从中不但反映出当时清朝政府的公信力偏低，且暴露出底层官吏与土棍对百姓的压迫和滇民生活的拮据。云南督抚心系民生，非常关心云南气候情况，遇有极端天气，便竭诚祈祷，并举行荣祭典礼，以求风调雨顺，反映出当时科技的落后，迷信思想还在人们头脑中占据主导地位。

云南的封疆大吏不乏渎职之人。吏治清明与否，事关开发和治理的效果。虽然乾隆朝对云南的开发和治理远超前代，但以云南封疆大吏为首的各级官吏不断出现各种渎职现象，且屡禁不绝，不得不说当时云南官场的腐败已是非常严重。乾隆时期，清高宗命各省总督于政务闲暇，时一巡阅，视察云南军事、民生等事，然总有云贵总督借巡阅之机，行勒索贪污之实。最为典型者当为云贵总督恒文，在巡阅之时命家人向下级官吏索求贿赂，严重败坏官场风气。另一位云贵总督图尔炳阿亦玩忽职守，包庇亏空官吏，目无国法，最终与布政使宫尔劝一起被革拿。云南巡抚郭一裕、布政使钱度等人无不与渎职有关。清高宗在位60年，当时云南属于偏远贫穷之地，贪官居然如此之多。这些渎职官吏身负封疆之责，百姓之衣食父母，以道貌岸然的形象教化百姓，自己却鱼肉土司和百姓，一旦渎职事发，政府公信力受到冲击，必然在西南边疆埋下不稳定因素。纵观中国千年历史，社会从治到乱的转变往往先从官场腐败开始，然后波及社会各个领域。乾隆朝虽为封建社会盛世，但亦开始孕育危机，在赈灾、修城等事务中出现的贪污克扣现象，巡阅中的各种问题皆与民生息息相关，势必在社会上产生不良影响，这些不良现象正如千里之堤的蚁穴，最终将会将使云南社会发生崩溃而致动乱。嘉庆年间云南发生的民变，便很好地证明了这一点。

乾隆朝对云南刑名案件的处置规条是根据云南的特殊情况而制定的，同样亦有不合理之处。在云南曾有因打斗而误伤命案，乾隆朝认为虽为过失杀人，但所误杀对象是其父亲，有违人伦，应处以绞刑。在此类案件中，可以说乾隆朝的法律显失公平，将故意杀人与过失杀人相提并论是很不合理的。在云南盗案的处置规条中，不管何种原因，只要盗窃三次以上者，皆明正典刑，相比于现在的法律，乾隆朝对盗窃案犯的刑法显得过重。云南本为偏远之地，少数民族相互斗殴而多致命案，外省流民入滇又多致盗案，乾隆朝却仍然发配众多免死案犯至云南，使得命盗等案件更加多发，对云南人民的生命和财产安全造成了非常不利的影响。

顺治至乾隆时期清朝政府对云南的开发和治理是层层深入，环环相扣，缺一不可，后者承袭前者的治理政策并进一步深化。但是这一时期清朝政府对云南社会治理的局限也应该很清晰地引起注意，清朝毕竟是“家天下”的封建王朝，对云南的开发和治理是为维护封建皇权在云南的统治而进行的，并非真正是为出于以民为本的目的。因此，在开发和治理云南过程中出现的种各局限与缺憾也就不难理解。